표준사회복지현장실습

최정아 · 이은영

창지사

머리말

사회복지는 개인, 가족, 집단, 조직 그리고 지역사회가 서로 유기적으로 융합되고 조화로운 가운데 사회적 기능을 서로 유지하면서 보다 나은 세상을 만들고 향상시키기 위해 노력하는 활동이다. 아울러 복지에 필요한 모든 사회 조건을 만들어 가도록 돕는 전문적인 활동이며 사회복지 대상자들의 고통을 감소시키고 불평등을 바로잡으며 복지를 증진시키고자 노력하는 일련의 과정이다.

이와 같은 사회복지의 실현은 한 개인으로서 혹은 한 시민으로서 클라이언트의 참여 능력이 제한을 받거나 감소될 때 또는 사회적경제적문화적인 과정이나 구조에서 소외된 사람들을 위하여 특별한 관심을 가지고 개인이나 조직, 지역사회의 힘을 동원하여 모든 사람의 삶의 질을 개선시키고, 유익한 개인과 사회의 상호작용을 증진시키거나 회복시키는 일을 말한다.

이러한 모든 일을 스스로 헤쳐 나가며, 더불어 살아가는 사회를 위하여 직접 실천하고 앞으로 나가는 사람들이 사회복지사이다. 사회복지사는 자신이 들은 모든 것을 믿기보다는 그것이 사실인지에 관해 스스로 비판적으로 평가하며 클라이언트가 자신의 환경을 이해하고 결정을 내리도록 돕는 사람이며, 클라이언트가 자기 결정에 스스로 책임을 질 수 있는 역량을 키울 수 있도록 노력하고 그들의 삶의 질에 영향을 미치는 실천가로서 활동을 하는 사람이다. 또한 권력과 자원을 보다 형평성 있게 배분하고자 노력하는 사람들이다. 즉, 사회적 평등과 사회적 정의에 가치를 두고 이를 스스로 실현시켜 나가는 사람이 사회복지전문가이다.

그러므로 사회복지현장에서 사회복지전문가를 키우는 일은 참으로 중요하고 귀중하다고 할 수 있다. 사회복지현장실습이라는 배움을 통하여 사회복지사들은 성장하고 발전한다. 사회복지현장에서 이루어지는 다양한 형태의 사회복지현장실습은 예비사회복지사인 실습생들에게 사회복지실천을 두 눈으로 보고, 귀로 듣고, 손으로 베풀고, 발로 직접 뛰면서 사회복지 실습생들 자신이 마치 전문적인 사회복지사가 되어 복지현장에서 클라이언트에게 실천가로서 복지를 제공하고 노력하는 그런 꿈을 꾸게 해 준다.

사회복지현장실습은 예비사회복지사인 사회복지 실습생들에게 있어 매우 중요한 일이라 할 수 있다. 좋은 복지기관에서 엄격하고 체계적인 전문 사회복지사의 지도를 받으면서 성장하게 되는 예비사회복지사인 실습생은 그 꿈을 펼쳐 나가게 될 것이다.

본 교재는 이러한 꿈을 위하여 노력하는 많은 사회복지 실습생을 위하여 사회복지현장에서 필요한 법적 기준과 사회복지사의 윤리강령 그리고 사회복지현장실습과 관련된 기초지식과 참고사항 등을 조목조목 기술하여 사회복지 실습생들이 현장실습에 도움을 제공받을 수 있도록 집필하는 데 목적을 두었다.

아울러 사회복지현장실습과 관련된 많은 매뉴얼을 참고하여 사회복지현장실습에서 사회복지 실습생과 슈퍼바이저들이 바로 사용할 수 있도록 교육기관용 서식, 실습기관용 서식, 실습생에게 필요한 다양한 서식을 제공하기 위해 노력하였다.

아무쪼록 이러한 저자들의 가슴 벅찬 마음을 알고 사회복지 실습생들이 사회복지현장실습을 무사히 마치고 사회복지전문가로서의 길을 힘차게 걸어갔으면 한다. 끝으로 사회복지현장실습 교재가 무사히 나오도록 도움을 주신 도서출판 창지사 관계자 여러분들께도 깊은 감사의 인사를 드린다.

2023년 2월

저자 일동

차례

c·h·a·p·t·e·r

01 사회복지사 자격제도 개요

사회복지사 자격제도는 사회복지사와 관련된 내용을 공식적으로 규정하는 것이다. 우리나라에서는 1970년대 사회복지사업 종사자로 시작하여 1983년 「사회복지사업법」 개정과 함께 '사회복지사'로 규정되고 자격증이 발급되기 시작하였다(한국사회복지사협회 홈페이지 참조). Greenwood(1980)는 체계적 지식 기반, 사회성, 윤리강령을 기반으로 서비스의 공공성, 자율성 및 권위와 함께, 제도화된 교육과 자격증제도를 사회복지 전문직의 중요한 구성요인으로 제시하고 있다(순덕기, 2010, 재인용). 자격증제도로서 사회복지사 자격을 증명하는 것은 자격을 가진 사회복지사가 서비스를 제공할 수 있는 최소한의 기준을 가지고 있다는 것을 증명하는 것이다.

1. 사회복지사의 정의 및 등급

사회복지사란 사회복지에 관한 전문지식과 기술을 가진 자를 사회복지사라고 한다. 현대사회에서 발생하고 있는 청소년, 노인, 여성, 가족, 장애인 등 다양한 사회적, 개인적 문제를 겪는 사람들에게 사회복지학 및 사회과학의 전문지식을 이용하여 문제를 진단평가함으로써 문제해결을 돕고 지원하는 업무를 담당하는 자를 말한다(한국사회복지사협회 홈페이지 참조). 사회복지사는 복지시설, 병원, 공공기관 등 다양한 실천현장에서 일하게 된다. 그들은 자신의 실천현장에서 요구되는 사회적 역할을 수행하며, 직업적 동료들과의 상호작용을 통하여 각자 역할 정체성을 발전시켜 나갈 것이다.

2. 사회복지사 등급별 자격 기준

사회복지사의 자격 등급은 1, 2, 3급으로, 보건복지부장관이 발급한다. 1급은 사회복지사 1급 국가시험에 합격한 자, 2급은 대학원, 대학교, 전문대학 졸업자로서 일정 교과목을 이수한 자, 3급은 사회복지사 양성교육을 이수한 사회복지시설 종사자 등에게 자격증을 발급하며, 「사회복지사업법」의 개정(2017. 10. 24.)에 따라2019. 1. 1.부터 사회복지사 3급 자격이 폐지되었다.

1) 일반적인 자격제한 기준

사회복지사의 결격사유(「사회복지사업법」 제11조의 2)에 따라 다음 각 호의 어느 하나에 해당하는 자는 사회복지사가 될 수 없다.

- 금치산자 또는 한정치산자
  - 금치산자: 심신상실의 상태에 있는 자로서 법원으로부터 금치산의 선고를 받은 자
  - 한정치산자: 심신이 박약하거나 재산의 낭비로 자기나 가족의 생활을 궁박하게 할 염려가 있어 가정법원으로부터 한정치산 선고를 받은 자
- 금고[1] 이상의 형의 선고를 받고 그 집행이 종료되지 아니하였거나 그 집행을

1) 강제노동을 과하지 않고 수형자를 구치소에 구금하는 일

받지 아니하기로 확정되지 아니한 자
- 법률 또는 법원의 판결에 의하여 자격이 상실 또는 정지된 자
- 마약 대마 또는 향정신성의약품의 중독자
- 「정신건강증진 및 정신질환자 복지서비스 지원에 관한 법률」 제3조 제1호에 따른 정신질환자. 다만, 전문의가 사회복지사로서 적합하다고 인정하는 사람은 그러하지 아니하다(2017. 10. 24. 개정, 2018. 4. 25.시행).

2) 학력을 기준으로 한 등급별 자격기준

(1) 「고등교육법」에 의한 대학원에서 사회복지학 또는 사회사업학을 전공하고 석사(박사)학위를 취득한 자

[1급 자격기준]

ㅁ 국가시험에 합격한 자

○ 2급 자격기준에 해당하는 자로서 사회복지사 1급 국가시험에 합격한 자

〈응시기준〉

○ 「고등교육법」에 의한 대학원에서 사회복지학 또는 사회사업학을 전공하고 석사학위 또는 박사학위를 취득하면 응시 가능

※ 다만, 대학에서 사회복지학 또는 사회사업학을 전공하지 아니하고 동 석사학위를 취득한 자는 보건복지부령이 정하는 '사회복지학 전공교과목과 사회복지 관련 교과목' 중 사회복지현장실습을 포함하여(개정된 사항: 2004. 7. 31. 이후 입학생부터 해당) 필수 과목 6과목 이상(대학에서 이수한 교과목을 포함하되 대학원에서 4과목 이상을 이수하여야 함)과 선택과목 2과목 이상을 각각 이수하고 학위를 취득하여야 한다.

[2급 자격기준]

ㅁ 「고등교육법」에 의한 대학원에서 사회복지학 또는 사회사업학을 전공하고 석사 또는 박사학위를 취득하면 자격 취득

※ 다만, 대학에서 사회복지학 또는 사회사업학을 전공하지 아니하고 동 석사학위를 취득한 자는 보건복지부령이 정하는 '사회복지학 전공교과목과 사회복지 관련 교과목' 중 사회복지현장실습을 포함하여(개정된 사항: 2004. 7. 31. 이후 입학생부터 해당) 필수 과목 6과목 이상(대학에서 이수한 교과목을 포함하되 대학원에서 4과목 이상을 이수하여야 함)과 선택과목 2과목 이상을 각각 이수하고 학위를 취득하여야 한다.

(2) 「고등교육법」에 의한 대학에서 사회복지 관련 교과목을 이수하고 학사학위를 취득한 자

[1급 자격기준]

□ 국가시험에 합격한 자

○ 2급 자격기준에 해당하는 자로서 사회복지사 1급 국가시험에 합격한 자

〈응시기준〉

○ 「고등교육법」에 의한 대학에서 전공학과에 관계없이 보건복지부령이 정하는 '사회복지학 전공교과목과 사회복지 관련 교과목'(필수 10과목, 선택 4과목 이상)을 이수하고 학사학위를 취득하면 응시 가능

[2급 자격기준]

□ 전공학과에 관계없이 보건복지부령이 정하는 '사회복지학 전공교과목과 사회복지 관련 교과목'(필수 10과목, 선택 4과목 이상)을 이수하고 학사학위를 취득한 자

(3) 법령에서 「고등교육법」에 의한 대학 졸업자와 동등 이상의 학력이 있다고 인정하는 자

"법령에서 「고등교육법」에 따른 대학을 졸업한 자와 동등 이상의 학력이 있다고 인정하는 자"의 범위

○ 「고등교육법」에 의한 학사학위 취득자
○ 학력 인정 학교(각종 학교) 졸업자
○ 「학점 인정 등에 관한 법률」에 의한 학사학위 취득자
○ 독학에 의한 학위 취득에 관한 법률에 의한 학사학위 취득자
○ 기타 법령에 의한 학사학위 취득자

[1급 자격기준]

ㅁ 국가시험에 합격한 자

○ 2급 자격기준에 해당하는 자로서 사회복지사 1급 국가시험에 합격한 자

〈응시기준〉

○ 대학졸업자 또는 동등 학력자(전공학과에 관계없이)로 평생교육시설 또는 시간제 수업 등을 통해 보건복지부령이 정하는 '사회복지학 전공교과목과 사회복지 관련 교과목'(필수 10과목, 선택 4과목 이상)을 이수하고 「학점 인정 등에 관한 법률」에 따라 국가평생교육진흥원에 학점 등록 완료하면 응시 가능

○ 보건복지부장관이 지정하는 교육훈련기관에서 12주 이상의 교육훈련을 이수하고 2급 자격증을 취득한 경우는 교육훈련을 수료한 이후 시험일 현재 1년 이상 사회복지사업의 실무 경험이 있어야 응시 가능

[2급 자격기준]

ㅁ 대학 졸업자 또는 동등 학력자(전공학과에 관계없이)로 평생교육시설 또는 시간제 수업 등을 통해 보건복지부령이 정하는 「사회복지학 전공교과목과 사회복지 관련 교과목」(필수 10과목, 선택 4과목 이상)을 이수하고 「학점 인정 등에 관한 법률」에 따라 국가평생교육진흥원에 학점 등록한 자

(4) 「고등교육법」에 의한 전문대학에서 사회복지 관련 교과목을 이수하고 졸업한 자

[1급 자격기준]

ㅁ 국가시험에 합격한 자

○ 2급 자격기준에 해당하는 자로서 사회복지사 1급 국가시험에 합격한 자

〈응시기준〉

○ 전문대학에서 보건복지부령이 정하는 「사회복지학 전공교과목과 사회복지 관련 교과목」(필수 10과목, 선택 4과목 이상)을 이수하고 졸업한 이후 시험일 현재까지 1년 이상 사회복지사업의 실무경험이 있어야 응시 가능하다.

※ 실무경험: 법인시설, 기관 및 단체에 상근직으로 채용되어 근무한 경우를 말한다(겸직이 허용되지 않는 상근직임이 법령에 명시되지 않은 경우의 증빙서류 예시: 국민건강보험공단 발행 건강보험자격득실 확인서 등을 통하여 상근 여부를 확인할 수 있음).

※ 주 20시간 이상 근무한 시간제 근로자 경력 산정 기준: 1일 8시간을 초과하여 산정할 수 없음. 연간 52주, 1주 40시간을 기준으로 총 2,080시간을 1년으로 산정

[2급 자격기준]

□ 전공학과에 관계없이 보건복지부령이 정하는 '사회복지학 전공교과목과 사회복지 관련 교과목'(필수 10과목, 선택 4과목 이상)을 이수하고 졸업한 자

□ 3급 자격 취득 후 3년 이상 사회복지사업에 관한 실무경험이 있는 자

[3급 자격기준]

□ 「고등교육법」에 따른 전문대학을 졸업하거나 이와 동등 이상의 학력이 있는 자로서 보건복지부장관이 지정하는 교육훈련기관에서 12주 이상 사회복지사업에 관한 교육훈련을 이수한 자

위에서 열거한 학력 외 소지자는 한국사회복지사협회의 「2018년 사회복지사 자격관리 지침」을 참고하기를 바란다.

3) 사회복지학 전공교과목과 사회복지 관련 교과목 및 학점기준

사회복지사가 되기 위하여 한국사회복지사협회(2017)는 교육기관에서 지정하는 실습 전 선수 과목을 이수하되, 아래 과목 중심으로 4과목 이상 이수를 권장하고 있다. 사회복지학개론, 인간행동과 사회 환경, 사회복지실천론, 사회복지실천기술론, 지역 사회복지론, 사회복지정책, 사회복지윤리와 철학, 사회복지조사, 프로그램 개발과 평가 등이다.

그리고 실습기관의 기준에 따라 아래 과목을 중심으로 2과목 이상 권장하고 있다.

권장 과목은 노인복지론, 장애인복지론, 아동복지론, 청소년복지론, 가족복지론, 여성복지론, 학교사회복지론, 의료사회사업론, 정신보건사회복지론 등이며 「보건복지부령」이 정하는 「사회복지학 전공교과목과 사회복지 관련 교과목」 중 필수 10과목, 선택 4과목 이상 이수해야 한다.

※ '이수'의 범위: 「고등교육법」, 「평생교육법」, 「독학에 의한 학위 취득에 관한 법률」에 의한 교육기관에서 해당 교과목을 이수하고 학위를 취득한 자 또는 「학점 인정 등에 관한 법률」에 의하여 평생교육진흥원에 학점을 등록한 자를 말한다.

〈표 1〉 사회복지학 전공교과목과 사회복지 관련 교과목 및 학점

<table>
<tr><th rowspan="2">구분</th><th rowspan="2">교과목</th><th colspan="2">이수과목(학점)</th></tr>
<tr><th>대학원</th><th>대학전문대학</th></tr>
<tr><td>필수
과목</td><td>사회복지학개론, 인간행동과 사회 환경, 사회복지정책론, 사회복지법제와 실천론, 사회복지실천론, 사회복지실천기술론, 사회복지조사론, 사회복지행정론, 지역사회복지론, 사회복지현장실습</td><td>6과목 18학점
(과목당 3학점)
이상</td><td>10과목 30학점
(과목당 3학점)
이상</td></tr>
<tr><td>선택
과목</td><td>아동복지론, 청소년복지론, 노인복지론, 장애인복지론, 여성복지론, 가족복지론, 산업복지론, 의료사회사업론, 학교사회사업론, 정신건강론, 교정복지론, 사회보장론, 사회문제론, 자원봉사론, 정신보건사회복지론, 사회복지 지도감독론, 사회복지자료분석론, 프로그램 개발과 평가, 사회복지발달사, 사회복지윤리와 철학</td><td>2과목 6학점
(과목당 3학점)
이상</td><td>4과목 12학점
(과목당 3학점)
이상</td></tr>
<tr><td colspan="2">전체</td><td>8과목 24학점</td><td>14과목 42학점</td></tr>
</table>

※ 비고: 교과목의 명칭이 동일하지 아니하더라도 교과의 내용이 동일하다고 보건복지부장관이 인정하는 경우에는 동일 교과목으로 본다.

3. 「사회복지사업법」 개정안

지난 1997년 학과 중심에서 교과목 이수 중심으로 사회복지사 자격기준이 변경된 이후 20여 년간 교과목 개편이 없어 사회복지사의 전문성 함양을 위한 이론 및 실습교육 강화 등을 주요내용으로 하는 사회복지 관련 대학, 협회 등의 논의 결과를 반영하여 그간 제도 운영상의 일부 미비점을 개선하려는 것이다. 주요내용은 다음의 개정안 원안을 참고하길 바란다.

1. 주요내용

가. 사회복지현장에서 필요로 하는 수요에 따라 전공선택 교과목을 확대하고, 이수과목을 상향(14과목 42학점 → 17과목 51학점)하여 사회복지사의 이론교육 강화(안 제3조 별표1 제1호 표 개정)

나. 사회복지사의 이론과 실천교육 연계 및 전문성 강화를 위해 현장실습 시간(120시간 → 160시간)을 확대하고 실습세미나(30시간)를 도입하며, 사회복지현장실습기관을 보건복지부장관이 지정공고하도록 함(안 제3조 별표 1 제2호 개정)

「사회복지사업법 시행규칙」 일부개정령안은 다음과 같다.

「사회복지사업법 시행규칙」 일부개정령안

「사회복지사업법 시행규칙」 일부를 다음과 같이 개정한다.
별표 1을 별지와 같이 한다.

부칙

제1조(시행일)이 규칙은 2020년 1월 1일부터 시행한다. 다만, 별표 1 제2호 나목 4)의 개정규정은 공포 후 3개월 후부터 시행한다.

제2조(사회복지학 전공교과목과 사회복지 관련 교과목에 관한 경과조치)이 규칙 시행 당시 사회복지학 전공교과목과 사회복지 관련 교과목을 이수하였거나 이수하고 있는 자에 대하여는 별표 1의 개정규정에도 불구하고 종전의 규정에 따른다.

제3조(사회복지현장실습의 실습기관 등록에 관한 경과조치)이 규칙 시행 당시 사회복지사 자격관리 지침에 따라 한국사회복지사협회에 실습기관으로 등록된 기관은 별표 1 제2호 나목 4) 사회복지현장실습기관의 조건을 충족할 경우 개정규정에도 불구하고 이 규칙 시행 후 1년이 되는 날까지 실습기관으로 지정한 것으로 본다.

[별표 1]

사회복지학 전공교과목과 사회복지 관련 교과목(제3조 관련)

1. 사회복지학 전공교과목과 사회복지 관련 교과목 및 학점

구분	교과목	이수과목(학점)	
		대학전문대학	대학원
필수 과목	사회복지학개론, 인간행동과 사회환경, 사회복지정책론, 사회복지법제와 실천, 사회복지실천론, 사회복지실천기술론, 사회복지조사론, 사회복지행정론, 지역사회복지론, 사회복지현장실습	10과목 30학점 (과목당 3학점) 이상	6과목 18학점 (과목당 3학점) 이상
선택 과목	아동복지론, 청소년복지론, 노인복지론, 장애인복지론, 여성복지론, 가족복지론, 산업복지론, 정신건강사회복지론, 의료사회복지론, 학교사회복지론, 교정복지론, 사회보장론, 정신건강론, 사회문제론, 자원봉사론, 사회복지지도감독론, 사회복지자료분석론, 프로그램 개발과 평가, 사회복지역사, 사회복지윤리와 철학, 복지국가론, 가족상담 및 가족치료, 사회복지와 문화다양성, 사례관리론, 국제사회복지론, 빈곤론, 사회복지와 인권	7과목 21학점 (과목당 3학점) 이상	2과목 6학점 (과목당 3학점) 이상

비고: 교과목의 명칭이 동일하지 아니하더라도 교과의 내용이 동일하다고 보건복지부장관이 인정하는 경우에는 동일 교과목으로 본다.

2. 필수 과목 중 사회복지현장실습에 관한 기준

가. 사회복지현장실습 교과목의 구성: 사회복지현장실습 교과목은 학생이 '나'의 사회복지현장실습기관에 출근하면서 이루어지는 '기관실습'과 학생의 소속 교육기관에서 이루어지는 '실습세미나'로 구성

나. 기관실습

1) 실습시간: 160시간 이상

2) 실습 지도자의 자격: 사회복지사 1급 자격증을 취득한 이후 3년 이상 또는 사회복지사 2급 자격증을 취득한 이후 5년 이상 사회복지 실무경력이 있는 사회복지사. 단, 실습기간 중 실습교육기관에 재직하는 사람으로서 전년도에 법 제13조에 따른 보수교육을 이수한 사회복지사로 한정

나. 기관실습

1) 실습시간: 160시간 이상

2) 실습 지도자의 자격: 사회복지사 1급 자격증을 취득한 이후 3년 이상 또는 사회복지사 2급 자격증을 취득한 이후 5년 이상 사회복지 실무경력이 있는 사회복지사. 단, 실습기간 중 실습교육기관에 재직하는 사람으로서 전년도에 법 제13조에 따른 보수교육을 이수한 사회복지사로 한정

3) 지도학생 수: 실습지도 사회복지사 1인당 학생 수는 1회기당 5인 이내

4) 사회복지현장실습기관: 아래 각 호에 해당하며 실습 지도자 자격을 가진 사회복지사가 2명 이상 상근하고, 보건복지부장관이 지정공고하는 실습기관

가) 법 제2조 제1호 각 목의 법률에 따른 사회복지사업을 위해 설립된 법인시설, 기관 및 단체

나) 사회복지사업을 목적사업으로 하며 개별 법률에 따라 설립된 비영리 법인시설, 기관 및 단체

다. 실습세미나

1) 실습세미나 시간: 30시간 이상(단, 온라인교육을 제공하는 교육기관의 경우 '실습세미나'에서 온라인 또는 오프라인 대면수업을 3주 이상 실시)

2) 실습지도 교수 자격: 학사, 석사, 박사 학위 중 2개 이상 사회복지학을 전공하고 사회복지학 교육경력 또는 사회복지 실무경력이 3년 이상인 교수

3) 지도학생 수: 1강좌당 수강 학생 수는 30인 이내

라. 학점부여: 실습지도에 따른 교과목 이수 여부는 기관실습 지도자와 실습지도 교수의 평가결과를 합산하여 산정한 점수를 실습지도 교수가 최종적으로 부여

마. 사회복지현장실습기관 지정 절차, 실습세미나의 개념 및 시행방안 등 구체적인 사항은 보건복지부장관이 정한다.

4. 사회복지사 윤리강령

사회복지사는 과학성(science)과 예술성(art)에 기초한 실천의 철학과 윤리를 발전시켜 왔으며, 사회복지사 윤리강령은 이러한 철학과 윤리에 기초한 원칙과 지침을 제공하고 있다(장인협 외, 2009). 우리나라의 경우 한국사회복지사 윤리강령은 1988년에 처음으로 공포되었고, 1992년에 개정되었다. 최근 한국사회복지사협회(2001)는 기존에 10개 항목으로 구성된 윤리강령을 전폭적으로 수정하여, 윤리기준을 5가지 영역으로 분류하고 각 영역에서의 행동지침을 구체화시켰다.

윤리강령은 사회복지사가 어떤 가치와 윤리적 기준에 기초하여 사회복지 전문직을 수행할 것인가를 제시해 주는 유용한 지침이다. 그리고 윤리강령은 윤리적 문제가 발생할 때 의사결정과 사회복지실천의 지침이 되는 가치, 원칙, 기준을 명시하고 있다. 개별 사안에 따라 환경적 상황이나 맥락이 다를 수 있고, 사회복지사의 개인적 속성 및 과업환경에 따라 실천과정에서의 선택된 방식이 모두 일치할 수 없기 때문에 사회복지실천에서 직면하게 되는 구체적인 사안이나 모든 쟁점을 해결해 줄 수는 없을 것이다. 따라서 윤리강령에 나타난 실천 윤리는 사회복지사가 각각의 사례에 적용하는 데 있어 실천가로서의 체계적인 틀과 기준을 제공하고 있다는 점을 유의하면서 사회복지사는 윤리강령에 부합하도록 끊임없는 자기 노력을 해야 한다(오정수 외, 2011). 사회복지사 윤리강령은 서문과 기본적 윤리기준, 클라이언트에 대한 윤리기준, 동료에 대한 윤리기준, 사회에 대한 윤리기준, 기관에 대한 윤리기준, 윤리위원회의 구성과 운영에 대한 부분으로 예전보다 세분화되었다. 우리나라 사회복지사 윤리강령은 다음과 같다(권구영 외, 2009; 최일섭, 2009; 오정수 외, 2011; 한국사회복지사협회, 2013).

1) 사회복지사 윤리강령을 고려한 유의사항

사회복지사 윤리강령은 사회복지 전문직을 수행하기 위한 조건으로 스스로 확립해야 할 자아상, 자기의 책무성, 최소한의 행동수칙 등을 포함하고 있어 사회복지사로서의 자기규제의 기준을 제시하고 있다. 사회복지현장실습은 실습생들이

지금까지 배워 온 이론을 현장에서 접목하고 습득해 나가는 과정이므로 실습교육기관이나 실습 지도자의 윤리적 책임을 인식하고 그들에게 좋은 모델이 되어야 할 것이다. 특히 실습교육기관과 실습 지도자는 실습생들이 자기성찰을 통해 사회복지전문가로서의 책임과 역할을 인식할 수 있도록 지도해야 한다. 따라서 사회복지현장실습 윤리강령을 통하여 전문적인 실습교육과 공정하고 투명한 실습평가, 실습생 인권보장이 이루어져야 한다. 사회복지현장실습 중 유의해야 할 자세한 사항은 다음과 같다(한국사회복지사협회, 2013).

(1) 실습 지도자는 개인적인 이익의 추구를 위해 자신의 지위를 이용해서는 안 된다.

- 실습 지도자의 권한을 이용하여 실습생으로 하여금 실습 지도자의 업무를 대신하게 하거나, 각종 개인적인 심부름을 시켜서는 안 된다.
  - 실습 지도자가 대학원에 재학 중인 경우 학교 과제를 하게 하거나 설문조사를 시키는 경우
  - 실습지도를 벗어나 본인 업무의 일부를 떠맡기는 행위
  - 실습 지도자 개인의 은행 심부름이나 구매 대행 등을 시키는 경우
- 실습 지도자는 착취나 잠재적 손해의 위험이 있는 이중적이거나 다중적인 관계를 맺지 말아야 한다.
  - 실습평가나 추후 기관 채용과 관련하여 금전적인 요구나 개인적인 관계를 맺는 경우
  - 실습과제를 핑계로 무리하게 후원자 발굴이나 기관 생산품 등의 물품 구입을 강요하는 행위(단순 후원자 발굴 과제는 착취의 우려가 있음)

(2) 실습 지도자는 전문적 기준에 의해 공정하게 책임을 수행하며, 사회복지사 수련생 및 실습생에 대한 평가는 서로 공유해야 한다.

- 실습교육기관은 전문적인 기준에 의해 실습교육을 제공해야 한다.
  - 실습교육기관은 사회복지현장실습 지침에서 제시한 필수 및 선택교육내용을 포함한 교육 커리큘럼을 편성하여 사회복지현장 실습생이 전문적 기준에 의해 교육을 받을 수 있도록 구조화하여야 한다.

- 실습 지도자는 전문직 교육의 기준에 맞게 교육하는 책임을 수행해야 한다.
  - 실천현장의 문제해결 과정에 사회복지 가치 및 윤리강령의 내용, 지식 및 기술을 적용하는 능력을 함양할 수 있는 교육
  - 클라이언트 체계의 문제 확인, 정보수집, 사정평가, 개입계획 및 개입수행, 평가과정을 통해 문제해결에 대한 새로운 지식과 기술을 습득할 수 있는 교육
  - 지역사회 내 위험집단 및 표적집단의 강점 및 특성, 자원에 대한 지식을 활용하는 능력을 향상시킬 수 있는 교육
  - 사회복지시설, 기관 및 조직의 사명, 정책 및 행정을 이해할 수 있는 교육
  - 실천현장 관련 국가 및 지역(지방자치단체)의 사회복지정책 및 전달 체계를 분석하고 실천에 적용할 수 있는 교육
  - 사회복지사로서의 자아인식을 증진시키고 전문직 정체감을 형성할 수 있는 교육
- 평가의 과정과 결과 모두를 실습생과 공유해야 한다.
  - 실습 실시 이전의 오리엔테이션에서 실습을 통해 달성하여야 하는 실습 목표에 대한 공동의 인식을 증진한다.
  - 실습생이 평가서를 작성하여 실습 지도자와 실습생이 팀별로 모여 논의 과정을 거치는 것이 필요하다.
  - 실습생의 실습 수행활동을 공정하고 과학적인 잣대를 통하여 평가하고, 평가결과의 공유를 통해 실습교육의 목표달성을 위해 노력한다.
- 실습 지도자는 전문적인 지식을 갖추어야 하고, 자신의 지식과 능력 범위 안에서 교육을 진행해야 한다.
  - 실습 지도자는 가장 최근의 정보와 지식을 습득하도록 노력해야 하고, 이를 실습생에게 전달해야 한다.
  - 자신의 전문 분야를 넘어선 영역은 다른 슈퍼바이저에게 연계한다.

(3) 사회복지사는 실습 지도자의 전문적 지도와 조언을 존중해야 하며, 실습 지도자는 사회복지사의 전문적 업무수행을 도와야 한다.

- 실습 지도자는 실습교육을 충실히 받을 수 있도록 실습생의 업무수행을 도와주어야 한다.
  - 실습생의 실습일지를 매일 확인하여 즉각적인 피드백을 제공한다.
  - 정기적으로 구조화된 실습 슈퍼비전 계획을 수립하고 일정에 따라 개별적 혹은 집단적 슈퍼비전을 통해 실습교육 목적을 달성하도록 노력한다.
- 실습생은 실습교육의 전 과정에서 실습 슈퍼바이저의 지시와 지도를 따라야 한다.
  - 실습생의 경우 클라이언트와 관련된 정보나 서비스 진행 상황을 실습 지도자에게 보고하고 점검해 나간다.

(4) 실습 지도자는 사회복지사 수련생 및 실습생에 대해 인격적·성적으로 수치심을 주는 행위를 해서는 안 된다.

- 실습교육기관과 실습 지도자는 실습생의 인권을 보장해야 하며, 모욕, 성적 추행, 수치심을 자아내는 행위를 해서는 절대 안 된다.
  - 실습 지도자 및 직원은 실습교육기간 동안 실습교육기관 외 장소에서 사적인 자리를 마련하지 않아야 한다.
  - 실습 지도자 및 직원은 실습생의 호칭이나 실습생 평가 시 모욕이나 수치심을 자아내는 언행을 삼가야 한다.
  - 실습 지도자 및 직원은 실습생에게 이성적인 호감을 표시하거나 구애 행위를 해서는 안 된다.
- 실습기간 동안 기관 내에 다른 직원이 자신의 실습생에게 이와 같은 행위를 하는 것을 목격했을 시, 그 행위를 중단시켜 실습생을 보호해야 한다.

2) 실습생의 인권

실습교육을 받는 실습생은 실습교육기관에서도 학생으로서의 신분을 유지하고 실습 지도자와 실습교육기관에서는 학생이라는 신분을 이해하고 있어야 한다. 따라서 실천의 업무를 담당하거나 실습 지도자의 업무를 보조하기 위해 기관에 실습을 나온 것이 아닌 사회복지실천의 현장을 학습하기 위한 실습임을 명심해야 한다.

(1) 실습생의 권리

실습생은 대학 또는 대학원에서 학생이자 교육받는 과정에 있는 사람으로서 교육과정의 하나로 실습교육을 받는다. 실습생은 교육받을 권리를 갖고 있다. 즉, 학생으로서의 학습권이 있으며, 이 권리가 보장될 때 실습생이 실습교육기관에서 인권이 보장되었다고 할 수 있다.

- 전문가로서의 실습 지도자에 의해 교육될 권리
- 전문지식과 기술을 교육받을 권리
- 실천현장에서만 학습할 수 있는 업무나 사례를 제공받을 권리
- 쾌적한 환경에서 학습할 권리
- 안전한 환경에서 학습하고 활동할 권리
- 인간적인 대우를 받을 권리
- 윤리적인 결정을 따를 권리
- 성추행이나 성폭력으로부터 자유로울 권리 등

(2) 실습 안전지침

안전지침은 사회복지사에게 필수 적이며, 사회복지사로서 기관에 고용되어 있는 것이 아니라 실습지도와 관련한 책임이 일차적으로 기관에 있음을 고려할 때, 실습생에 대한 안전관리는 실습교육기관이 담당해야 할 중요한 책임 영역이다.

특히 실습을 할 때는 실습기관에서 클라이언트를 대상으로 클라이언트의 가정

방문과 같은 클라이언트와 관련된 또는 업무와 관련된 외부 활동을 함에 있어 실습생의 안전이 보장되어 있어야 한다. 아울러 실습교육기관에서는 실습지도를 하기 전에 만약에 대비한 보험을 들어 두는 것은 필수 의무사항이다.

다음의 안전지침을 지키게 될 때 실습교육기관은 실습생을 안전하게 교육할 수 있을 것이며, 실습생 역시 스스로 안전지침을 지킴으로써 자신을 위험으로부터 보호하고 안전하게 해야 한다.

① 사무실에서의 안전지침

- 기관의 안전정책을 엄격하게 따를 것
- 가능한 잠재위험 확인을 위해 클라이언트들을 만나기 전에 모든 클라이언트의 사례 기록을 조사할 것
- 폭력 전과가 있거나 위협을 줄 수 있는 행동을 보여 주는 클라이언트와 일할 때는 직원에게 동행을 요청할 것
- 무기로 사용될 수 있는 모든 물건(펜, 스테이플러, 서진 등)을 책상에서 치울 것
- 직원의 도움을 요청할 것
- 직원이 적절한 자리에 없다면, 도움을 필요로 하는 다른 직원에게 신중하게 신호를 보낼 수 있는 체계를 개발할 것(예: 다른 직원에게 전화한 다음 클라이언트의 이름을 대고 '진행파일'이 필요하다고 말함)
- 출입문과 가까운 위치에 책상을 배치할 것
- 가능하면 안전보장을 책임지는 사람들과 연락체계를 마련할 것. 늦은 시간까지 일하게 될 경우 그들에게 알려 주고, 필요할 때는 경비원에게 경호를 요청할 것
- 귀중품은 비밀이 보장되고 잠겨 있는 곳에 보관할 것
- 퇴근할 때마다 사무실을 꼭 잠그는 것을 잊지 말 것

② 지역사회에서의 위험을 줄이기 위한 안전지침

- 가정방문 시 실습생이 단독으로 방문하지 않도록 하기
- 직원과의 동행 방문 시 기관을 떠나기 전에 사례기록을 재검토할 것(예: 가족은 몇 명이 살고 있고 가족 중 폭력 전과자가 있는지 주목할 것)
- 방문하려는 클라이언트들의 주소, 예상되는 노선, 예상되는 기관 도착 시간과 함께 방문스케줄을 기관의 동료에게 알릴 것. 위험 가능성이 의심되면 동료에게 가정방문 중 확인전화를 걸어 주도록 부탁할 것
- 가정방문 시 꼭 필요한 자료들만 가져가고 귀중품(많은 현금, 불필요한 신용카드, 장신구)은 기관이나 가정에 남겨둘 것
- 가능하면 오전에 가정방문 일정을 잡거나 공공장소에서 만날 것
- 클라이언트에게 신분을 증명할 수 있는 것들을 뚜렷하게 보여 줄 것(기관 배지, 명함, 기관 자동차의 로고 등)
- 복장은 실습기관의 다른 직원들을 따를 것
- 자신의 감각이나 통찰에 민감할 것. 상황이 불편한 것 같고 문제가 생길 가능성이 느껴진다면 다시 약속을 잡거나 다른 조치를 취할 것

③ 클라이언트의 가정을 방문했을 때의 안전지침

- 자가 운전하여 가정방문을 나간다면, 자동차의 모든 문을 잠그고 바지 주머니 등 쉽게 접근할 수 있는 곳에 자동차 열쇠를 보관하며, 불필요한 물건은 트렁크에 넣을 것
- 방문하는 집에 무슨 동물이 있는가에 주의하고, 끈이 풀린 동물에 대해서는 클라이언트에게 도움을 요청할 것
- 집에 들어가려고 할 때 모르는 사람들 사이로 걸어가는 것을 피할 것
- 집에 있는 사람들에 주목하고, 그들이 누구인지 클라이언트에게 물어볼 것. 그 집에 다른 사람들이 있는 것이 불편하다면 그 사람들이 집을 나가도록 요청함으로써 논의할 정보의 비밀이 지켜질 수 있도록 클라이언트에게 권유할 것
- 집에 들어가면서 모든 것에 주목할 것

- 무기가 종종 보관되는 침실이나 부엌에서 클라이언트와 이야기하는 것을 피할 것
- 무기나 마약 등이 보이면 집에서 즉시 나올 것
- 방문 후 서류업무를 마치기 위해 다른 장소로 이동할 것. 가정방문 후 클라이언트의 집 앞에 주차하여 그 속에 앉아 있지 말 것. 방문과 관련된 어떤 위험도 문서화할 것

✎ TIP: 분노하고, 저항적이며, 공격적인 클라이언트와 일할 때의 안전지침

- 조용하고, 침착하며, 단호한 자세를 유지할 것. 놀람, 적의, 고통, 방어 등을 보이지 말 것. 클라이언트에게 단순하고 직접적인 문장으로 말할 것
- 클라이언트에게 긍정적 선택을 제공할 것(예: 우리가 마주 앉아서 이 문제를 논의할 수 있도록 내 책상 가까이에 와 주시기를 바랍니다.)
- 클라이언트를 환기시키고, 진정하며, 생각할 시간을 갖도록 상호작용의 속도를 늦출 것
- 클라이언트와 신체 접촉을 피할 것
- 클라이언트에게 충분한 개인적 공간을 주기 위해 둘 사이의 공간을 충분히 확보할 것
- 클라이언트를 앉히려고 모든 노력을 할 것. 앉는 것이 불가능하다면 둘 사이의 공간을 충분히 두고, 기동할 수 있는 충분한 공간을 확보하기 위해 클라이언트 중심에서 멀리 떨어질 것
- 공격을 받으면 최소한의 힘을 쓸 것. 클라이언트를 억제하거나 본인이 풀려 나는 데 필요한 힘만을 쓰고, 도움을 얻기 위해 다른 곳으로 이동할 것

3) 윤리강령

우리나라 사회복지사 윤리강령 제정 연혁은 다음과 같다.

1973.02. 윤리강령 초안 결의

1982. 01.15. 사회복지사 윤리강령 제정

1988. 03.26. 제1차 사회복지사 윤리 강령 개정

1992.10.22. 제2차 사회복지사 윤리강령 개정

2001.12.15. 제3차 사회복지사 윤리 강령 개정

2021.07.05. 제4차 사회복지사 윤리강령 개정

전 문

사회복지사는 인본주의평등주의 사상에 기초하여 모든 인간의 존엄성과 가치를 존중하고 천부의 자유권과 생존권의 보장 활동에 헌신한다. 특히 사회적경제적 약자들의 편에 서서 사회정의와 평등자유와 민주주의 가치를 실현하는 데 앞장선다. 또한, 도움을 필요로 하는 사람들의 사회적 지위와 기능을 향상시키기 위해 저들과 함께 일하며, 사회제도 개선과 관련된 제반활동에 주도적으로 참여한다. 사회복지사는 개인의 주체성과 자기결정권을 보장하는 데 최선을 다하고, 어떠한 여건에서도 개인이 부당하게 희생되는 일이 없도록 한다. 이러한 사명을 실천하기 위하여 전문적 지식과 기술을 개발하고, 사회적 가치를 실현하는 전문가로서의 능력과 품위를 유지하기 위해 노력한다. 이에 우리는 클라이언트 등 그리고, 지역사회 및 전체 사회와 관련된 사회복지사의 행위와 활동을 판단, 평가하며 인도하는 윤리기준을 다음과 같이 선언하고 이를 준수할 것을 다짐한다.

Ⅰ. 사회복지사의 기본적 윤리기준

1. 전문가로서의 자세

1) 사회복지사는 전문가로서의 품위와 자질을 유지하고, 자신이 맡고 있는 업무에 대해 책임을 진다.
2) 사회복지사는 클라이언트의 종교, 인종, 성, 연령, 국적, 결혼상태, 성적취향, 경제적 지위, 정치적 신념, 정신, 신체적 장애, 기타 개인적 선호, 특징, 조건, 지위를 이유로 차별대우를 하지 않는다.
3) 사회복지사는 전문가로서 성실하고 공정하게 업무를 수행하며, 이 과정에서 어떠한 부당한 압력에도 타협하지 않는다.
4) 사회복지사는 사회정의 실현과 클라이언트의 복지증진에 헌신하며, 이를 위한 환경조성을 국가와 사회에 요구해야 한다.
5) 사회복지사는 전문적 가치와 판단에 따라 업무를 수행함에 있어 기관 내외로부터 부당한 간섭이나 압력을 받지 않는다.
6) 사회복지사는 자신의 이익을 위해 사회복지 전문직의 가치와 권위를 훼손해서는 안 된다.
7) 사회복지사는 한국사회복지사협회 등 전문가단체 활동에 적극 참여하여 사회정의의 실현과 사회복지사의 권익옹호를 위해 노력해야 한다.

출처: 한국사회복지사협회 홈페이지. http://www.welfare.net.

2. 전문성 개발을 위한 노력

1) 사회복지사는 클라이언트에게 최상의 서비스를 제공하기 위해 지식과 기술을 개발하는 데 최선을 다하며 이를 활용하고 전파할 책임이 있다.
2) 클라이언트를 대상으로 연구하는 사회복지사는 저들의 권리를 보장하기 위해 자발적이고 고지된 동의를 얻어야 한다.
3) 연구과정에서 얻은 정보는 비밀보장의 원칙에서 다루어져야 하고, 이 과정에서 클라이언트는 신체적, 정신적 불편이나 위험,위해 등으로부터 보호되어야 한다.
4) 사회복지사는 전문성을 개발하기 위해 노력하되 이를 이유로 서비스의 제공을 소홀히 해서는 안 된다.
5) 사회복지사는 한국사회복지사협회 등이 실시하는 제반교육에 적극 참여하여야 한다.

3. 경제적 이득에 대한 태도

1) 사회복지사는 클라이언트의 지불능력에 상관없이 서비스를 제공해야 하며, 이를 이유로 차별대우를 해서는 안 된다.
2) 사회복지사는 필요한 경우에 제공된 서비스에 대해 공정하고 합리적으로 이용료를 책정해야 한다.
3) 사회복지사는 업무와 관련하여 정당하지 않은 방법으로 경제적 이득을 취하여서는 안 된다.

II. 사회복지사의 클라이언트에 대한 윤리기준

1. 클라이언트와의 관계

1) 사회복지사는 클라이언트의 권익옹호를 최우선의 가치로 삼고 행동한다.
2) 사회복지사는 클라이언트에 대하여 인간으로서의 존엄성을 존중해야 하며, 전문적 기술과 능력을 최대한 발휘한다.
3) 사회복지사는 클라이언트가 자기결정권을 최대한 행사할 수 있도록 도와야 하며, 저들의 이익을 최대한 대변해야 한다.
4) 사회복지사는 클라이언트의 사생활을 존중하고 보호하며, 직무 수행과정에서 얻은 정보에 대해 철저하게 비밀을 유지해야 한다.
5) 사회복지사는 클라이언트가 받는 서비스의 범위와 내용에 대해 정확하고 충분한 정보를 제공함으로써 알 권리를 인정하고 존중해야 한다.

6) 사회복지사는 문서, 사진, 컴퓨터 파일 등의 형태로 된 클라이언트의 정보에 대해 비밀보장의 한계 정보를 얻어야 하는 목적 및 활용에 대해 구체적으로 알려야 하며, 정보 공개 시에는 동의를 얻어야 한다.
7) 사회복지사는 개인적 이익을 위해 클라이언트와의 전문적 관계를 이용하여서는 안 된다.
8) 사회복지사는 어떠한 상황에서도 클라이언트와 부적절한 성적 관계를 가져서는 안 된다.
9) 사회복지사는 사회복지 증진을 위한 환경조성에 클라이언트를 동반자로 인정하고 함께 일해야 한다.

2. 동료의 클라이언트와의 관계
1) 사회복지사는 적법하고도 적절한 논의 없이 동료 혹은 다른 기관의 클라이언트와 전문적 관계를 맺어서는 안 된다.
2) 사회복지사는 긴급한 사정으로 인해 동료의 클라이언트를 맡게 된 경우, 자신의 의뢰인처럼 관심을 갖고 서비스를 제공한다.

Ⅲ. 사회복지사의 동료에 대한 윤리기준

1. 동 료
1) 사회복지사는 존중과 신뢰로써 동료를 대하며, 전문가로서의 지위와 인격을 훼손하는 언행을 하지 않는다.
2) 사회복지사는 사회복지 전문직의 이익과 권익을 증진시키기 위해 동료와 협력해야 한다.
3) 사회복지사는 동료의 윤리적이고 전문적인 행위를 촉진시켜야 하며, 이에 반하는 경우에는 제반 법률규정이나 윤리기준에 따라 대처해야 한다.
4) 사회복지사가 전문적인 판단과 실천이 미흡하여 문제를 야기시켰을 때에는 적절한 조치를 취하여 클라이언트의 이익을 보호해야 한다.
5) 사회복지사는 전문직 내 다른 구성원이 행한 비윤리적 행위에 대해 제반 법률규정이나 윤리기준에 따라 조치를 취해야 한다.
6) 사회복지사는 동료 및 타 전문직 동료의 직무 가치와 내용을 인정·이해하며, 상호간에 민주적인 직무관계를 이루도록 노력해야 한다.

2. 슈퍼바이저
1) 슈퍼바이저는 개인적인 이익의 추구를 위해 자신의 지위를 이용해서는 안 된다.

2) 슈퍼바이저는 전문적 기준에 의해 공정하게 책임을 수행하며, 사회복지사 수련생 및 실습생에 대한 평가는 저들과 공유해야 한다.
3) 사회복지사는 슈퍼바이저의 전문적 지도와 조언을 존중해야 하며, 실습 지도자는 사회복지사의 전문적 업무수행을 도와야 한다.
4) 슈퍼바이저는 사회복지사 수련생 및 실습생에 대해 인격적,성적으로 수치심을 주는 행위를 해서는 안 된다.

Ⅳ. 사회복지사의 사회에 대한 윤리기준

1) 사회복지사는 인권존중과 인간평등을 위해 헌신해야 하며, 사회적 약자를 옹호하고 대변하는 일을 주도해야 한다.
2) 사회복지사는 필요한 사회 서비스를 개발하기 위한 사회정책의 수립, 발전, 입법, 집행에 적극적으로 참여하고 지원해야 한다.
3) 사회복지사는 사회 환경을 개선하고 사회정의를 증진시키기 위한 사회정책의 수립, 발전, 입법, 집행을 요구하고 옹호해야 한다.
4) 사회복지사는 자신이 일하는 지역사회의 문제를 이해하고, 그것을 해결하는 일에 적극적으로 참여해야 한다.

Ⅴ. 사회복지사의 기관에 대한 윤리기준

1) 사회복지사는 기관의 정책과 사업목표의 달성서비스의 효율성과 효과성의 증진을 위해 노력함으로써 클라이언트에게 이익이 되도록 해야 한다.
2) 사회복지사는 기관의 부당한 정책이나 요구에 대하여 전문직의 가치와 지식을 근거로 이에 대응하고 즉시 사회복지윤리위원회에 보고해야 한다.
3) 사회복지사는 소속기관 활동에 적극 참여함으로써, 기관의 성장발전을 위해 노력해야 한다.

Ⅵ. 사회복지윤리위원회의 구성과 운영

1) 한국사회복지사협회는 사회복지윤리위원회를 구성하여 사회복지윤리실천의 질적인 향상을 도모하여야 한다.
2) 사회복지윤리위원회는 윤리강령을 위배하거나 침해하는 행위를 접수받아 공식적인 절차를 통해 대처하여야 한다.
3) 사회복지사는 한국사회복지사협회의 윤리적 권고와 결정을 존중하여야 한다.

출처: 한국사회복지사협회 홈페이지. http://www.welfare.net.

5. 사회복지 조직

1) 사회복지기관 조직

우리나라의 사회복지실천 활동은 사회복지서비스 분야에서 민간조직에 의한 사회복지 활동이 중심축을 이루고 있다. 국가와 지방자치단체는 지도감독과 재정지원의 역할을 수행하면서 지역사회 차원의 직접적인 사회복지서비스 제공의 책임을 민간조직에 위탁하고 있으며, 최근 지역사회를 중심으로 한 복지욕구가 증가하고 다양한 사회복지서비스가 발전하면서 민간조직의 사회복지 활동이 중요시되고 있다(오정수 외, 2011).

민간의 사회복지조직이란 영리를 목적으로 하지 않는 사회복지법인, 사단법인, 재단법인, 종교단체, 법정 단체 및 기타 특수법인, 등록단체, 그리고 기업체 및 개인이 사회복지사업을 목적으로 설치운영하는 시설과 기관을 말한다. 민간 사회복지의 운영조직으로는 사회복지기관, 단체와 사회복지이용시설, 사회복지생활시설을 들 수 있다. 법령에 따른 사회복지시설의 종류는 〈표 2〉, 대상자별 사회복지시설의 종류는 〈표 3〉과 같다.

(1) 사회복지기관, 단체

사회복지사업을 수행하는 직능별 단체의 전국적 규모 또는 지역사회의 운영주체를 사회복지기관, 단체라고 한다. 한국사회복지협의회와 시·도 사회복지협의회, 한국사회복지사협회와 시·도 지회, 사회복지공동모금회와 시·도 지회 등은 각각 민간 사회복지 분야에서의 조직, 인력, 자원동원의 중추적인 기관단체이다. 그리고 한국사회복지협의회, 시·도 사회복지협의회, 사회복지공동모금회는 「사회복지사업법」과 「사회복지공동모금회법」에서 규정한 독립된 사회복지법인이며, 한국사회복지사협회는「사회복지사업법」에 의하여 민법의 사단법인에 관한 규정을 준용하는 법정단체이다.

그리고 종합사회복지관은 지역사회의 충족되지 않은 욕구와 문제를 발견해서

주민에게 필요한 서비스를 제공하는 가장 대표적인 직접 서비스 기관이다. 종합사회복지관은 주로 도시 저소득층 밀집지역에 위치하여 저소득층의 자립능력을 길러 주어 중산층으로 유도하고 지역사회문제를 예방, 치료하여 지역사회 및 주민의 연대감을 조성하는 모체로서 지역사회주민의 복지증진을 종합복지관의 역할로 수행하는 기관이다(최성문, 2004).

현재 대부분 사회복지관 프로그램은 지역의 특성 및 주민의 복지에 대한 욕구에 부응하기 위해 정기적으로 복지욕구조사를 실시한 후 우선순위에 따라 사업을 수행하도록 되어 있다. 사회복지관의 사업내용은 상호 연계성과 종합성을 가져야 하며, 대상자별로 서비스 기능을 적절히 배치하여 전문성이 유지되도록 해야 한다. 선택사업 및 신규사업의 경우는 지역의 특성에 맞게 고려하며, 전체 사업은 필수사업인 10개 단위사업을 포함하여 종합복지관의 경우 가형은 18개, 나형은 16개, 사회복지관은 14개 이상을 원칙으로 하고 있다. 단, 불가피한 사유로 사업 수의 축소 및 조정이 필요한 경우는 사전에 관할 시장, 군수, 구청장의 승인을 받아야 한다(서홍란·이경아, 2006).

그리고 2022년 사회복지관협회에 등록된 사회복지관은 454개소이며(한국사회복지관협회, 2022). 서울시 사회복지관협회의 자료에 의하면 2004년 한 해 동안 서울 소재 사회복지관에서 1,400여 명의 학생이 실습하였으며, 이들에 대한 실습 지도자는 400여 명으로 추산되고 있다. 현재 사회복지사 자격증 취득을 위해 필수 과목인 사회복지현장실습에 있어 지역사회복지관은 매우 중요한 기관이라고 할 수 있다.

(2) 사회복지이용시설

지역사회 차원의 사회복지 운영주체로는 종합사회복지관과 노인복지관, 장애인복지관 등 종별 사회복지관이 있으며, 이들은 직접적인 복지서비스를 제공하는 사회복지이용시설로 분류된다. 이외에도 지역자활센터, 재가복지봉사센터, 지역아동센터, 노인보호전문기관, 아동보호전문기관, 가정위탁지원센터, 청소년상담지원센터, 장애인주간보호센터, 단기보호센터 등 지역사회에서 다양한 복지서비스를 제공하는 이용시설이 관련 법령에 의하여 확충되고 있다.

(3) 사회복지생활시설

다양한 문제로 인하여 생활의 위협을 받으며 살아가는 사람들이 어떤 이유로 스스로의 힘으로 인간다운 삶을 영위할 수 없을 때 도움을 제공하기 위하여 설립된 시설이다. 사회복지생활시설은 시설에 거주하면서 시설에 상주하는 전문가나 직원의 도움을 받는 생활시설과 자기 집에서 생활하면서 시설을 정기적으로 이용하는 통원시설의 형태가 있다.

〈표 2〉 법령에 따른 사회복지시설의 종류

<table>
<tr><th rowspan="2">관련 법</th><th rowspan="2">시설 종류</th><th colspan="2">세부 종류</th><th rowspan="2">소관 부처</th></tr>
<tr><th>생활시설</th><th>이용시설</th></tr>
<tr><td>사회복지사업법</td><td>• 사회복지관, 부랑인 노숙인시설, 결핵·한센시설</td><td>• 부랑인시설
• 결핵 · 한센시설</td><td>• 사회복지관
• 노숙인쉼터
• 상담보호센터</td><td rowspan="6">보건복지부</td></tr>
<tr><td>노인복지법</td><td>• 노인복지시설</td><td>• 노인주거복지시설
• 노인의료복지시설</td><td>• 재가노인복지시설
• 노인여가복지시설
• 노인보호전문기관</td></tr>
<tr><td>농어촌주민의 보건복지증진을 위한 특별법</td><td>• 복합노인복지시설</td><td colspan="2">• 농어촌 지역에 한해 「노인복지법」 제31조 노인복지시설을 종합적으로 배치한 복합노인복지시설을 설치운영 가능</td></tr>
<tr><td>아동복지법</td><td>• 아동복지시설</td><td>• 아동양육시설
• 아동일시보호시설
• 아동보호치료시설
• 아동직업훈련시설
• 자립지원시설
• 아동단기보호시설
• 공동생활가정</td><td>• 아동상담소
• 아동전용시설
• 아동복지관
• 지역아동센터</td></tr>
<tr><td>장애인복지법</td><td>• 장애인복지시설</td><td>• 장애인생활시설
• 장애인유료복지시설</td><td>• 장애인지역사회재활시설
• 장애인직업재활시설
• 장애인생산품판매시설</td></tr>
<tr><td>정신보건법</td><td>• 정신보건시설</td><td>• 정신요양시설
• 사회복귀시설 중 생활(주거)시설</td><td>• 사회복귀시설 중 이용시설</td></tr>
</table>

<table>
<tr><th rowspan="2">관련 법</th><th rowspan="2">시설 종류</th><th colspan="2">세부 종류</th><th rowspan="2">소관
부처</th></tr>
<tr><th>생활시설</th><th>이용시설</th></tr>
<tr><td>국민기초생활 보장법</td><td>• 지역자활센터</td><td></td><td>• 지역자활센터</td><td rowspan="4"></td></tr>
<tr><td>한부모가족지원법</td><td>• 한부모자복지시설</td><td>• 모(부)자보호시설
• 모(부)자자립시설
• 미혼모(자)시설
• 공동생활가정
• 일시보호시설</td><td>• 여성복지관
• 한부모가족복지상담소</td></tr>
<tr><td>영유아보육법</td><td>• 어린이집</td><td></td><td>• 어린이집</td></tr>
<tr><td>다문화가족지원법</td><td>• 다문화가족지원센터</td><td></td><td>• 다문화가족지원센터</td></tr>
<tr><td>성매매방지 및 피해자보호 등에 관한 법률</td><td>• 성매매피해지원시설</td><td>• 일반지원시설
• 청소년지원시설
• 외국인여성 지원시설</td><td>• 자활지원센터</td><td rowspan="3">여성부</td></tr>
<tr><td>성폭력범죄의 처벌 및 피해자보호 등에 관한 법률</td><td>• 성폭력피해보호시설</td><td>• 성폭력피해자 보호시설</td><td>• 성폭력피해상담소</td></tr>
<tr><td>가정폭력방지 및 피해자보호 등에 관한 법률</td><td>• 가정폭력보호시설</td><td>• 가정폭력피해 보호시설</td><td>• 가정폭력상담소</td></tr>
</table>

〈표 3〉 대상자별 사회복지시설의 종류

<table>
<tr><th>대상자</th><th>형태</th><th colspan="2">시설 종류</th><th>소관부서</th><th>관련 법령</th></tr>
<tr><td rowspan="5">노인</td><td rowspan="2">생활</td><td>주거</td><td>• 양로시설, 노인 공동생활가정
• 노인복지주택</td><td rowspan="3">보건복지부
요양보험
운영과</td><td rowspan="5">노인
복지법
제31조</td></tr>
<tr><td>의료</td><td>• 노인요양시설
• 노인요양공동생활가정</td></tr>
<tr><td rowspan="3">이용</td><td>재가</td><td>• 재가노인복지시설(방문요양, 주야간보호, 단기보호, 방문목욕)</td></tr>
<tr><td>여가</td><td>• 노인복지관
• 경로당, 노인교실, 노인휴양소</td><td rowspan="2">노인정책과</td></tr>
<tr><td colspan="2">• 노인보호전문기관</td></tr>
</table>

<table>
<tr><th>대상자</th><th>형태</th><th colspan="2">시설 종류</th><th>소관부서</th><th>관련 법령</th></tr>
<tr><td rowspan="3">아동</td><td>생활</td><td colspan="2">• 아동양육시설, 공동생활가정
• 아동일시보호시설, 아동단기보호시설
• 아동보호치료시설
• 아동직업훈련시설, 자립지원시설</td><td rowspan="2">아동청소년 자립과</td><td rowspan="3">아동 복지법 제16조</td></tr>
<tr><td rowspan="2">이용</td><td colspan="2">• 아동상담소, 아동전용시설, 아동복지관</td></tr>
<tr><td colspan="2">• 지역아동센터</td><td>아동청소년 관리과</td></tr>
<tr><td rowspan="5">장애인</td><td>생활</td><td>생활시설</td><td>• 장애유형별 생활시설
• 중증장애인요양시설
• 장애인영유아생활시설</td><td rowspan="2">장애인권익 지원과</td><td rowspan="5">장애인 복지법 제58조</td></tr>
<tr><td rowspan="3">이용</td><td>지역사회 재활시설</td><td>• 장애인복지관
• 장애인주간보호시설
• 장애인공동생활가정
• 장애인의료재활시설
• 장애인단기보호시설
• 장애인체육시설, 장애인수련시설, 장애인심부름센터
• 수화통역센터, 점자도서관, 점서 및 녹음서 출판시설</td></tr>
<tr><td>직업재활 시설</td><td>• 장애인보호작업장
• 장애인근로사업장</td><td rowspan="2">장애인자립 기반과</td></tr>
<tr><td colspan="2">• 장애인생산품판매시설</td></tr>
<tr><td>생활</td><td>생활</td><td>• 장애인유료복지시설</td><td>장애인권익 지원과</td></tr>
<tr><td>영유아</td><td>이용</td><td>어린이집</td><td>• 국공립, 법인, 직장, 가정, 부모협동, 민간 어린이집</td><td>보육기반과</td><td>영유아 보육법</td></tr>
<tr><td rowspan="2">정신 질환자</td><td>생활</td><td colspan="2">• 정신요양시설
• 정신질환자 사회복귀시설(생활훈련시설작업훈련시설종합훈련시설주거시설, 입소생활시설주거제공시설공동생활가정중독자재활시설종합재활시설)</td><td rowspan="2">정신건강 정책과</td><td rowspan="2">정신 보건법 제16조</td></tr>
<tr><td>이용</td><td colspan="2">• 정신질환자 사회복귀시설(생활훈련시설작업훈련시설종합훈련시설, 주간재활시설심신수련시설직업재활시설생산품판매시설종합재활시설)</td></tr>
<tr><td rowspan="2">부랑노 숙인</td><td>생활</td><td colspan="2">• 부랑인시설</td><td rowspan="2">기초생활 보장과</td><td></td></tr>
<tr><td>이용</td><td colspan="2">• 노숙인쉼터, 상담보호센터</td><td></td></tr>
</table>

대상자	형태	시설 종류	소관부서	관련 법령
한부모 가족	생활	• 모(부)자보호시설, 모(부)자자립시설, 미혼모(자)시설, 공동생활가정, 일시보호시설	가족지원과	한부모 가족 지원법
	이용	• 여성복지관		
다문화 가족	이용	• 다문화가족지원센터	다문화 가족과	다문화 가족 지원법
지역 주민	이용	• 사회복지관	사회서비스 자원과	사회복지사업법
기타 시설	복합	• 결핵·한센시설	질병관리본부 (에이즈 결핵관리팀)	사회복지사업법
	이용	• 지역자활센터	자립지원과	

출처: 보건복지가족부(2010).

2) 사회복지사의 역할

사회복지사는 다양한 실천방법을 사용하여 광범위한 범주의 문제들을 다룬다. 그러므로 다양한 역할을 잘 알고 숙련된 실천을 할 필요가 있다. 전문직 역할이란 정해진 기능을 수행하는 데 포함되는 행동으로 구성된다. 사회복지사는 직접 서비스를 제공하고, 체계를 연결유지 강화하며, 체계를 개발하고, 조사연구를 하며, 행정 업무를 수행하는 등 다양한 역할을 한다. 이상적인 실천에서 사회복지사는 주어진 상황에서 몇 개의 가능한 초점들과 개입 수준을 분명히 한 후에 가장 적절하고 실행 가능한 실천방법을 선택하고, 그에 따라 가장 효과적인 역할을 선택하게 되는 것이다. 미시적, 중범위, 거시적 수준에서 사회복지사가 수행하는 중요한 역할들을 살펴보면 〈표 4〉와 같고 자세한 내용은 다음과 같다(오수정, 2011; Sheafor & Horejsi, 2006; Zastrow, 2000; Cummins et al., 2006; Boyle et al., 2006).

(1) 교육자

정보를 제공하고 지식과 기술을 가르치는 역할로서, 사회복지사는 클라이언트가 이해할 수 있는 방식으로 관련된 정보를 제공하고, 권고와 제안을 하고, 대안과 가능한 결과를 확인한다. 또한 행동 시범을 보이고, 문제해결 기술을 가르치고, 인식을 명확하게 함으로써 필요한 적응 기술을 가르친다. 이를 위해서 전문지식을 갖추고, 효과적인 의사소통을 할 수 있어야 한다. 새로운 지식과 기술로 삶의 여러 상황에서 발생하는 어려움을 다루고 위기를 예견하고 예방할 수 있도록 도우며 개인, 가족, 집단, 조직, 지역사회 수준에서 클라이언트 체계를 역량 강화할 수 있다. 청소년 자녀의 부모역할훈련, 실업자 직업훈련, 알코올 남용자 대상의 알코올 문제 인식교육, 직원의 전문성 향상 교육, 지역사회 정신건강 교육, 다문화 가족을 위한 지역사회서비스 안내 교육 등을 제공할 수 있다.

(2) 기획자

사회복지기관에서 클라이언트를 위한 새로운 서비스를 개발하는 프로그램 기획가로서 일하거나 지역사회에서 사회서비스와 지역사회 자원을 증대시키기 위해 지역사회 기획가로서 활동한다. 때로는 서비스 접근성이 떨어지는 작은 지역사회, 농촌지역, 혹은 신도시 등에서 지역사회 지도자와 함께 기획자의 역할을 맡기도 한다.

사회복지사는 공식적이거나 비공식적으로 영향력 있는 사람들과 함께 지역사회의 욕구를 충족시킬 수 있는 프로그램을 계획한다. 맞벌이 가정 아동보호 프로그램, 노인과 장애인을 위한 이동 및 목욕지원 서비스, 농번기의 여가활동 프로그램, 낙도 주민을 위한 건강보호 프로그램 등이 포함된다.

(3) 사례관리자

다양한 기관, 조직, 시설에서 제공하고 있는 적합한 서비스에 클라이언트를 연결하고 서비스를 활용하도록 조정함으로써 개인과 가족에게 지속적으로 서비스를 제공한다. 또한 다양한 요구를 지닌 클라이언트의 기능을 최적화하기 위해서 공식적비공식적 자원망을 창조하고 조정한다. 사례관리는 빈곤지역의 아동, 독거노인, 그룹홈의 뇌성마비 환자 등과 같이 취약하거나 심각한 장애가 있는 클라이언트에게 아주 중요한 실천방법이다.

(4) 상담자/임상가

다양한 임상적 개입 방법과 지속적인 지지를 통하여 클라이언트의 기능 개선을 돕는다. 클라이언트가 자신의 감정에 대한 통찰을 얻고, 역기능적인 행동을 수정하며, 문제해결 기술을 습득하도록 계획된 변화나 문제해결 과정을 지원함으로써 사회적 기능 수행능력을 향상시키도록 돕는다.

(5) 아웃리치 실천가

개인의 충족되지 못한 욕구를 확인하고 그들이 원조과정과 사회서비스 체계에 들어오게 하기 위해서 잠재적 클라이언트의 환경으로 직접 들어가서 일하는 역할이다.

(6) 옹호자

개인, 가족, 집단, 조직, 그리고 지역사회가 도움을 필요로 하지만 기존 제도가 서비스 제공에 무관심하거나 부정적이거나 적대적일 때 옹호자 역할이 필요하다. 사회복지사는 필요한 자원, 서비스, 그리고 기회에 대한 모든 사람의 접근성을 보장하고, 사회적 여건을 향상시키며, 사회정의를 증진시키기 위해 정책과 제도의 변화를 가져오도록 옹호활동을 한다. 클라이언트 집단이나 다른 사회복지사, 그리고 연합을 이룬 전문가 집단들과 함께하면서 직접 개입이나 역량 강화를 통해 클라이언트의 권리를 옹호할 수 있다.

(7) 자문가

서비스 제공자가 클라이언트에 대한 지식과 기술을 증진시키고 태도를 수정함으로써 보다 효과적으로 서비스를 전달할 수 있도록 지원하는 역할이다. 예를 들면, 사회복지사는 노인학대 사례판정위원, 보호관찰 심의위원, 교정행정 자문위원, 행정기관의 정책 자문위원, 민간기관의 프로그램 자문위원 등의 활동을 통해 사회복지정책 및 실천 분야의 전문지식을 필요로 하는 특정 이슈에 대한 자문을 제공한다.

(8) 조력자

개인, 가족, 집단, 조직, 지역사회를 도와 충족되지 않은 클라이언트 체계의 욕구를 분명하게 파악하고, 직면한 문제를 명확하게 확인하고, 해결 전략을 탐색해 전략을 선택하고 적용하여, 문제를 효과적으로 해결하도록 돕는 역할이다. 개별 클라이언트나 지역사회 성원과 자원을 확인하고 모으며, 격려하고 지지하며, 역량 강화를 한다.

(9) 조사연구자/프로그램 평가자

사회복지사들은 때로는 자료수집, 자료분석, 결과해석 등 조사연구자의 역할을 수행한다. 사회복지실천에서 조사연구는 지역의 이슈에 관한 문헌연구, 서비스 평가, 욕구조사 등을 포함한다. 목표달성 척도를 사용하여 체계적으로 클라이언트의 변화를 점검하거나 평가가 가능한 개입 방법을 선택하여 프로그램의 효과성을 평가하고, 사업평가를 계획하고 수행한다.

(10) 조정자

조직화된 방식으로 구성요소를 정리하여 다양한 체계가 목표달성을 위해 함께 협력하도록 돕는 역할이다.

(11) 중개자

클라이언트 체계에 필요한 자원을 연결한다. 사회복지사는 클라이언트의 욕구를 확인하고, 다양한 자원을 활용할 동기와 능력을 사정하며, 가장 적합한 자원에 접근할 수 있도록 돕는다. 따라서 다양한 서비스와 활용 가능한 프로그램에 관한 지식이 있어야 하고, 자원접근 절차를 이해하고, 주요 관련 체계와 좋은 관계를 형성하고 있어야 한다.

(12) 중재자

체계 간의 분쟁에 개입해서 차이를 조정하고 타협하여 상호 간에 만족할 만한 합의를 얻도록 돕는 역할을 수행한다. 다양한 종류의 중재를 하는 데 있어서 사회복지사는 전문직의 가치를 지향하고 실천기술을 사용한다. 중재자는 어느 한쪽 편을 들지 않고 중립적 입장에서 양측이 서로의 입장을 명확하게 정리하도록 돕고, 양측의 입장 차이에 관한 어떤 오해가 있는지 분명하게 확인하여, 각자 분명한 상황 파악을 하도록 돕는 역할을 한다.

(13) 촉진자

집단이나 지역사회의 변화를 위해 성원들의 참여를 촉진하는 지도자 역할을 한다. 대상체계의 기능과 상호작용을 촉진시키며, 성원 간의 지지, 격려, 협조 및 정보 교환을 활성화시키고자 노력한다. 또한 행정가나 팀원으로서 기관이나 조직 내의 관계를 향상시키고, 조직 간의 연계망을 형성하고 강화시키며, 기관업무의 기획과 실행에 필요한 긍정적 변화를 일으킴으로써 클라이언트 체계의 욕구에 부합하는 보다 효과적이며 효율적인 서비스를 제공한다.

(14) 행동가

제도의 변화를 추구하며, 흔히 불평등이나 불이익을 경험하고 있는 집단에게 권력이나 자원을 이동시키려는 목표를 추구한다. 행동가들은 사회정의, 비평 형성, 소외와 박탈에 관심을 가지며, 갈등, 대결, 협상을 전략으로 사용한다. 사회 환경을 바꾸어서 개인의 욕구를 더 잘 충족시키도록 하는 것을 목적으로 한다. 공격적이고 행동지향적인 방법을 사용함에 있어서 사회복지사는 사실 발견, 지역사회 욕구분석, 조사연구, 정보의 공개와 해설, 동원을 사용하여 대중의 이해 증진을 위해 노력하며, 제안된 사회프로그램을 지지함으로써 변화를 주도하고 유지한다.

(15) 업무관리자

클라이언트에게 효율적인 서비스를 제공하고, 고용된 조직에 책임을 지기 위해 업무량을 관리한다. 업무계획을 세우고, 업무량을 관리하며, 시간을 관리하고, 자신과 동료의 기록을 검토하고, 직무 수행을 평가함으로써 서비스의 질을 확보한다. 또한 서비스 수급, 보고서 작성, 사례기록, 회계기록 등을 위한 자료를 수집하고, 기관의 규정과 절차에 대한 정보를 파악한다. 사회복지사는 이를 위해 직원회의에 참석하고 의사소통을 촉진시킬 다른 활동들에도 참여한다.

(16) 행정가

기관의 정책, 서비스, 프로그램을 기획하고 개발하며 조직하고, 직원을 선발하고 직무를 규정하며 업무를 지시하고 관리감독한다. 또한 행정가는 기관 구조와 정책, 그리고 절차들 가운데에서 서비스 전달에 부정적인 영향을 미치는 요인을 정확하게 규명하는 조직분석가의 역할도 수행할 수 있다. 행정가는 기관이 클라이언트에게 더욱 효과적으로 반응할 수 있는 방법에 대한 정보를 얻고, 클라이언트의 욕구를 사정하고, 어떤 정책과 절차가 클라이언트의 관심에 부합하는지 평가하는 전략적인 위치에 있다.

〈표 4〉 사회복지사의 역할과 실천 수준

실천 수준	역 할
미시적 수준	사례옹호자, 사례관리자, 클라이언트 교육자, 임상가/상담자, 조력자, 집단촉진자, 아웃리치 실천가
중범위 수준	행정가, 기관 스탭 교육훈련자, 중개자, 특정 인구집단 옹호자, 중재자 집단 촉진자, 프로그램 계획자, 조사자/프로그램 평가자
거시적 수준	행동가, 중재자, 지역사회 옹호자, 지역사회 교육자, 지역사회 촉진자, 지역사회 계획자, 조정자

출처: 오정수 외(2011), 재인용.

c·h·a·p·t·e·r

02 사회복지현장실습 총론

사회복지현장실습은 실천학문으로서 사회복지사 자격 취득을 위한 필수 적인 교육과정이며 「사회복지사업법」 기준을 준수하여야 한다. 사회복지현장실습은 학생들이 사회복지 전문직의 가치 및 실천윤리를 토대로 학교에서 배운 이론과 기술을 사회복지현장에 적용해 봄으로써 전문가로서의 정체감을 확립하고, 유능한 사회복지사로 성장할 수 있도록 훈련하는 사회복지교육의 핵심과정이라 할 수 있다.

1. 사회복지현장실습의 이해

1) 사회복지현장실습의 목적

사회복지현장실습의 목적은 학교에서 학습한 사회복지실천의 가치 및 윤리, 지식 그리고 사회복지실천과정 및 기술을 사회복지실천 현장에 실제로 적용하는 현장실습을 통해 전문직의 사명감과 능력을 겸비한 사회복지사로 양성하고자 교육,

훈련하는 사회복지교육의 핵심과정이다(한국사회복지교육협의회, 2012).

사회복지현장실습은 사회복지사 자격증을 취득하는 데 요구되는 필수 과목으로 사회복지 이론의 적용, 전문적 역할에 대한 간접적인 학습, 전문직으로서의 사회화 과정에 참여하며, 사회복지기관에 대한 전체적인 이해와 사회복지실천과정을 몸소 체험할 수 있는 기회를 제공하게 된다(김선환, 2007). 또한 사회복지현장실습은 교육기관에서 배운 사회복지실천의 가치 및 윤리, 지식 그리고 실천과정 및 기술을 사회복지실천현장에 실제로 적용하여 사회복지 전문직의 사명감과 실천 능력을 겸비한 사회복지사로서 교육훈련하는 것을 기본 목적으로 한다(오혜경·하지영, 2010). 나아가 실습생은 실습교육을 통해 사회복지 전문직의 소양을 쌓고 변화하는 계기가 될 수 있는데, 무엇보다도 실습은 실습생이 과연 사회복지사가 자신이 나아가야 할 진정한 진로인지를 현장학습을 통해 결정하도록 돕는다(오혜경·하지영, 2007).

한국사회복지사협회(2017)에서 제시하고 있는 사회복지현장실습에서 구체적으로 달성해야 할 목적은 다음과 같다.

- 실천현장의 문제해결 및 서비스 제공과정에서 사회복지 가치와 윤리강령의 지식 및 기술을 적용할 수 있는 능력을 키운다.
- 클라이언트 체계의 문제 확인, 정보수집, 사정평가, 개입계획 및 개입수행 그리고 평가과정을 통해 문제해결에 대한 적합한 지식과 기술을 획득한다.
- 지역사회 내 위험집단 및 표적집단의 특성, 강점 그리고 자원에 대한 지식을 활용할 수 있는 능력을 기른다.
- 사회복지시설, 기관 및 조직의 사명, 정책 및 행정을 연구하고 파악한다.
- 실천현장 관련 국가 및 지역사회(지방자치단체)의 사회복지정책 및 전달체계를 분석하고 실천에 적용한다.
- 사회복지사로서 자아인식을 증진시키고 전문직 정체감을 형성한다.
- 클라이언트인 개인, 가족, 집단, 지역사회를 대상으로 실천가로서의 전문적 기술과 능력을 개발한다.

2) 사회복지현장실습의 주요내용

(1) 사회복지기관, 지역사회에 대한 이해

사회복지기관의 구조 및 운영에 대해 이해하고, 실습을 통하여 기관이 제공하는 지역사회서비스에 대해 이해하게 되고 실습기관이 위치해 있는 지역사회의 특정 문제를 인식하고 이를 해결하는 데 활용 가능한 지역사회 자원 체계를 이해하고 활용한다. 현장실습을 통하여 실습기관 조직의 상황을 이해하고 사회복지사가 조직 내에서 생존하며 효과적인 서비스를 제공하는 데 도움이 되는 지식과 기술이 필요하다. 기관의 사명을 이해하고, 기관의 구조를 파악하며, 조직 내에서 기능적으로 일할 수 있는 방법을 학습하고, 기록 관리와 기록 방법을 학습하는 것 등이 해당된다(김희성·나용선, 2008).

(2) 사회복지실천과정의 적용

개인가족조직 및 지역사회를 포함한 클라이언트 체계에 대한 개입기술을 적용해 본다. 사회복지실천과정에서는 문제해결과정을 포괄적으로 다루는 기술들이 포함되는데, 문제해결의 구조는 일반체계론적 시각, 환경 속의 개인(person-in-environment)에의 초점, 경험적 실천 지향성 등의 개념을 강조한다(이시연, 2011). 사회복지실천에서 사회복지사는 클라이언트 체계(개인, 가족, 집단, 조직, 지역사회 등)에 직접적인 서비스를 제공하게 되는데, 사회복지실습을 통해 문제를 확인하고, 이와 관련된 정보를 수집하고 분석할 수 있으며, 개입계획을 수립실천하고, 개입 및 치료계획의 적용 기술, 평가 기술, 종결 기술, 집단에의 개입기술, 의뢰와 사례관리 기술, 옹호 활동 등이 포함되는 사회복지실천과정을 경험한다.

(3) 사회복지사로서의 전문적 가치관과 의식을 함양

사회복지 전문직의 사명감에 관한 내용이다. 교육내용에는 사회복지사와 사회사업의 가치윤리에 대한 사명감, 인간의 다양성을 존중하고 다양한 배경의 사람들과 함께 할 수 있는 능력, 사회적 억압과 차별, 그리고 현실적으로 당면하는 경제적 부정을 극복하려는 책임감과 사명감, 자기 자신에 대한 객관적 지식과 자신의 강점과 약점에 대한 자아인식, 자신의 전문적 성장에 대해 책임감을 갖는 것, 자기 자신의 활동의 효과성을 평가할 수 있는 능력과 겸허하게 받아들이는 능력 등이 포함된다(김희성·나용선, 2008). 실습생의 실습과정 기록을 토대로 기관의 실습 지도자와 학교의 실습지도 교수가 제공하는 현장실습지도를 받으면서, 사회복지사로서 전문적 가치관과 역할, 지식, 기술, 자아인식과 복지 마인드를 가지게 되며, 기관 내 다른 직원 및 타 학교 실습생과의 유대관계를 통하여 인적, 사회적 자원을 연계할 수 있다.

2. 사회복지현장실습 관련 기준

한국사회복지사협회는 2010년 전국적인 현장실습 실태조사를 시행하고 「사회복지현장 실습 지침서」를 발간하여 구체적인 실습기준을 마련하였다. 그리고 2013년도부터 「표준실습교육매뉴얼」을 만들어 현장실습을 제공하는 실습기관, 실습 지도자, 실습교육기관(학교) 등이 현장실습 시 참고할 매뉴얼을 제공하고 있다. 다음 내용은 한국사회복지사협회 2021년 사회복지사 자격관리 지침을 참고하였다.

1) 2010년 입학생~2020년 이전 보건복지부령이 정하는 「사회복지학 전공교과목과 사회복지 관련 교과목」중 1개 과목이라도 이수한 자

(1) 사회복지사업법 시행규칙 제3조[별표1]〈2008.11.5. 개정〉

사회복지학 전공교과목과 사회복지 관련 교과목(제3조 관련)
2. 필수 과목 중 사회복지현장실습에 관한 기준 가. 실습기관: 법 제2조제1호에 따른 사회복지사업과 관련된 법인시설, 기관 및 단체로 한다. 나. 실습 지도자: 사회복지사 1급 자격증을 소지한 자로서 3년 이상 또는 사회복지사 2급 자격증을 소지한 자로서 5년 이상 사회복지사업의 실무경험이 있는 자가 실습을 지도하여야 한다. 다. 실습시간: 현장실습시간은 120시간 이상으로 한다.

2) 2020년부터 보건복지부령이 정하는 「사회복지학 전공교과목과 사회복지 관련 교과목」을 이수한 자

(1) 사회복지사업법 시행규칙 제3조 [별표1] 〈2019. 8.12. 개정〉

사회복지학 전공교과목과 사회복지 관련 교과목(제3조 관련)
2. 필수 과목 중 사회복지현장실습에 관한 기준 가. 기관실습 1) 기관실습 시간은 160시간 이상으로 할 것 2) 기관실습 실시기관은 다음의 요건을 모두 갖추었을 것 가) 사회복지사업을 수행하는 기관, 법인, 시설 또는 단체일 것 나) 보건복지부장관으로부터 선정되었을 것 다) 다음의 요건을 모두 갖춘 기관실습 지도자가 2명 이상 상근할 것 (1) 1급 사회복지사 자격증을 취득한 이후 3년 이상의 사회복지사업 실무경험이 있거나 2급 사회복지사 자격증을 취득한 이후 5년 이상의 사회복지사업 실무경험이 있을 것 (2) 기관실습이 실시되는 연도의 전년도에 8시간 이상의 보수교육을 받았을 것 3) 기관실습 지도자 1명이 동시에 지도할 수 있는 학생 수는 5명 이내일 것 나. 실습세미나 1) 1회당 2시간 이상의 실습세미나를 총 15회 이상 실시할 것. 이 경우 정보통신망을 이용한 온라인 교육을 실시하는 교육기관의 실습세미나에는 대면 방식의 세미나가 총 3회 이상 포함되어야 한다. 2) 학사, 석사, 박사 학위 중 2개 이상의 학위를 사회복지학 전공으로 취득한 사람으로서 3년 이상의 사회복지학 교육경험 또는 3년 이상의 사회복지사업 실무경험이 있는 교수가 지도할 것 3) 한 세미나에 참여하는 학생 수는 30명 이내일 것 다. 기관실습 지도자가 부여한 평가점수와 실습세미나 교수가 부여한 평가점수를 합산한 최종 평가점수를 실습세미나 교수가 부여한다. 라. 가목부터 다목까지에서 규정한 사항 외에 기관실습 실시기관의 선정취소, 사회복지현장실습의 내용 및 방법 등에 관한 구체적인 사항은 보건복지부장관이 정하여 고시한다.

3) 법적 기준

사회복지현장실습을 위해 법적 기준을 충족하여야 한다. 「사회복지사업법 시행규칙」 제3조 [별표 1]의 실습기관은 사회복지사업과 관련된 법인, 시설, 기관 및 단체, 실습 지도자는 사회복지사 1급 자격증을 소지한 자로서 3년 이상 또는 사회복지사 2급 자격증을 소지한 자로서 5년 이상 사회복지사업의 실무경험이 있는 자, 실습시간은 이수학점 3학점, 120(160)시간 이상 실습을 진행하여야 한다.

(1) 사회복지현장실습기관 기준

사회복지현장실습을 담당하는 기관은 다음의 요건을 충족시킬 수 있는 법적 기관으로 선정하는 것이 바람직하다. 그리고 효과적인 사회복지현장실습이 이루어지기 위해서는 사회복지 실습생을 지도해 본 경험이 있는 기관으로 실습생 관리의 질적 수준이 높다고 판단되는 기관, 실습지도교사가 최선을 다해 실습생을 지도하고자 하는 곳 등으로 학생들이 우수한 기관에서 실습을 경험할 수 있도록 실습기관에 대한 선정에 신중을 기해야 한다.

- 기관실습은 실습 지도자의 근로시간 내에 실시하며, 하루에 이수 가능한 시간은 최소 4시간이상 최대 8시간 이하로 한다.
- 「사회복지사업법」에 따른 사회복지법인, 시설, 기관 및 단체로 한다.
- 아래의 기관 예시는 참고사항이며, 실습기관 선정은 법령이 정한 실습 지도자, 실습시간 기준을 반드시 준수하여 학교(교육기관)와 상의하여 결정하여야 한다.
  - 사회복지법인 및 사회복지시설
  - 공공기관 자원봉사센터 등
  - 사회복지서비스를 제공하는 병원, 상담소, 학교, 교정기관, 시민사회단체 등
- 해외의 사회복지시설에서 현장실습은 인정되지 않는다.
- 자원봉사 활동이나 단순 기관방문, 마을 축제방문 등은 사회복지현장실습에 포함되지 않으며, 실습생이 실습기관에 출석하지 않고 알선업체를 통해 허위 실습을 하거나 인터넷 등을 통한 실습은 인정되지 않는다.
- 동일 직장 내에서 실습을 하는 경우는 인정하지 않는다.

(2) 사회복지실습 지도자

사회복지현장실습지도는 사회복지사 1급 자격증을 소지한 자로서 3년 이상 또는 사회복지사 2급 자격증을 소지한 자로서 5년 이상 사회복지사업의 실무경험이 있는 자가 지도해야 한다.

사회복지현장실습지도는 사회복지실습 지도자가 1인당 1회기(1학기, 여름방학, 2학기, 겨울방학) 기준 5인 이내이다.

※ 기관실습 실시기관은 사회복지현장실습 관련 법적 규정 및 자격관리 지침을 준수하여야 하며, 이를 준수하지 않는 사항이 확인될 경우 이에 대한 증빙 자료(실습생 명단, 실습일지, 실습 지도자 명단, 실습비 수령 내역 등) 제출을 보건복지부 또는 협회로부터 요청받을 수 있다.

- 실습 지도자 1명당 동시지도 인원에 대한 [그림1]을 참고하여 실습이 끝난 후 실습 지도자 동시 인원 초과로 인한 불이익을 받지 않도록 해야 한다.
- 실습 지도자는 실습 기간 중 실습기관에 상근으로 재직하는 자이어야 함
  - 실습 지도자가 대표자인 경우 반드시 상근임을 증명
  - 실습 지도자는 1개의 기관실습 실시기관에 등록
  - 실습생의 실습 지도자와 실습세미나교수가 동일 인물인 경우 불인정.
- 실습 지도자의 사회복지사 실무 경력인정
  - 사회복지사 경력인정은 「사회복지사업법」 제2조제1호 각 목의 법률에 따라 "사회복지사업법"을 행할 목적으로 신고된 시설에서 사회복지사 직종으로 근무한 경력을 인정함. 동법에 따라 신고된 시설이 아닌 곳에서 근무할 경우, 경력증명서 상 직종이 '사회복지사'이거나 또는 채용 시 사회복지사 자격증이 필수 자격이어야 한다.
- 실습이수 중 실습 지도자를 중간에 변경할 경우 법적 기준에 맞는 실습 지도자가 지도하여야 하며 실습확인서는 전후 지도자에게 각각 확인받아야 한다(총 2장 이상).

- 실습기간 중 실습 지도자가 장기간 휴가 및 출장 등으로 부재한 경우 기관 실습 운영계획서의 교육계획으로 기관 내 실습 지도자 자격기준을 충족한 다른 지도자(실습 지도자로 등록된 자)가 대리하여 지도하여야 하며, 그렇지 않은 경우 실습 불인정

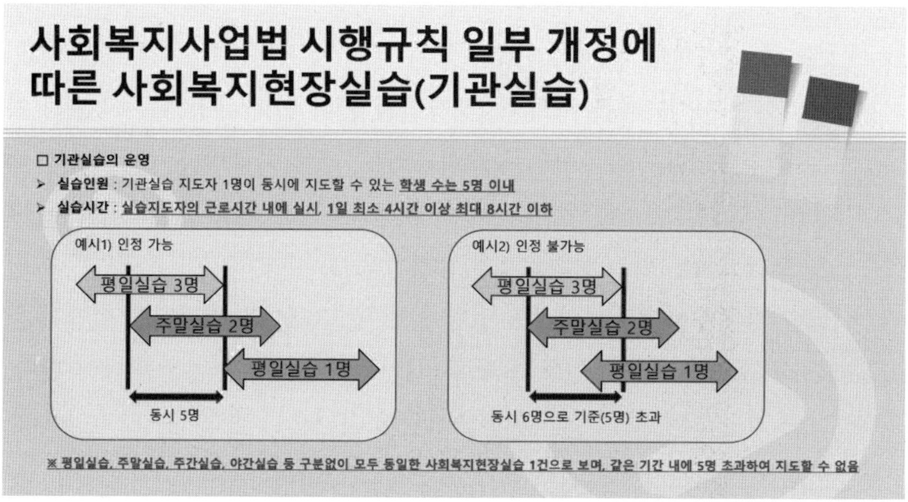

※ 교과목 개설시기와 관계없이 '22년도 1월부터 동시 지도인원 5명을 준수해야 함.

[그림 1] 실습 지도자 1명당 동시지도 인원에 대한 안내

- 실습 지도자는 개인적인 이익추구를 위해 자신의 지위를 이용해서는 안 된다.
- 실습 지도자는 전문적 기준에 의해 공정하게 책임을 수행하며, 실습생에 대한 평가는 실습생과 공유해야 한다.
- 실습 지도자는 실습생에 대해 인격적, 성적으로 수치심을 주는 행위를 해서는 안 된다.
- 실습 지도자는 보다 내실 있고 전문적인 실습지도를 위해 한국사회복지협회 등 관련 단체에서 진행하는 실습 지도자를 위한 교육을 통해 실습 지도자로서의 전문지식과 기술, 능력을 향상시킬 수 있도록 노력해야 한다(한국사회복지사협회, 2010).

(3) 사회복지현장실습 1일 이수시간

사회복지현장실습은 「근로기준법」 및 근로계약에 따른 실습 지도자의 법정근로시간 내에 이수하여야 한다.

1일 최소 4시간 이상, 최대 8시간 이하를 이수하여야 한다. 실습이수시간 중 실습생의 아침, 점심, 저녁 식사시간은 제외한다. 단, 실습계획에 식사지도가 포함되는 경우는 실습시간으로 인정한다.

실습계획에 의거 프로그램 특성상 기준을 넘기는 실습시간 등은 실습생, 실습기관, 학교(교육기관)가 상의하여 실습계약과 실습계획에 의거해 결정하여야 하며, 상의하여 결정한 경우라 하더라도 한국사회복지사협회는 자격 심사 시 별도 추가 서류를 요청할 수 있다. 이때 점심, 저녁시간(12:00~13:00, 18:00~19:00)은 실습시간에 포함되지 않는다.

※ 실습기관, 실습 지도자, 실습시간에 대한 법적 기준 미충족 시 사회복지사 자격증 발급 불가(학교측이 사회복지현장실습 교과목에 대한 학점을 부여한 것과 별개임)

4) 현장 실습비

사회복지현장실습 적정 실습비는 1인당 10만원이내 권고(실습생 식비는 별도 부과 가능 하나, 실습지 이외의 '후원금', '실습 이외의 교육비' 등을 명목으로 추가비용을 요구해서는 안된다)사항이다. 실습비는 실습기관의 기준에 따라 책정하되 대략 100,000원 이내(실습생 식비는 별도 부과 가능) 실습비가 요구되고 있으며 실습생은 실습비를 납부하고 기관으로부터 받은 영수증을 잘 보관하고 필요한 경우 학교에 제출한다(실습일지에 첨부).

5) 실습내용은 아래의 내용을 포함한다.

- 기관, 지역사회, 클라이언트에 대한 이해
- 기관과 관련된 정책 및 제도(지침), 자원 네트워킹에 대한 이해
- 기관의 사회복지실천(또는 정책 및 행정 분야)에 대한 직·간접적인 경험
- 기관의 행정 및 기록에 관한 교육
- 사회복지사로서 윤리적 실천 및 가치, 안전지침에 대한 교육
- 실습내용에 대한 피드백 및 정기적인 슈퍼비전 제공, 실습 중간평가 진행 및 평가내용의 반영, 종결평가 진행 및 실습평가서 작성

6) 사회복지현장실습 유의사항

사회복지현장실습이 종료되면 '사회복지현장실습 확인서'를 수령하여 학교에 제출하여야 한다. 원본 2부가 필요하다. 1부는 교육기관(학교)에 보관하고 원본 1부는 자격증 발급 신청 시 '사회복지현장실습 확인서'를 제출하여야 한다. 실습확인서 서식은 실습을 이수한 해당 연도 이전 서식으로 제출할 수 없다. 실습 당시 또는 현행 서식으로 제출하여야 한다.

- 실습확인서 재발급 시 확인 날짜는 재발급 받은 날짜로 작성하여야 하며 서식은 실습 당시 또는 현행 서식으로 제출 가능하다.
- 기관폐쇄로 인한 실습확인서 재발급이 안 될 경우 교육기관(학교) 측이 소장한 원본이 있는지 확인하여, 그 사본을 원본대조필 받아 제출 가능하다 (원본대조필은 사본 제출에 대한 사유, 해당 사무담당자 성명과 연락처, 학과장 직인이 모두 있어야 인정)
- 실습확인서는 반드시 원본을 제출해야 하며, 실습 지도자, 실습기관, 실습 지도 교수 서명은 모두 확인되어야 한다. 칼라 복사하거나 직인을 스캔 받아 인쇄한 서류 등은 인정하지 않는다. 사본 제출 시 다음 각 호에 따라 원본대조필 확인을 받은 것만 인정된다.

- 기관에서 원본대조필을 받을 경우: 원본대조필 도장, 사본 제출에 대한 사유, 해당사무담당자 성명과 연락처, 기관 직인이 모두 있어야 인정된다.
- 교육기관(학교)에서 원본대조필을 받을 경우: 원본대조필 도장, 사본 제출에 대한 사유, 해당 사무담당자 성명과 연락처, 학과장 직인(개인 도장은 인정 안 됨)이 모두 있어야 인정된다.

• 동일 직장 내에서 실습을 하는 경우는 인정하지 않는다.

• 실습이수 중 실습 지도자를 중간에 변경할 경우 법적 기준에 맞는 실습 지도자가 지도하여야 하며 실습확인서는 전후 지도자에게 각각 확인받아야 한다(총 2장 이상).

• 군인, 공익근무요원 등 관계 법령에 의거 특별한 신분을 갖고 있는 자는 해당 법령에 따른 허가를 받은 경우에만 실습을 시행할 수 있다.

• 해외 사회복지시설에서의 현장실습은 인정되지 않는다.

〈표 5〉 사회복지실습 법적 기준 제시(「사회복지사업법 시행규칙」 제3조)

구 분	내 용	2020. 1. 1. 이후
실습기관	사회복지법인, 시설, 기관 및 단체	
실습지도교사	사회복지사 2급, 사회복지사 1급	
실습 기간	120시간 이상	160시간 이상
실습인정시간	4시간 이상, 8시간 미만	

(1) 실습생들이 실습과정에서 부딪히는 문제들

실습 진행과정 동안 실습생들이 부딪히는 문제는 다양하다. 실습생의 개인적 문제, 실습기관과 실습 지도자와의 관계 문제, 사회복지실천 전문 영역에 대한 문제 등이 있다. 이 외에도 전문직으로서 사회복지사 역할에 대한 갈등, 기관에 적응하는 문제, 동료 실습생과의 문제, 클라이언트와의 관계 문제, 다른 전문직과의 역할 갈등문제, 사회복지실천과정에서의 윤리적 딜레마 등이 보고되고 있다. 이러한 문제들은 실습과정 중에 발생해 실습생의 학습경험을 방해하기도 하나 문제해결에 따라 값진 학습경험이 되기도 한다. 문제 상황은 실습생, 실습기관, 교육기관(학교)의 특성에 따라 매우 다양하게 나타날 수 있으므로 발생 가능성이 있는 문제 상황에 대해 사전에 준비하여 실습에서 발생할 수 있는 갈등을 최소화하고 적절한 학습경험이 될 수 있도록 해야 한다(오혜경 외, 2010; 한국사회복지사협회, 2013). 사회복지현장실습 중 발생 가능한 문제들은 다음과 같다.

- 실습생의 지각, 결석
- 실습시간의 조정
- 실습내용
- 슈퍼비전의 부재
- 실습 취소
- 클라이언트의 비밀 보장
- 클라이언트에게 실습생임을 알리는 문제
- 실습생의 위치
- 클라이언트의 문제나 상황이 악화되었을 때
- 실습기관에서의 실수
- 실습생 자신의 정서문제
- 클라이언트와의 사적인 이성 관계
- 클라이언트로부터의 답례
- 성희롱 문제
- 폭력의 위험이 있는 클라이언트를 만났을 때
- 실습생의 개인정보를 클라이언트에게 알려 주는 문제
- 실습 지도자가 사적 만남을 요청했을 때
- 사회복지 가치 딜레마에 빠지게 되었을 때

(2) 실습생 준수사항

- 실습기간 동안 힘들어도 전력투구해야 한다.
- 실습 중 떠오른 생각을 토의해 봄으로서 자신의 것으로 만든다.
- 출근 10분전까지 출근하고 실습 장소는 스스로 정리한다.
- 명찰은 항상 착용하여 개인 PR의 기회로 삼는다.
- 항상 웃으며 밝게 먼저 인사 한다.
- 실습과정도 하나의 약속으로 신뢰관계를 형성한다.
- 개인 신상의 부득이한 사유 발생 시 사전에 기관의 양해를 구한다.
- "아는 만큼 보인다." 명심하고 사전 질문할 내용을 준비한다.
- 실습과제는 당일 실습 시작 전 슈퍼바이저에게 제출한다.

(3) 실습생의 책임

- 클라이언트와 관련된 비밀 보장
- 실습일정 준수 및 실습계획

3. 사회복지현장실습 진행절차

1) 사회복지현장실습 진행절차

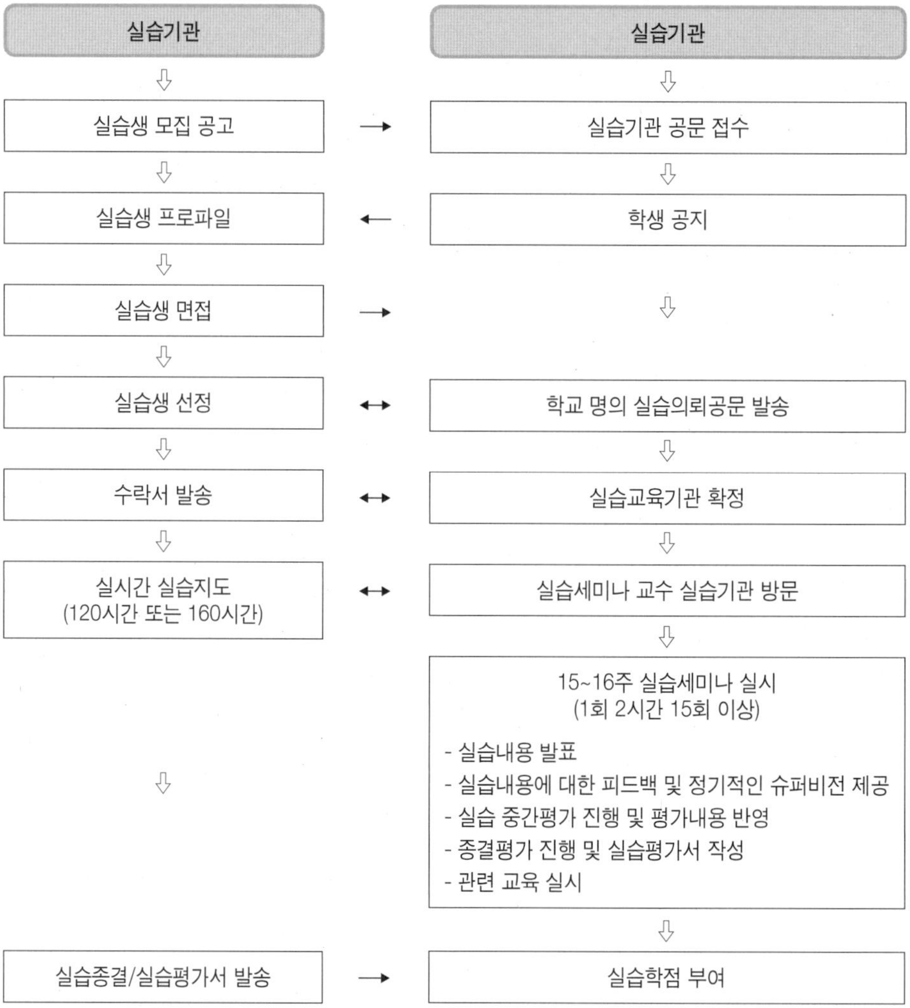

※ 온라인 교육을 실시하는 교육기관의 실습세미나에는 대면 방식의 세미나가 총 3회 이상 포함되어야 하며, 이때 대면방식의 세미나는 주 1회를 초과하여 실시할 수 없음

[그림 2] 사회복지현장실습 진행절차

2) 사회복지현장실습 준비단계

사회복지현장실습은 실습생들에게 예비사회복지사로서 그동안 학교에서 배운 지식과 기술을 사회복지의 실제 현장에서 적용해 보고 이후 사회복지사에 대한 본인의 진로를 확인하고 탐색해 볼 수 있는 매우 중요한 기회가 될 수 있다. 교육기관(학교), 실습기관에서도 사회복지현장실습은 매우 중요한 과제로 다루고 그 책임을 수행하기 위해 많은 노력을 기울이고 있다. 사회복지현장실습에 임하는 실습생들은 주어진 기회와 시간을 최대한 활용하고 본인의 역량을 충분히 발휘할 수 있는 세심한 준비와 노력이 필요하다. 실습생과 실습기관 및 교육기관(학교)의 과업을 〈표 6〉에 정리하였다.

〈표 6〉 사회복지현장실습의 진행과정과 과업

실습 진행과정	실습생	실습기관	학교
실습 전 준비단계	• 이수 교과목 점검 • 자원봉사 등 현장경험 • 실습기관 선택 • 면접과 사전 방문 • 행정처리 • 실습계약	• 실습지도계획과 일정표 작성 • 행정처리 • 실습계약 • 오리엔테이션	• 실습기관 확보 • 실습기관 선정 지도 • 오리엔테이션 • 행정처리 지도
실습 진행단계	• 기관 분석보고서 작성 • 업무수행 • 실습일지 기록 • 실습과제 수행 • 보고서 작성	• 실습지도 • 슈퍼비전	• 실습상황 점검과 기관 방문 • 실습과제 제시
실습종결 및 평가단계	• 실습종결 • 실습보고서 작성 • 실습평가	• 실습평가 • 실습종합평가회의 실시 • 행정처리	• 슈퍼비전 • 실습보고회 또는 세미나 실시 • 실습평가

(1) 실습기관 선정과 행정적 절차

① 실습생의 기본적 준비

교육기관(학교)에서는 실습을 위해 실습생에게 꼭 필요한 필수 이수 교과목을 제시하고 있다. 이는 사회복지에 대한 기초 지식과 이론이 부족할 경우 실습교육의 효과를 기대하기 어렵기 때문이다. 그리고 오히려 실습기관이나 클라이언트에게 피해를 주는 경우도 발생할 수 있다. 또한 실습생이 실습하기를 원하는 기관이 있다면, 실습할 기관과 관련된 교과목은 필수 적으로 이수하는 것이 필요하다.

② 실습기관 찾기

사회복지현장실습은 실습기관 선정에서 시작된다. 실습생들이 실습기관을 선정할 때에는 교육기관(학교)에서 확보한 명단을 보고 실습일정이나 시간 등 자신의 여건에 맞는 기관을 고르거나 또는 자신의 희망진로나 관심 분야에 따라 찾기도 한다. 각 기관에서는 기관의 사정에 따라 달라질 수 있으나, 사회복지현장실습지도는 대부분 실습생 모집과 선정, 실습생 수락, 오리엔테이션, 실습지도 및 실습평가의 일정으로 진행된다. 실습생 모집은 매 학기 또는 방학기간 동안 이루어지는데, 교육기관(학교)에 공문을 발송하거나 실습기관 또는 한국사회복지사협회, 사회복지 관련 홈페이지에 공지되므로 관심이 있는 기관이 있다면 계속 체크하여 기회를 놓치지 않도록 한다.

③ 실습기관과 실습 지도자

만족스러운 실습을 좌우하는 것은 실습교육에 관심을 가진 실습기관의 선택과 책임감과 능력 있는 실습 지도자를 만나는 것이다. 실습기관을 선택할 때에는 기관의 실습 프로그램과 본인이 경험하고 싶은 분야의 프로그램 유무를 확인하는 것이 필요하다. 가장 염두에 두어야 할 것은 실습기관의 선택이 단지 실습교과목 이수만을 위해 시간을 보낼 장소가 아닌 나의 진로를 시험해 보는 가장 값진 경험을 할 수 있는 시간이 되기 위한 중요한 요소라는 것이다.

④ 실습생의 진로와 관심

사회복지현장실습을 준비하는 실습생들은 본인의 진로와 관심 분야에 대한 깊은 관심과 고민이 필요하다. 실습기관을 선정할 때 자신의 관심 문제 영역이나 클라이언트를 염두에 두어야 한다. 사회복지사의 기능과 역할은 분야나 실습기관 그리고 주된 클라이언트에 따라 다르다. 따라서 자신이 꼭 경험하고 싶은 것을 배울 수 있는 기관을 선정해야 한다.

⑤ 실습기관 위치와 실습기간

실습기관의 위치는 실습생의 학교나 직장, 또는 집과의 거리를 고려해야 한다. 너무 먼 거리라면 실습기관이 아무리 좋은 교육을 제공하고 본인이 관심 있는 교육을 제공한다 하여도 출퇴근이나 근무시간 중 집중도에 영향을 줄 수도 있으며, 기관에도 오히려 피해를 줄 수 있다. 효과적인 실습경험을 생각한다면 이러한 요인까지 고려하여 충분한 시간을 두고 미리 실습을 계획하는 것이 필요하다.

⑥ 실습기관 결정 상담

사회복지현장실습을 준비하는 실습생들은 지금까지 준비한 자료와 생각을 정리하여 교육기관(학교)의 실습 담당교수를 만나 실습지를 결정하게 된다. 교육기관(학교)에 따라 실습 오리엔테이션을 전체 실습희망자를 대상으로 실시하여 다양한 정보를 제공함으로써 실습준비와 기관 결정을 돕기도 한다. 실습기관을 결정하는 것은 매우 어렵고 중요한 과정이므로 앞서 설명한 내용을 참고하여 신중하게 최선의 결정을 하도록 한다.

⑦ 행정적 절차와 면접

실습기관의 실습생 선정은 서류전형, 실습생 태도 및 자질 등을 파악할 수 있는 면접을 통한다. 실습에 대한 태도나 준비, 실습 전 전공 이수 과목, 자원봉사 등 경력 등을 참고하여 선정하게 된다. 그러므로 이력서와 실습신청서를 작성할 때

단정한 인상을 줄 수 있는 사진을 부착하도록 하고, 경력사항이나 자격사항 등을 실습기관과 관련하여 명확하고 구체적으로 작성하도록 한다. 실습기관에서 면접을 볼 때에는 밝은 인상을 보여 줄 수 있도록 단정한 옷차림을 하도록 하며, 적극적인 태도를 보여 줄 수 있도록 하고, 면접 시에는 자신의 가치와 포부, 장점을 드러내도록 노력한다. 또한 실습기간 동안 배우고 싶은 분야나 역할, 그리고 목표 등을 자신 있게 밝히는 것도 좋다.

(2) 실습기관 사전 방문

실습기관이 공식적으로 결정되고 난 후 실습이 시작하기 적어도 1주일 전에 해당 기관을 방문하도록 한다. 사전 방문은 실습 지도자와 미리 전화통화를 하여 약속하도록 한다. 실습기관의 방문목적은 우선 실습생으로서 실습기관에 대한 인사를 정식으로 하는 것이다. 실습일정 및 내용을 확인하는 것도 필요하다. 그리고 시설의 상황에 대한 확인과 실습에 필요한 물품이나 준비사항을 문의하도록 하여 실습일정에 차질이 없도록 한다.

(3) 실습기관의 이해

실습기간은 한정되어 있고 짧기 때문에 이 기간 동안 실습기관과 사회복지사의 업무를 이해하려면 미리 세밀한 계획을 세워야 한다. 실습 전 관련 자원이나 유관기관의 명단을 작성해 보거나 지역사회 자원을 미리 파악하는 것도 효과적인 실습에 도움이 될 수 있다. 지역사회의 관공서, 종교기관, 상점 등의 위치를 익혀 두고, 지역사회의 역사와 전통, 주된 제도, 조직, 인구학적 특성도 파악해 보도록 한다. 그리고 비공식 자원 체계, 공공시설 등도 살펴보는 것도 좋을 것이다. 실습 분야와 기관에 대한 이해를 위해 기관과 관련 기관들에 대한 소식지 등 홈페이지를 살펴보는 것도 좋은 방법이다. 사회복지 정책과 행정, 서비스의 전체적인 구조를 이해하는 것도 필요하다.

4. 실습기관의 역할

한국사회복지사협회(2017)에서는 효과적인 사회복지현장실습이 될 수 있도록 「표준실습교육매뉴얼」을 만들어 다음과 같이 실습기관의 역할에 대해 제시하고 있다(한국사회복지사협회, 2017). 한국사회복지사협회의 「2018년, 2021년 사회복지사 자격관리 지침」에 따라 재구성하였다.

1) 실습기관의 역할

사회복지현장실습은 사회복지시설의 맥락에서 행해지기 때문에 무엇보다도 수행기관의 현장실습과 관련된 의지와 제반 여건이 실습의 질에 영향을 미치며, 중요할 수 있다. 그리하여 사회복지현장실습 기관의 구체적인 역할을 논의하기에 앞서 현장실습과 관련된 기본적인 요건 및 기준을 제시한다.

(1) 사회복지현장 실습지도를 위한 실습기관의 요건

① 실습을 기관의 공식 업무로 규정하고 있는 기관

실습지도의 공식 업무화는 1개년 사업계획서상에 명시된 것만을 의미하는 것이 아니라, 사회복지기관에서 실습을 기관 업무의 일부로 간주하여 이에 대한 계획, 실행, 평가의 과정을 거치는 것을 의미한다.

② 실습에 대한 명료한 목적을 전 직원이 공유하고 있는 기관

실습이 기관의 인력 보충 방편이 되어서는 안 되며 사회복지현장실습의 목적에 대해 기관 전체가 명료하게 인식하여 실습의 본래 목적이 퇴색되지 않도록 한다.

③ 실습 지도자에 대한 업무조정이 가능하고 이를 실행하는 기관

업무의 공식화와 같은 맥락에서 이해될 수 있으며, 업무과중으로 인해 실습

지도에 어려움을 겪고 있는 기관이 적지 않기 때문에 실습이 부가적인 업무가 아니라 기관의 공식 업무의 하나로 개인에게 할당된 것이라는 인식하에 실습을 지도할 수 있도록 업무 지정이 가능해야 한다.

④ 실습 지도자가 실습지도를 제대로 할 수 있도록 성장의 기회를 제공할 수 있는 기관

실습 지도자가 실습생에 비해 상위의 지식과 기술을 겸비해야 함을 감안하여 교육이나 훈련의 기회를 제공하므로 질적 수준을 담보하는 실습을 지향해야 한다.

⑤ 실습지도를 위한 공간 확보 및 사무기기의 활용이 가능한 기관

실습기간 중 실습생을 조직 구성원의 일부로 고려하여 업무를 위한 공간 및 실습과 관련된 사무용품을 활용할 수 있도록 배려한다.

⑥ 자격 있는 실습 지도자가 있는 기관

사회복지사 1급 자격증을 소지한 자로서 3년 이상 또는 사회복지사 2급 자격증을 소지한 자로서 5년 이상 사회복지사업의 실무경험을 가진 실습 지도자가 있는 기관에서 실습을 지도하여야 함은 물론이고 효과적인 슈퍼비전과 전문적 실습교육을 제공할 수 있는 능력 있는 사회복지사가 있는 기관이어야 한다.

⑦ 다른 기관들의 기준과 같을 때 건전성을 갖고 프로그램과 재정적 지원에서 안정성을 갖춘 기관

기관의 운영지침이나 원칙이 사회복지의 가치와 부합하면서 재정적인 건실성을 갖고 실습생으로 하여금 자원모금이나 후원자 개발을 강요하지 않는 기관이어야 한다.

⑧ 사회복지 전문직의 윤리와 가치에 부합되는 사회복지기관

사회복지사 윤리강령을 강조하면서 기관의 운영원칙이 윤리적 실천에 부합되어야 하며 더 나아가서 다양한 학생을 균형 있게 다룰 수 있는 능력이 있으며 학생에 대한 공식적인 안전 절차와 규정을 마련해 놓은 기관이어야 한다.

(2) 사회복지현장실습 기관의 역할

사회복지현장실습 수행기관의 최우선적인 역할은 실습생에 대한 실습을 체계적이며 질적으로 수행하는 것이다. 실습지도를 위한 기관의 사전 준비, 역할, 슈퍼비전과 관련된 내용은 다음과 같다.

① 실습기관의 실습을 위한 준비

- 기관의 실습 규정 구비 및 실습 관련 직무 분석
- 실습지도와 관련된 기관의 기획
- 실습지도를 위한 자격 있는 실습 지도자 보유
- 실습생 공고 및 실습생 선발
- 실습 시작 전 실습생 대상 사전 미팅 진행, 실습계약 및 오리엔테이션 진행
- 실습비 공지 및 실습비 공식 수령
- 실습생의 실습 시 의복 및 태도에 대한 안내

② 실습진행과 관련된 실습기관의 역할

- 실습계획서 제공 및 계획서에 준한 실습지도
- 실습에 활용되는 표준화 서식 소개
- 기관, 지역사회, 클라이언트에 대한 이해
- 실습 시 안전수칙 및 실습생의 권리와 의무에 대한 구체적인 안내
- 실습일지에 대한 피드백
- 정기적인 슈퍼비전 제공
- 실습 시 소요되는 비용에 대한 행정적인 처리 방법 안내

- 실습생 근태관리
- 실습생 소속 대학과의 연계
- 실습 중간평가 진행 및 평가내용 공유, 반영
- 실습 종결평가 진행 및 실습평가서 작성
- 실습 평가내용에 대해서 실습생에 대해 피드백을 제공

③ 사회복지현장실습 기관의 실습지도

- 슈퍼비전 원칙
  - 실습기관, 교육기관의 모든 슈퍼비전은 정기적, 규칙적이며 구조적으로 실습 지도자나 실습지도 교수가 직접 지도해야 한다.
  - 실습과정 중에 슈퍼비전의 내용이 반영되어야 한다.

- 실습기관의 실습지도
  - 실습기관 및 실습내용에 대한 전반적인 오리엔테이션을 실시하여야 한다.
    - ㅁ 실습기관 소개
    - ㅁ 실습의 의미, 의의 및 목표 수립
    - ㅁ 실습생의 자세 및 태도교육
    - ㅁ 케이스 리코딩(case recording) 작성 요령 교육
    - ㅁ 실습일지를 포함한 각종 보고서 작성 요령 안내

- 실습내용에 대한 직접적인 슈퍼비전 실시
  - ㅁ 실습일지를 정기적으로 점검하고 피드백 제공
  - ㅁ 실습에서 케이스 리코딩에 대한 슈퍼비전 제공
  - ㅁ 프로그램 기획서의 검토 및 타당성과 관련된 피드백 제공
  - ㅁ 그 외의 실습 전반에 대해 정기적인 슈퍼비전을 진행

2) 사회복지현장실습 관련 사전 준비서류 수령 및 보관

사회복지현장실습 기관에서는 실습에 참여하는 교육기관(학교) 및 실습생으로부터 4주간 120(160)시간의 실습에 관련된 서류를 수령하여 보관한다. 실습기관에서 보관하는 서류에는 민감한 개인정보가 포함되어 있으므로 「개인정보보호법」 등에 위반되는 사례가 발생되지 않도록 주의한다. 사전 준비해야 할 실습과 관련된 서류는 다음과 같다.

- 실습의뢰서(교육기관 1)
- 실습신청서(교육기관 2)
- 실습생 프로파일(교육기관 3)
- 실습생 서약서(실습생 1)
- 사회복지현장실습기관 선정 확인서(실습기관 9)

c·h·a·p·t·e·r

03 사회복지현장실습의 과정

사회복지현장실습은 진행적 과정으로 실행단계의 내용들은 각 기관의 특성과 실습방향에 맞게 수정이 가능하다. 한국사회복지사협회(2013)에서는 다음과 같이 기관의 실습교육프로그램에 대한 전체 과정을 제시하고 실습준비단계에서 기관의 역할, 실행단계에서 슈퍼비전의 초점, 그리고 평가단계에서 실습 프로그램 성과의 평가와 실습 프로그램의 발전을 위한 기관의 역할을 포함하여 [그림 3]과 같이 제시하고 있다.

1) 전 단계

기관의 실습규정

① 실습계획서 작성
↓
② 실습생 모집 공고
↓
③ 실습생 면접
↓
④ 실습생 선발
↓
⑤ 실습생 기초교육 (실습지도자와 미팅, 실습내용 소개 등)
↓
⑥ 실습 슈퍼비전 설계

2) 실습교육단계

	초기	중간	종결
행정적	기관의 규정과 한계 이해 실습 관련 서류제출 실습과업 이해 실습생의 권한	업무할당 적절성 평가 / 조정 Ct 중재 의사소통 촉진 실습대학 연결	실습성과 평가 실습서류 정리 의견개진 및 회의 참여 계약사항 점검
교육적	업무 관련 서류나 프로그램 관찰 교육 및 직원모방	클라이언트에 대한 윤리적 이슈 논의 리코딩 피드백 지식과 기술 증진	성장을 위한 강점과 약점 피드백
지지적	초기 긴장 완화 자신감과 동기화 촉진	강점 확인 / 인정 초기 성과에 대한 긍정적 피드백 소진 방지 만족감 증진	종결에 따른 심리적 긴장 완화 성취감 증진
지도자 역할	행정 지지 교육	교육 지지 행정	행정 교육 지지

3) 평가단계

① 실습 프로그램에 대한 기관평가
↓
② 실습지도자 환류
↓
③ 실습 재구조화
↓
④ 차기 반영

[그림 3] 사회복지현장실습기획 및 실행과정

출처: 한국사회복지사협회(2013). 표준실습교육매뉴얼 <종합복지관>.

1. 사회복지현장실습 기획(planning)

1) 사회복지현장실습 기획의 필요성

성공적인 사회복지현장실습을 완료하기 위해서는 체계화된 사회복지현장실습 진행을 위한 기준 마련이 필요하다. 특히 소규모 시설의 경우, 사회복지현장실습에 대한 계획이 미리 수립되어 있지 않거나 실습에 대한 기관 규정을 명확히 하지 않는 경우, 무계획적 실습이나 파행적 현장실습으로 이어질 가능성이 있다. 따라서 사회복지현장실습에 관한 기관 규정을 마련하여 지침이나 규정에 포함시켜야 하고 사회복지현장실습교육에 대한 기관의 목적, 목표, 교육내용, 역할 등을 실습규정에 근거하여 일관성 있게 준비하고 운영관리하도록 기획이 필요하다(한국사회복지사협회, 2013).

2) 실습준비단계의 슈퍼비전

- 실습준비단계는 효과적인 실습의 토대작업을 진행하는 과정으로, 실습준비단계는 실습교육과정에서 수행될 내용을 사전에 점검하면서 슈퍼비전이 효과적으로 제공될 수 있도록 기본 틀을 갖추고 과업을 수행한다.
- 실습준비단계에서는 실습과 관련된 기관의 규정과 실습생 선발 조건에 대한 검토를 통해 실습생을 모집하고 선발하며, 실습계획서를 작성하고 그에 준하여 실습과정에서 요구되는 제반 과업의 사전 준비를 진행할 수 있다.
- 선발된 실습생의 프로파일을 검토하고 실습 시작 전 사전 미팅을 시간을 통해 실습생의 실습목표를 확인하고 실습에서 요구되는 지식과 기술에 대해 사전에 준비할 수 있도록 지침을 전달함과 동시에 실습생의 교육 욕구를 진단하여 실습 슈퍼비전의 계획의 기초 자료를 수집할 수 있다.
  - 실습계약서 및 실습서약서를 작성하면서 실습을 위한 사전 준비를 수행할 수 있다.

〈표 7〉 실습준비단계의 내용

단계	주요내용	과제물	활용 서식
준비 단계	• 실습 전 확인사항 점검 • 실습계약 체결 (3자 체결: 실습 지도자, 실습학생, 지도교수) • 실습서약서 작성 • 실습 시작 전 오리엔테이션(사전 미팅) 실시 • 실습생 프로파일 검토 • 실습 슈퍼비전을 위한 기초 자료 수집 • 실습생의 교육 욕구 진단 • 실습 지도자와 실습생의 초기 관계 형성	• 실습생 프로파일 • 실습생 실습계획서	• 준비점검표 • 프로파일 • 실습계획서 • 실습계약서 • 실습서약서

(1) 실습 슈퍼비전을 위한 사전 준비사항 점검

- 실습을 진행하기 전에 수행하여야 하는 과업에 대해 체크리스트를 만들어 미흡한 사항이 없는지 확인할 수 있다.

- 실습의 선발과 배치, 실습생에게 부과되는 실습내용의 적절성, 실습 수행 장소, 실습을 위한 기관의 시설 및 재정지원, 실습개시를 위한 실습대학과의 행정적인 업무 등이 사전에 수행되어야 한다.
- 위 사항을 포함한 실습 관련 업무목록을 작성하여 사전에 점검해 보면 원활한 현장실습지도가 될 수 있다.

(2) 실습 슈퍼비전 준비를 위한 실습생 교육진단

- 실습 슈퍼비전을 효과적으로 진행하기 위해서는 실습생의 지식과 기술 등 실습과 관련된 상황에 대해 파악하는 과정이 필요하다.
- 양옥경 외(2010)는 슈퍼비전을 진행할 때 슈퍼바이저가 실습생에 대한 자신의 기대를 설정하고 그에 맞춰서 슈퍼비전을 진행하는 것이 아니라 슈퍼바이지인 실습생이 있는 곳에서 슈퍼비전을 시작하는 것이 바람직하다고 제시하고 있다.
- 실습 지도자가 기관의 내부 결재과정을 거쳐서 사전에 실습계획서를 작성하고 실습내용과 방향을 설정했다 하더라도 실습생 선발과정에서 파악된 실습생의 기본사항이나 실습생 프로파일에 대한 검토 내용 및 사전 오리엔테이션 과정을 거치면서 확인된 실습생의 상황을 고려하여 실습 진행 전에 최종 조율하는 과정이 필요하다.
- 실습준비단계는 실습생의 교육 욕구를 사전에 파악하여 실습기간 동안 행해질 슈퍼비전의 목표를 실습생과 함께 설정하는 작업이 요구된다. 즉, 실습생과의 사전 미팅을 통해 실습계획을 조율하고 실습생의 교육 진단의 과업이 수행되는 단계임을 알아야 한다.
  - 조율하기: 실습 지도자는 실습생의 현 상황에 자신을 맞추어 봄으로써 향후 실습지도를 위한 감정이입의 수준을 발달시킬 수 있다.
  - 교육 욕구 진단하기: 실습 지도자는 '실습생이 있는 곳'에서 시작해야 하며, 실습생에게 실습 시작 전부터 특정 기술을 기대한다거나 비합리적인 것을 기대해서는 안 된다(양옥경 외, 2010).

3) 준비단계의 실습 지도자 역할

(1) 실습기관의 실습지도 준비와 관련된 역할

- 실습 전 준비사항을 점검하고 미비점 보완하기
- 선발된 실습생에게 실습 확정에 대해서 공지하기
- 실습 초기 미팅 및 실습일정 고지하기
- 실습생과 초기 관계 형성하기

(2) 실습 진행 전 행정절차 및 계약 관련 역할

- 실습대학에서 발송한 실습의뢰 공문 접수
- 실습계약 체결하기
- 실습서약서 작성하기
- 실습비 및 수령방법 안내하기

(3) 실습생에 대한 사전 교육 및 실습준비를 위한 역할

- 실습 시작 전 실습생 대상 사전 오리엔테이션
  - 실습생의 자세와 역할 및 태도에 대한 안내
  - 실습일정과 실습내용에 대한 안내
  - 실습기관 및 지역사회에 대한 안내
  - 실습생의 실습 기대와 욕구 수렴
- 실습생의 교육 욕구 진단 및 개별 과제 부여
- 실습생의 개별 욕구에 기반한 실습 슈퍼비전 계획 수립
- 실습지도는 각 단계에서 수행되는 실습내용에 따라 행정적, 교육적, 지지적인 측면에서 어떤 역할과 과업을 수행할지에 대한 내용을 계획서에 포함하면서 실습내용과 발달단계를 고려한 슈퍼비전 계획서를 수립할 수 있다.

〈표 8〉 실습 사전 준비점검표(예시)

실습생 모집	실습생 모집 공고(최소 2주간 기관과 한국사회복지사협회 홈페이지에 공지)	ㅁ예 ㅁ아니오
	실습생 모집 공고 내용의 적절성(실습내용, 기간, 모집 절차, 실습비용 등 내용의 적절성)	ㅁ예 ㅁ아니오
	실습생 모집 절차의 충분성 [실습 시작 전 충분한 시간적 여유(최소 2개월)를 두고 진행]	ㅁ예 ㅁ아니오
실습생 선발, 배치	실습생 선발 조건을 명시함(선수과목, 봉사 경험, 태도 등)	ㅁ예 ㅁ아니오
	실습생 선발을 위한 절차가 정해져 있음(서류 검토, 면접 심사 등)	ㅁ예 ㅁ아니오
	실습생 선발 결과에 대해 공식적인 공지를 함	ㅁ예 ㅁ아니오
	실습생을 배치할 경우 실습생의 희망과 실습업무의 특성을 고려하고자 함	ㅁ예 ㅁ아니오
실습 전 기본 교육	실습 시작 전 실습생을 대상으로 실습 준비 모임 진행(2주 전)	ㅁ예 ㅁ아니오
	실습기관의 목적, 사업, 구조, 재정 등 기관에 대한 오리엔테이션을 실시	ㅁ예 ㅁ아니오
	기관이 속한 지역사회에 대한 이해를 도모하기 위한 교육 실시	ㅁ예 ㅁ아니오
	실습생의 역할, 실습 태도 및 자세 등에 대한 교육을 실시	ㅁ예 ㅁ아니오
실습 지도 환경	실습지도를 위한 물리적 환경 확보(공간, 자리 등)	ㅁ예 ㅁ아니오
	실습업무를 수행하는 장소(지역사회, 가정방문)의 안전 확인	ㅁ예 ㅁ아니오
	실습기간 동안 실습생의 소지품 보관 등 편의 제공을 위한 조치	ㅁ예 ㅁ아니오
	실습업무 중 사무기기 사용 및 소모품 제공 사전 조치	ㅁ예 ㅁ아니오
	외부활동 등 실습업무 동안 안전과 관련된 제도 마련	ㅁ예 ㅁ아니오
실습 교육 공식화	교육기관에 실습확정 공문 발송	ㅁ예 ㅁ아니오
	실습교육기관, 실습생, 실습 지도자 간 실습 계약	ㅁ예 ㅁ아니오
	실습기간 중의 의무사항에 대한 안내 및 서약서 작성	ㅁ예 ㅁ아니오

출처: 한국사회복지사협회(2017). 사회복지현장실습매뉴얼 참고.

4) 사회복지현장실습 계획

(1) 사회복지현장실습 계획 수립

기관에서는 사회복지현장실습을 수행하기 위한 기관 차원의 기준(지침)을 마련하여야 한다. 사회복지현장실습에 대한 연간 계획이 작성되어 있지 않고, 기관 규정이 마련되어 있지 않은 경우에는 실습이 임의적으로 시행되어 실습 목적을 달성하지 못하게 된다. 사회복지현장실습 규정이나 지침에 실습교육의 목적, 시기, 지도 내용, 직원들의 역할 등을 정하여 계획에 의한 사회복지현장실습이 이루어지도록 한다.

① 계획수립 시기

전년도의 실습 관련 평가서를 반영하여 수립한다.

② 기관 실습 규정에 대한 검토

각 기관에서는 실습교육 관련 규정을 구비하여 실습교육 계획수립에 준거가 되도록 해야 한다. 매회기 실습 슈퍼비전 계획 시 기관의 규정에 명시되어 있는 사항에 준하여 진행하게 되면, 기관이 지향하는 바에 따라 통일되고 체계적인 방향으로 초점을 맞출 수 있어 실습교육과 관련된 모든 직원에게 준거가 된다.

③ 고려사항

- 실습 지도자 결정
  - 법적 자격요건 충족 확인 및 실습 지도자의 업무량, 실습 교육내용 등을 고려하여 실습 지도자 결정해야 함
- 실습일정 결정
  - 기관의 여건이나 주요 실습 내용에 따라 학기 중 실습이나 방학 중 실습을 선택하여 결정함

- 실습생의 범위 결정
  - 실습 회기에 교육 가능한 실습생 수
  - 실습부서 및 실습담당 팀 및 팀별 배정 인원
- 실습대상 학생
  - 교육기관(대학 등)의 특성에 따른 실습생의 다양성(학부, 대학원생 등)
  - 아동복지론 등 특정 과목 이수자격 포함 여부
- 실습시간
  - 사회복지현장실습의 최소 시간이 120시간(160)인 점을 고려하여 그 이상의 시간을 계획하는 것을 권장함

    ※ 실습기간은 최소 120시간(160)시간을 초과하여 실시할 것을 권고함
  - 일반적으로 오전 9시부터 오후 6시까지 진행하여야 하나 기관의 특성이나 실습생의 특성상(직장을 다니는 학생 등) 야간 및 휴일 실습의 탄력적 운영 가능

    ※ 실습이 진행되는 동안 실습 지도자가 반드시 근무하고 있어야 함
- 실습장소
  - 실습내용 수행 장소, 실습 슈퍼비전 제공 장소, 실습생 휴게실 등
- 실습비용
  - 실습생을 지도하기 위한 적정 비용 고지, 한국사회복지사협회는 10만 원 내외를 권고 하고 있음

④ 실습지도 규정 확인

- 기관의 실습에 대한 근거 제공
- 기관 실습 수행인력 간 실습지도 시 야기될 수 있는 편차 감소
- 실습생 선발, 배치, 지도, 평가 등 실습 전반의 구조 제공
- 실습지도의 목적 이해
- 실습 지도자와 실습생의 실습 관련 권리보장 실습지도 규정에 포함될 사항
- 기관 실습의 목적 및 목표

- 실습생의 자격
- 실습 지도자의 자격
- 실습생의 역할
- 실습 지도자의 역할
- 실습 관련 부서의 지원체계
- 실습비, 실습비의 용도
- 실습 관련 회의 등
- 실습생 선발 기준 및 구비서류
- 실습기간(일정, 시간)
- 슈퍼비전 방식 및 시간
- 실습평가 방식 및 서식

⑤ 실습계획 수립을 위한 회의

- 회의 준비
  - 최소 실습 개시 2개월 전에 현장실습을 담당하게 될 기관의 실습 지도자가 함께 모여 실습의 방향과 내용에 대해서 논의
  - 참석 대상은 직접적인 실습 지도자뿐 아니라 실습코디네이터, 기관의 정책 결정자 등이 함께 참여
  - 실습 관련자 회의 시작 전에 전년도 및 전 회기의 실습평가 내용 등 차기 실습에 유용한 자료(전년도 실습자료 포함)를 준비
- 회의 진행
  - 실습계획 회의에서 다음과 같은 사항을 논의
    - □ 실습 목적 및 목표 명료화
    - □ 실습범위와 내용
    - □ 실습기간과 비용
    - □ 실습대상자 선정과 관련된 사항, 기타 기관의 규정과 부합되는 범위 등: 실습계획회의에서 논의된 사항을 회의록으로 작성

– 실습계획 회의 결과 반영
 ㅁ 회의 결과에 대한 기관 구성원의 공유
 ㅁ 회의 결과에서 논의 및 결정된 사안을 실습기획에 반영

⑥ 실습계획서 작성결재

- 실습계획서 작성(내부결재용)

– 기관의 실습계획서에 포함되는 내용
 ㅁ 실습 목적과 목표
 ㅁ 실습 내용
 ㅁ 실습기간, 장소 및 실습지도 비용
 ㅁ 실습생 범위 및 대상
 ㅁ 실습생의 책임 및 과제
 ㅁ 실습지도 계획
 ㅁ 실습과정별 실습 지도 내용 및 실습 지도자의 역할
 ㅁ 실습일정표

⑦ 실습교재 및 실습 지침서 활용

실습생과 실습 지도자가 원활하게 실습을 진행하는 데 있어서 각 기관에서는 실습교재 또는 실습 지침서를 활용하는 것이 필요하다. 실습교재 및 지침서를 활용하면, 실습생들에게 기관에서 추구하는 목표나 서비스의 방향을 일관되게 전달할 수 있다.

통합실습에서 각 영역의 실습 지도자를 만나게 되면 일관된 슈퍼비전을 받지 못하는 경우가 발생하므로 실습 지도자들은 공통된 교재로 필수 교육의 내용을 전달하고 참고해야 한다.

(2) 법적 실습 기준 충족 여부 확인하기

한국사회복지사협회에서는 「기관실습 실시기관 선정 및 선정취소 등 사회복지현장실습 운영에 관한 고시」에 따라 사회복지현장실습 선정기관의 신규 선정 및 실습 유효기간 도래로 인한 실습기관 재선정 등에 관하여 사회복지현장실습기관 관리를 하고 있다. 기관실습 실시기관 선정 확인은 사회복지현장실습기관 선정 확인서를 통해 알 수 있다.

① 실습기관 요건 확인하기

사회복지현장실습 운영을 위해 보건복지부 장관의 선정을 받아야 한다. 선정을 받기 위해서는 실습기관임을 증명하는 사업자등록증이나 고유번호증, 사회복지시설 신고증을 제출한다.

실습 지도자 자격 확인을 위해 실습 지도자 사회복지사업 실무 경험확인서, 상근확인서류, 사회복지사 보수교육 이수증, 기관실습비 세부항목서, 기관실습 운영계획서 등을 제출해야 한다. 선정 후 3년간 사회복지현장실습 운영이 가능하다.

실습하려고 하는 기관의 사회복지현장실습기관 선정 확인서를 수령 후 실습 지도자의 이름이 선정 확인서에 있는지 반드시 확인하여야 한다.

〈표 9〉 실습기관 및 실습 지도자 요건 확인

확인사항	점검
• 사회복지현장실습기관 선정 확인서 (유효기간 확인)	실습 지도자 이름, 유효기간 □유 □무

② 실습기관의 준비사항 체크리스트

사회복지실습을 지도하는 기관에서는 실습생들이 교육기관에서 배운 이론과 지식을 현장에 적용해 보면서 예비사회복지사로서의 역할을 잘 수행할 수 있도록 사전계획을 철저히 세워야 한다. 〈표 10〉의 준비사항을 참고하여 실습생을 지도할 수 있다.

〈표 10〉 실습기관의 준비사항 체크리스트

확인사항		점검
계획 수립 및 공유	• 회기별로 실습진행 계획서의 작성, 결재가 이루어지고, 전체 직원이 시행할 실습일정을 공람하였음	ㅁ예 ㅁ아니오
	• 실습진행 계획에 대해 직원 각자의 담당 일정과 역할에 대해 공유, 인식하였음	ㅁ예 ㅁ아니오
	• 실습진행 계획에 대해 타 기관 연계 실습이 있는 경우 사전 섭외되었음	ㅁ예 ㅁ아니오
물리적 환경 및 준비	• 실습생들의 교육, 배치 공간이 확보되었음	ㅁ예 ㅁ아니오
	• 실습생 관리행정(명찰, 조식조끼, 배포용 일정표, 실습교재 등)이 준비되었음	ㅁ예 ㅁ아니오
실습생 관련	• 실습 예정자의 사전 방문 면접을 시행하고, 실습 가부가 전달되었음	ㅁ예 ㅁ아니오
	• 학교로부터 실습의뢰 공문이 접수되었음	ㅁ예 ㅁ아니오
	• 실습생에게 실습 시작과 관련한 사항(시작시간, 출근준비 등)에 대해 공지되었음	ㅁ예 ㅁ아니오

한국사회복지사협회(2013)의 「표준실습교육매뉴얼」 〈노인이용시설〉, 〈종합사회복지관〉의 내용을 참고한 실습 규정과 실습계획서는 〈표 11〉과 같다.

〈표 11〉 종합사회복지관 실습 가능 내용

기능	영역	실 습 내 용
사례관리 기능	사례발굴 사례개입 서비스 연계	• 사례접수(실습 지도자의 진행 참관) • 사례사정(기관직원과 병행) • 사례회의(기관 사례회의 참여 및 모의 사례회의 진행) • 자원연결(지역자원에 대한 이해) • 개입(실습 지도자의 계획 및 모니터링이 전제) • 사례관리 관련 기록
서비스 제공 기능	가족기능 강화 지역사회보호 교육문화 자활지원	• 집단 프로그램 진행 및 보조 활동 기록 –소집단 프로그램: 집단역동 학습 –대집단 프로그램: 프로그램 개발, 운영 학습

기능	영역	실습 내용
지역사회 조직화 기능	복지네트워트 구축 주민조직화 자원개발과 관리	• 욕구조사 • FGI 진행 • 후원발굴 기획서 작성 • 자원봉사계획 및 청소년자원봉사 관리
체계적 행정업무 및 지원 업무	공문서 작성 회계 관련 시설 평가 관련	• 문서 기안 및 결재 • 예산 작성 및 집행, 보고 • 사회복지시설 평가지표 이해 및 평가 관련 업무

출처: 한국사회복지사협회(2013). 표준실습교육매뉴얼 <종합복지관>.

〈예시 1〉 실습 규정

제1조(목적) 학교에서 배운 사회복지이론을 실천현장에 적용하는 과정을 통하여 사회복지 현장에서 갖추어야 할 지식, 기술, 가치관을 내재화하여 전문가로서의 자질과 능력을 배양한다.

제2조(실습생의 자격)

1. 대학 이상의 사회복지(사업)학과 및 관련 학과에 한하여 사회복지 실습자격을 인정한다.
2. 학부에서 사회복지를 전공하지 않은 대학원생의 경우 3학기부터 사회복지실습이 가능하다.
3. 같은 학교 학생은 2명까지 실습이 가능하다. 단, 결원 충원 시는 예외를 둘 수 있다.
4. 상기에 해당하지 않을 경우, 실습 관련자 회의를 통하여 실습 가능 여부를 판단한다.

제3조(실습 지도자 자격)

1. 실습 지도자의 자격은 학부생 및 대학원생 실습지도에 따라 구별한다.
   (1) 학부생: 사회복지현장 3년 이상의 경력. 본 기관 1년 이상 경력의 사회복지사로 기관이 신임실습 지도자 교육을 이수한 후 실습지도할 수 있다. 대학원 이수는 2년의 현장경력으로 갈음한다.
   (2) 대학원생: 사회복지현장 5년 이상의 경력, 1년 이상 본 기관 경력 사회복지사로 신임실습 지도자 교육을 이수한 후 실습지도를 할 수 있다. 대학원 이수는 2년의 현장경력으로 갈음한다.
2. 상기 해당하지 않는 자가 실습지도를 할 경우 적격 여부에 대해 실습 관련자 회의의 판단을 거쳐 관장의 결재를 득한 후에 실습 지도자를 할 수 있다.

제4조(실습 지도자의 역할)
1. 실습목표 설정
2. 실습지도계획서 작성
3. 실습생지도: 기관 오리엔테이션, 사회복지실무 관련 교육, 프로그램 계획, 진행, 평가, 전문직으로서의 의식, 태도, 문서 실무 등
4. 실습평가서 작성 및 발급: 각 실습 지도자가 실습 종결 후 2주 내에 작성하여 실습 코디네이터에게 제출한다.
5. 실습 총 평가회 참석

제5조(실습 코디네이터의 역할)
1. 실습 파트, 기간, 실습인원 선정 및 실습계획서 작성
2. 실습 공통과정 선정 및 강사 섭외
3. 실습생 모집, 선발, 적격 여부 판단
4. 실습 지도자 적격 여부 판단
5. 실습내용의 충실성 검토 및 필요시 수정 요구
6. 실습 전반적 평가
7. 신임 실습 지도자에 대한 교육 주관
8. 실습 평가서 발송
9. 실습예산 통제
10. 실습 중간평가회, 총 평가회 주관
11. 그 외의 실습 관련 행정업무

제6조(실습비)
1. 실습생은 실습 개시일까지 기관에서 정한 실습비를 기관 계좌로 납부해야 한다.
   1) 실습비: 000,000 원
   2) 중식 개별부담

제7조(실습비 외 용도)

1. 타 기관 견학 시 교통비 및 기관에 대한 선물
2. 실습자료집 제작비
3. 실습 평가회비
4. 기타 실습에 관련된 비용

제8조(실습 지도자 회의) 여러 팀에서 실습지도가 동시에 이루어질 때, 실습지도의 통일성과 정보교환을 위해 실습 지도자 회의를 실시한다.

출처: 한국사회복지사협회(2013). 표준실습교육매뉴얼.

〈예시 2〉 재가노인복지시설 실습계획서

1. 실습의 목적 및 목표

• 목적 1. 학교에서 배운 이론과 지식을 바탕으로 현장 실무에 적용케 함으로써, 사회복지전문가로서의 전문성을 체득하도록 한다.
  - 목표 1-1. 사업 영역(노인복지)의 사회복지현장을 경험할 수 있는 기회를 제공한다.
  - 목표 1-2. 프로그램 접근에 있어 배운 이론을 접목할 수 있도록 한다.
  - 목표 1-3. 가치, 태도, 기술에 대해 정기적인 피드백을 통해 전문가로서의 전문성을 함양한다.

• 목적 2. 재가노인복지 분야에 대한 관찰과 실행을 통해 해당 분야 사회복지사의 역할을 학습한다.
  - 목표 2-1. 재가노인복지사업 내 제 분야(재가서비스, 방문요양, 방문목욕, 주야간보호 등)의 개념과 실제를 학습한다.
  - 목표 2-2. 재가노인복지 분야의 정책(노인복지법, 장기요양보험제도 등)의 개념 및 실제를 학습한다.
  - 목표 2-3. 재가노인복지 분야의 사회복지사로서의 주요업무(사례관리, 자원연계)의 개념 및 실제를 관찰하고 익힌다.

- 목적 3. 예비사회복지사로서 현장 경험을 통하여 사회복지사의 가치, 자질, 태도를 함양한다.
  - 목표3-1. 재가노인복지 영역의 사회복지사의 기본 가치가 내재화된 태도를 실행한다.
  - 목표3-2. 사회복지사로서의 관점에서 현장상황을 인식하고 역할을 실행한다.
  - 목표3-3. 예비사회복지사로서 자신과 타인(클라이언트, 동료, 직원, 지역자원 등)의 관계에 대한 인식과 역할을 학습한다.

- 목적 4. 예비사회복지전문가로서 현장실습을 통해 스스로의 진로와 자질을 평가한다.
  - 목표 4-1. 재가노인복지 영역 내 예비사회복지사로서의 스스로의 진로를 평가, 점검한다.
  - 목표 4-2. 예비사회복지전문가로서 다양한 관계(대상자, 동료, 직원, 지역사회 등)에 대한 활동을 평가, 점검한다.

2. 주요 연간 실습진행 계획

1) 연간 시행횟수: 4회

2) 연간 시행인원: 10명 4회= 40명

3) 연간 시행계획

구분	1월	2월	3월	4월	5월	6월	7월	8월	9월	10월	11월	12월
학기 중	학기 중 과정 1 개설 (주 1회/15회)								학기 중 과정 2 개설 (주 1회/15회)			
방학 중							방학 중 1	방학 중 2				

3. 실습일정표(안) ※ 이면의 주차별 실습일정표 참조

	실습내용	담당	슈퍼비전	비고
사전단계				
초기단계				
중간전기단계				
중간후기단계				
종결단계				

4. 실습과제 및 기타 협조사항

• 재가노인사례관리: 대상자 방문 및 기록
• 주간보호센터 집단 프로그램의 기획 및 실행: 프로그램 계획서 작성, 진행

5. 실습 준비

1) 실습인원의 범위: 실습 지도자 현황(00명) 기준, 모집 실습생 00명 계획
2) 실습대상: 과정(ㅁ학부생, ㅁ대학원생), 대학(ㅁ일반 정규대학, ㅁ원격 교육과정)
3) 실습시간: ㅁ주간 8시간, ㅁ야간 4시간
4) 실습과정 및 요일
• 학기 중: ㅁ주중(주 회, 요일) 반, ㅁ탄력적 편성
• 방학 중: ㅁ주중(월-금) 반, ㅁ주말(토, 일) 반, ㅁ탄력적 편성

출처: 한국사회복지사협회(2013). 표준실습교육매뉴얼 <노인이용시설>.

〈예시 3〉 노인종합복지관 실습계획서

○○노인종합복지관 00년도

[연간 사회복지현장실습 운영계획서]

1. 실습지도 목적

인근 지역 내 사회복지계열 학생들 교육과정의 일환으로 노인복지현장에서의 실습을 통하여 학교교육을 바탕으로 배워 온 이론을 현장에서 접목하고 실천할 수 있는 기회를 제공하며, 실습을 통하여 가치, 기술, 지식 등을 점검받으며, 개인의 실습목표에 도달한다.

2. 실습교육의 목표

1) 지식의 습득
지역사회 내에서의 노인복지관과 사회복지사의 역할에 대해 이해하고, 클라이언트에 대해 보다 포괄적이고 실질적으로 이해한다. 더불어 그에 따른 문제해결 과정에서 활용하는 개입 방법과 평가에 대해 이해한다. 또한 학교에서 배운 이론과 실습에서 배우는 실천기술들을 통합하는 방법을 습득한다.

2) 전문적인 기술의 개발

① 획득한 정보와 자료를 조직화하고, 환경요인을 평가하며 문제와 관련된 노인복지 정책 및 프로그램을 평가하는 기술을 개발한다.

② 문제 상황에서 초기 사정 시 필요한 정보를 획득하는 기술과 노인복지관에서 개입할 수 있는 기술을 습득한다.

③ 지역사회 내에서 이용 가능한 자원들을 개발하고, 클라이언트의 욕구와 능력에 맞는 자원을 연결할 수 있는 연결자, 중재자로서의 기술을 습득하며 타 기관과의 연계성에 대해 알아본다.

3) 전문인으로서 태도의 개발

거시적인 관점에서 문제를 파악할 수 있는 태도를 배우고 노인복지실천현장에서 과학적이고 체계적인 접근법을 습득할 수 있다. 더불어 전문가로서 성장하는 책임성과 자세를 인식한다. 또한 실습생으로서 자신의 감정과 태도에 대해 인식하고 클라이언트의 입장에서 문제들을 인식하고 실천해 나가는 기술들을 배운다.

3. 실습일시

학기 및 방학 중 실시

4. 실습일정표

〈붙임 실습일정표 참조〉

5. 실습과제 및 기타 협조사항

① 개인별 실습의뢰서 작성

② 실습생 자가평가서, 중간평가서, 종결평가서 작성

③ 프로포절 1부 제출

6. 실습내용

1) 실습인원: 총 00명

2) 실습장소: ㅇㅇ노인종합복지관

3) 실 습 비: 000,000원

4) 오리엔테이션: 실습 시작 7일 전

7. 실습지도 방안

1) 각 대학에서 배운 새로운 지식과 이론들을 노인종합복지관에서 적용해 볼 수 있는 기회가 되도록 적극적으로 돕는다.
2) 실습 4주 동안 노인종합복지관과 여타의 복지기관 프로그램 및 프로포절을 이해할 수 있는 기회를 갖도록 한다.
3) 실습시간은 09:00부터 18:00이며 출근시간과 점심시간은 직원들과 동일하게 한다.
4) 실습지도는 각 실습 담당직원이 하며, 실습기간 동안 노인종합복지관의 부서별 사업에 참여할 수 있는 기회를 제공한다.
5) 사회복지실천 중 노인복지현장에 대한 많은 경험을 할 수 있도록 조력한다.
6) 기타 실습에 필요한 제반 사항은 담당자와의 유대관계를 통해 질의할 수 있는 기회를 갖는다.

8. 실습 시 실습생의 준수사항

1) 실습의 목적과 중요성을 충분히 이해하고 실습계약 사항을 이행하기 위하여 최선의 자세로 실습에 임한다.
2) 실습은 대학에서 학습된 이론을 구체적으로 적용하는 과정임을 인식하여 이에 최선을 다한다.
3) 실습교육기관의 구성원이라는 생각으로 타 구성원과 협력하며 친화적인 태도를 취한다.
4) 복지관 직원들에게는 '선생님'이라는 호칭을 사용하며, 실습생 상호 간에도(특히 프로그램 중이거나, 클라이언트와 함께 있을 때는) 'ㅇㅇㅇ 선생님'이라고 호칭한다.
5) 기관의 정책을 이해하고 수용하며 실습과정에서 준수하도록 한다.
6) 복지관 비품을 사용하기 전에는 허락을 받고, 사용한 후에는 제자리에 두도록 한다.
7) 실습시간은 기관의 규정에 준하며 직원과 동일한 자세로 근무시간에 임하도록 한다.
8) 실습 시작 최소 10분 전에 출근하여 출근을 확인하며, 업무에 관계된 사항을 사전에 준비하도록 한다.
9) 결근, 조퇴, 지각 등 근태와 관련된 사항은 반드시 실습 지도자에게 사전에 보고하여 허락을 받도록 한다.
10) 실습 지도자의 지시뿐 아니라 타 직원의 지도를 잘 이행하여 실습효과를 최대화하도록 한다.
11) 직무에 강한 책임감과 열의를 갖고 적극적으로 임하며 타인에게 책임을 전가하거나 태만하게 행동하지 않는다.

12) 실습으로 인하여 알게 된 클라이언트의 사적인 정보를 교육적 목적(대학실습지도 등) 이외에는 절대 발설하지 않으며, 교육적 목적이라 하더라도 가명을 사용하여 개인의 비밀이 침해되지 않도록 한다. 실습종료 후, 실습 관련 내용을 학회지 등에 게재하고자 할 때는 반드시 실습 지도자와 상의하여 허락을 받아야 한다.
13) 실습 지도자의 지도 혹은 타 실습생의 실습을 견학, 관찰할 경우 배우는 자세로 진지한 태도를 취한다.
14) 기관의 직원, 클라이언트 등에 대해 예의를 지킨다.
15) 클라이언트와의 약속은 꼭 지키며 사적이거나 지킬 수 없는 약속은 하지 않는다.
16) 복장, 소지품은 실습기관의 특성과 상황에 맞게 취하되 가능한 화려한 것을 피하고 검소하며 단정한 것으로 착용하도록 한다.
17) 안전사고에 만반을 기하도록 하며 안전사고와 관련된 기관의 규정을 사전에 숙지하여 그에 준해 처리하도록 한다.
18) 실습일지를 비롯한 각종 실습기록은 사실에 근거하여 정확하고 구체적으로 정리하여 실습 시 실습 지도자와 실습지도 교수의 강평을 받는다.
19) 과제에 관하여 연구하고 그 결과물에 대해 실습 지도자의 강평을 받는다.
20) 실습과정 중 어떤 경우라도 사례금 등의 금품을 절대 주거나 받지 않는다.
21) 과제물은 정해진 기일에 제출하고 출근 전에 작성을 마친다.
22) 기관의 명칭을 사적으로 활용하지 않으며 실습생의 신분을 지킨다.
23) 기관을 대표한다는 자세로 실습교육기관의 직원들과 동일한 업무 태도와 자세를 취한다.

9. 실습생의 책임 및 배워야 할 사항

구분	책임	배워야 할 점	과제물
행정	• 실습일정에 따른 업무수행 • 출퇴근 시간 엄수 • 기관의 규칙에 따른실무 수행	• 노인복지관의 역할 및 과제에 대한 인식 • 노인복지 분야에 대한 인식 • 행정실무: 보고서류 유형 및 작성 • 각종 구비서류 및 일지 정리방법 • 문서비치 발송업무	• 학생 개인 파일 • 실습일지 • 이력서, 자기소개서
교육	• 기관의 행사 및 프로그램 참여 • 회의 및 토론 참여 • 자원봉사 교육 및 활용 참여 • 기관의 행사 및 프로그램 참여 • 회의 및 토론 참여 • 자원봉사 교육 및 활용 참여	• 노인에 대한 이해 • 지역사회 내 노인복지관의 역할 이해 • 노인복지관의 행정체계 • 복지서비스 전달 체계 • 지역사회복지의 정책과 실천이해 • 在家(재가) 서비스의 이해	• 프로포절 • 대상자 방문일지 • 기관방문보고서 • 프로포절 • 대상자 방문일지 • 기관방문보고서
		• 기록 및 평가기술 개발 • 자원동원 기술 개발 • 프로그램 계획의 구성, 기술 개발 • 면접기술 및 타 기관 직원과의 의사소통 개발	
평가	• 개별, 집단, 슈퍼비전 • 중간평가, 최종평가	• 자아인식 개발, 업무수행 능력 전문적 태도 확립 • 평가를 통한 효율적인 업무수행, 보고서 등 평가	• 사례관리/중간보고서 • 최종평가서 작성 • 실습보고서 제출

출처: 한국사회복지사협회(2013). 표준실습교육매뉴얼 <노인이용시설>.

〈예시 4〉 종합사회복지관 실습계획서

2022년 하계 사회복지현장실습 세부내용 안내

1. 기간: 2022년 6월 27일(월)~7월 22일(금)/09:00~18:00(1일 8시간×20회=총 160시간)

연번	학교/학과	이름	이름
1	○○대학교/사회복지학과	○○○	A조
2	○○대학교/사회복지학과	○○○	
3	○○대학교/사회복지과	○○○	
4	○○정보대학교/사회복지과	○○○	
5	○○대학교/사회복지학과	○○○	B조
6	○○대학교/사회복지학과	○○○	
7	○○대학교/아동복지학과	○○○	
8	○○대학교/재활요양복지과	○○○	

2. 대상: 총 9명

3. 실습지도
- 책임 supervisor: ○○○ 부장
- Co'supervisor: ○○○ 대리(B조 담당)

4. 실습방법
- 복지관 일반 분야, 가족기능강화사업 분야, 지역사회보호사업 분야, 지역조직 및 자활사업 분야, 개별상담 프로그램 분야로 나누어 진행
- 복지관 사업에 따른 분야별 supervisor를 지정하여 심층적인 supervision 제공
- 실습생을 A, B조로 분류하여 조별 이동 및 실습일지점검 등을 두 명의 슈퍼바이저가 분리하여 관리
- 실습 supervisor는 실습일정에 따른 실습생 배치, 조회 및 종례 진행, 교육일정 확인 등

5. 실습내용

프로그램명	내용	담당자
사회복지관의 개요 및 사회복지사의 자세	사회복지관의 개념, 역사, 현황, 향후방향 등에 대해 강의 / 사회복지실천 전문가로서 현장에서 지녀야 할 실천 윤리에 대한 강의	○○○ 관장
실습일정 안내	관장인사 / 실습일정 및 내용소개 / 실습일지 작성 요령 / 직원소개 / 기관 라운딩 등 실습과정에 대한 전반적인 설명	○○○ 부장
복지관 행정업무	사회복지관의 조직체계, 인사 및 총무관리 등에 대한 강의	○○○부장
지역복지	복지관의 지역복지 현황 및 좋은 마을 네트워크 운동 등 지역연계 사업 등에 대하여 전반적으로 설명	○○○ 부장
지역사회보호 (재가복지)	복지관 지역사회보호사업 총괄 설명 과제 1(프로그램 기획) 작성교육 및 슈퍼비전	○○○ 대리
장애인, 가정복지, 지역복지	복지관의 가정복지 현황 및 장애인 프로그램의 기획 및 진행, 평가 등에 대해 전반적으로 설명, 문서수발 등 행정업무 지역욕구조사의 취지 및 코딩입력 등 지도, 윤리경영 등 전달	○○○ 대리
Co'supervisor 청소년복지 및 지역사회서비스 투자사업	복지관의 청소년복지사업 현황 및 지역사회서비스 투자사업에 대해 기획 및 진행, 평가 등에 대해 전반적으로 설명	○○○ 대리
재가노인지원서비스 및 노인일자리사업	재가노인지원서비스 및 노인일자리 사업에 대한 설명	○○○ 대리
재가가정방문	지정된 재가가정 방문 과제 2(상담기록 및 개입계획) 슈퍼비전	○○○ 대리
노인복지 및 푸드뱅크	복지관의 노인복지 현황 및 장애인 프로그램에 대해 기획 및 진행, 평가 등에 대해 전반적으로 설명 푸드뱅크의 역할 및 주요업무 소개	○○○ 복지사
진료업무 및 방문요양서비스	복지관 진료실 운영 및 지역보건사업 설명 노인복지센터 방문요양서비스 설명 및 가정방문	○○○ 선생
아동복지	복지관의 아동복지 현황 및 사례 프로그램에 대해 기획 및 진행, 평가 등에 대해 전반적으로 설명 건강마을 만들기 등 지역연계 네트워크 사업 설명	○○○ 복지사
장애인 바우처사업	복지관의 장애인활동지원사업 등에 대한 기획 및 진행, 평가 등에 대해 전반적으로 설명	○○○ 복지사
장애인주간보호센터	장애인주간보호센터사업에 대한 설명 및 참관	○○○ 복지사

프로그램명	내용	담당자
지역아동센터	지역아동센터 사업에 대한 설명 및 참관	○○○ 복지사
○○구 푸드마켓	푸드마켓 업무설명 및 업무보조 지도	○○○ 부장
장애인주간보호 및 지역아동센터 프로그램 보조	장애인주간보호센터 및 지역아동센터에 교차하여 진행 보조	○○○, ○○○, ○○○복지사
〈과제 1〉 프로그램 기획	실습에 참여하면서 지역사회에 필요하다고 생각되는 프로그램 작성 제출	과제 1 제출 (7/12)
〈과제 2〉 상담기록 및 개입계획	개별상담을 각각의 기록방법을 적용하여 제출	과제 2 제출 (7/17)

〈예시 5〉 종합사회복지관 실습일정표

2022년 하계 사회복지현장실습일정표

* 실습 세부일정은 복지관 사정에 따라서 변경될 수 있습니다.

<table>
<tr><th></th><th>09:00 ~10:00</th><th>10:00~11:30</th><th>11:30 ~12:30</th><th>12:30 ~13:30</th><th>13:30 ~15:00</th><th>15:00 ~17:00</th><th>17:00 ~17:30</th><th>비고</th></tr>
<tr><td>6/27 (월)</td><td>일정 안내</td><td>복지관 O/T (○○○부장)</td><td rowspan="5">무료 급식 및 식사 배달</td><td rowspan="5">중식 및 휴식</td><td>사회복지사의 자세 (관장)</td><td>아동복지 (○○○ w'er)</td><td></td><td></td></tr>
<tr><td>6/28 (화)</td><td rowspan="4">실습 일정 점검
수퍼 비전</td><td>업무보조-남학생4 한글교실 참관 및 보조 여학생5(윤○○ w'er)</td><td>재가복지 (○○○ w'er)</td><td>가정장애인복지 (○○○ w'er)</td><td colspan="2">익일캠프활동 참가학생OT (○○○w'er)</td></tr>
<tr><td>6/29 (수)</td><td>보물찾기 참관 및 보조 B조 장애인주간보호 A조</td><td>보물찾기 참관 및 보조 B조+임○○ ○○○ 신나는 학교 보조 1조</td><td>보물찾기 참관 및 보조 B 장애인주간보호 A조</td><td colspan="2"></td></tr>
<tr><td>6/30 (목)</td><td>업무보조-여학생5</td><td></td><td></td><td colspan="2" rowspan="2">남학생 4명 장애인주간 보호 캠프활동 참가</td></tr>
<tr><td>7/1 (금)</td><td>건강관리자조모임 실습참가 여학생5 (방○○ w'er)</td><td></td><td></td></tr>
</table>

<table>
<tr><th></th><th>09:00
~10:00</th><th>10:00~11:30</th><th>11:30
~12:30</th><th>12:30
~13:30</th><th>13:30
~15:00</th><th>15:00
~17:00</th><th>17:00
~17:30</th><th>비고</th></tr>
<tr><td>7/4
(월)</td><td colspan="8" rowspan="3">○○사회복지관협회 공동실습기간
(○○대학교 소향아트홀)</td></tr>
<tr><td>7/5
(화)</td></tr>
<tr><td>7/6
(수)</td></tr>
<tr><td>7/7
(목)</td><td rowspan="10">실습
일정
점검

슈퍼
비전</td><td>A-업무보조
B-노인대학참관</td><td rowspan="10">무료
급식
및
식사
배달</td><td rowspan="10">중식
및
휴식</td><td>지역아동센터 소개
및 이론교육
(박○○ w'er)</td><td>청소년복지
(장○○ w'er)</td><td>지사모
새싹 채소
보조 A조
16:30
~17:30</td><td></td></tr>
<tr><td>7/8
(금)</td><td>프로그램 개발과
평가(오○○ 부장)</td><td>지역자활센터
(○○○ w'er)</td><td>업무보조 A조
대상자가정방문
B조</td><td></td><td></td></tr>
<tr><td>7/11
(월)</td><td>재가노인지원서비스,
노인일자리사업
(○○○ w'er)</td><td>장애인, 노인복지
(○○○ w'er)</td><td>업무보조 B조
대상자가정방문
A조</td><td></td><td></td></tr>
<tr><td>7/12
(화)</td><td>한글교실 참관 및 보조
A조
대상자가정방문 B조</td><td colspan="4">A-스타쉐프 참가
B-○○구 푸드마켓</td></tr>
<tr><td>7/13
(수)</td><td>보물찾기 참관 및 보조
A조
밑반찬조리 및 배달-B조</td><td>보물찾기 참관 및
보조 A조
-○○○○○○
밑반찬조리배
달-B조-○○○
신나는 학교 보조
2조</td><td>보물찾기 참관 및
보조 A조
기타업무보조
B조</td><td></td><td></td></tr>
<tr><td>7/14
(목)</td><td>A-노인대학참관
B-장애인주간보호</td><td>A조-업무보조
B조-장애인주간보
호</td><td>A, B조-대상자
가정방문</td><td>지사모 새
싹 채소
보조 B조
16:30
~17:30</td><td></td></tr>
<tr><td>7/15
(금)</td><td>중간평가회</td><td>푸르뫼참가
(장○○ w'er)</td><td>A-지역아동센터
B-주간보호센터</td><td></td><td>과제 1
제출</td></tr>
<tr><td>7/18
(월)</td><td>사회복지 관련 단체초청
기관소개
(복지전화네트워크)</td><td>A-주간보호센터
B-지역아동센터</td><td>A-주간보호센터
B-지역아동센터</td><td></td><td></td></tr>
</table>

	09:00 ~10:00	10:00~11:30	11:30 ~12:30	12:30 ~13:30	13:30 ~15:00	15:00 ~17:00	17:00 ~17:30	비고
7/19 (화)		한글교실 참관 및 보조 B조 대상자가정방문 A조			A-ㅇㅇ구 푸드마켓 B-스타쉐프	진료실 운영 및 방문요양 (ㅇㅇㅇ).		
7/20 (수)		장애활동보조사업 (ㅇㅇㅇ w'er)			신나는 학교 보조 3조 업무보조-3조 외 학생	A-지역아동센터 B-주간보호센터	실습 정리 및 종례	과제 2 제출
7/21 (목)		A-푸드마켓업무보조 (ㅇㅇㅇ w'er) B-대상자가정방문			A-대상자가정방 문 B-푸드마켓 업무보조 (ㅇㅇㅇ w'er)	A, B-실습평가 회 준비		
7/22 (금)		지역복지, 행정업무 (ㅇㅇㅇ 부장)			실습평가회			

출처: 상리종합사회복지관(2022).

• 실습생 유의사항 •

1. 실습시간은 오전 9시부터 오후 6시까지입니다.
2. 점심시간은 12시 30분부터 1시 30분까지입니다(시간 엄수).
3. 부득이 결근을 하게 될 경우에는 슈퍼바이저에게 사전에 연락 바라며, 연락 없이 결근할 경우 무단결석으로 처리됩니다.
4. 실습일지는 매일 오전 9시 이전까지 슈퍼바이저에게 메일 1부 전송, 1부 출력하여 제출하시기 바랍니다.
5. 실습 총평가서 및 과제는 제시된 일자에 슈퍼바이저의 메일로 제출합니다.
   * 총과제물 발표회 및 실습 총 평가회는 7월 19일(금) 15시(예정)부터 실시합니다.
   * 총과제물, 총 평가서는 참가하는 관리자와 실습생 인원만큼 복사하여 제출합니다.

ㅇㅇ종합사회복지관

출처: 상리종합사회복지관(2022).

5) 실습내용과 실습지도 계획

(1) 초기단계의 실습내용

실습교육 초기단계는 실습 시작과 함께 실습 슈퍼비전도 시작되는 단계로 향후 실습 지도자와 실습생 간의 관계의 토대가 된다. 실습 슈퍼비전 초기단계에서는 실습과정에서 실습생이 수행할 역할에 대해서 명료하게 설명하여 역할 모호성이나 정체성의 혼동을 초래하지 않도록 한다. 실습 슈퍼비전의 초기단계에서는 기관에서 실습생의 위치와 권리에 대해서도 안내해야 한다.

실습 슈퍼비전 초기단계에서는 준비단계에서 진행되어야 하는 기관 오리엔테이션이나 지역사회에 대한 이해의 미진한 부분을 보완하여 교육하는 시간을 먼저 가지도록 한다. 만일 준비단계에서 기본적인 오리엔테이션이 충분히 진행되었다면 오리엔테이션 내용을 재확인하는 것으로 출발할 수 있다.

실습의 구체적인 내용에 대한 안내와 실습일정, 과제물에 대한 안내 및 실습과정에서 행해지는 평가의 내용과 방법 및 시기에 대해서 안내하여 실습생이 실습과정에서 수행하는 실습업무와 평가를 통한 성과 사이에 괴리가 발생하지 않도록 한다.

〈표 12〉 초기단계의 주요내용

단계	주요내용	과제물	활용서식
초기단계	• 실습생 대상의 공통교육 진행(윤리, 행정, 예산, 문서(기록) 작성, 프로그램 계획서 작성 등) • 기관 및 직원 소개 • 지역사회 탐방 • 부서 및 실습업무 안내 • 관련된 정책 및 제도에 대한 이해	• 기관분석 보고서 • 지역사회분석 보고서 • 지역사회지도 그리기	• 실습일지 • 실습생출근부 • 실습지도기록서 • 사회복지선서 • 윤리강령 • 기관분석 보고서 • 지역사회분석 보고서

(2) 중기단계의 실습내용

실습 중기단계의 실습 지도자의 주된 역할은 사회복지현장에서 요구되는 지식과 기술을 구체화하면서 실습생이 전문가로서 효능감을 갖고 실습에 임할 수 있도록 돕는 것이다.

초기단계의 실습지도과정에서 파악된 실습생에 관한 내용을 토대로 실습에서 요구되는 지식과 기술을 지속적으로 보완하도록 하며, 실습생이 수행한 과업에 대한 긍정적인 피드백을 통해 업무에 자신감을 가질 수 있도록 도와야 한다. 또한 실습생의 실습 지도자에 대한 의존도를 조금씩 줄여 나가도록 해야 한다.

여러 실습생이 함께 실습을 수행할 경우, 동료실습생 간 역할 분담으로 인한 갈등 상황은 없는지, 업무와 관련하여 부담이나 스트레스는 없는지, 클라이언트와 전문적인 관계를 유지하면서 윤리적인 실천의 노력을 하는지, 대상자에 대한 이해는 충분한지, 실습지도에 대한 건의사항은 없는지 등을 확인하면서 실습생이 성장할 수 있도록 지도감독하도록 한다.

실습 중기단계는 과제물과 각종 기록의 제출이 왕성한 단계이기 때문에 기록과 제출된 과제물을 근거로 슈퍼비전을 제공하면서 실습생의 부족한 지식과 기술을 보완하여 실습생이 성장할 수 있도록 한다. 기록물에 대한 슈퍼비전은 실습생이 작성한 기획서, 레코딩, 일지 등에 코멘트를 중심으로 이뤄질 수 있으며, 이때 사안에 따라서 개별 슈퍼비전과 집단 슈퍼비전을 병행하여 활용할 수 있다.

중기단계에서 행해지는 주요내용 중 하나는 실습 1/2 시점에 그동안의 실습내용과 과정에 대한 실습생의 평가를 통해 이후 실습의 발전적인 방향을 모색하는 실습 중간평가이다. 또한 실습학교와 의사소통이 행해지는 적절한 시기가 중기단계이기도 하다.

중기단계의 실습내용과 과제물, 활용서식은 다음과 같다.

〈표 13〉 중기단계의 주요내용

단계	주요내용	과제물	활용서식
중기 단계	• 클라이언트(개별, 집단)의 욕구 파악을 통한 프로그램 기획 및 실행 • 개별대상자에 대한 사정과 개입계획 작성 및 레코딩 • 타 기관 방문 • 사회조사: 지역조사, 욕구조사	• 과정참여 보고서 • 프로그램 계획서 • 프로그램 평가서 • 중간평가서 기관방문 보고서 • 사회조사보고서	• 과정참여 보고서 • 프로그램 계획서 • 프로그램 평가서 • 중간평가서 • 사례관리 서식 • 계획서 • 진행일지 • 집단지도 서식 • 사회조사 서식 • 기관방문 보고서 • 사회조사 보고서

(3) 실습지도 계획

① 실습 슈퍼비전 계획서 작성

- 실습지도는 실습 목적 하에 실습생과 실습 지도자가 설정한 목표에 초점을 두고 진행한다.
- 실습지도는 회기별로 작성할 수 있으나 실습 지도자의 업무 효율성을 위해 실습초기, 중기, 종결단계로 구분하여 큰 틀에서 작성해 본다.
- 실습 슈퍼비전의 효과적인 진행을 위해 「사회복지 지도감독론」(양옥경 외, 2010)에서 제시한 학습위계단계와 과업모델 및 실습의 단계를 접목한 틀에 슈퍼비전 계획을 제시하면 〈표 14〉와 같다(한국사회복지사협회, 2013).
- 실습 목표 설정에 따른 슈퍼비전 계획을 실습 단계별 슈퍼비전에 초점을 두고 제시한 것은 〈표 15〉〈표 16〉과 같다.

〈표 14〉 실습 슈퍼비전 계획 1

과업	단계	초기단계	중기단계	종결단계
	발달단계	자신/클라이언트	클라이언트/과정	과정/맥락과정
	학습단계	관찰, 개념화	정밀화	조정, 습관화
역할수행 서비스 전달 지역사회연계 자원개발		• case 인테이크 • 사례관리 개요 교육 • 노인복지 교육	• case 사정 및 개입 • 통합 사례관리회의 참관 • 모의 사례회의	• case 평가 및 종결 • 타 기관 방문
슈퍼바이저 역할 기관의 지지		• 인테이크에 대한 피드백 • 사례관리에 대한 구체적 교육 • 적절한 사례관리 교육장소 및 피드백 장소 제공	• case 사정 및 개입에 대한피드백 • 실습생 통합 사례관리 회의에 대한 사전 동의를 구할 것 • 모의 사례회의 주관	• case 평가 및 종결에 대한 피드백 • 타 기관 방문에 대한 사전 동의를 구할 것

〈표 15〉 실습 슈퍼비전 계획 2

단계	목표	구분	내용
초기단계	실습생의 업무태도와 자세를 강조하고 기관과 실습에 관련한 지식교육을 활발히 진행한다.	기관소개	기관의 역사와 조직구조에 대한 이해
		부서교육	각 부서별 사업에 대한 이해
			클라이언트에 대한 이해
			지역사회에 대한 이해
		담당 실습 업무 실시	집단 프로그램 계획 및 진행, 평가
			사례관찰 및 면담, 사례회의 참관
			기타 프로그램 참관
			행정업무 보조
	슈퍼비전 내용	• 실습 지도자와 실습생의 관계형성(상호 합의와 신뢰형성) • 실습계약서 작성 • 실습에서의 목적의식 공유 • 실습생의 역할에 대해 인지시키고, 상호 의무와 기대를 토의 • 공통교육 및 과제에 관한 공지 • 기관구조 및 사업 관련 교육 진행 • 기관 내 기록서식에 대한 교육과 필요성 지도 • 윤리적 실천에 대한 교육	

중간 단계	실습업무를 점검하며 지식과 기술을 정밀화하고 실습생이 하는 업무에 자신감을 갖도록 돕는다.	담당 실습업무 점검	슈퍼비전 (일지점검, 기록점검, 과제점검, 프로그램 계획서 평가)
		중간평가	실습내용 및 역할 요약, 실습을 통해 배운 점, 어려운 점, 개선사항 등
	슈퍼비전 내용	• 지속적인 정서적지지 제공 및 실습생의 감정인식 • 과제의 성공적인 수행 여부에 대한 검토 • 자아인식(강점 및 약점)에 관한 인터비전을 진행 • 중간평가를 통해 목표달성 정도, 배운 점, 건의사항 등에 대해 논의 • 사례관리 및 집단 프로그램에 대한 실습생의 감정을 공유하고 적극적인 피드백 제공	
종결 및 평가 단계	종결을 알리고 실습에 대한 전반적인 평가를 한다.	종결평가	실습과정에 대한 보고와 평가, 배운 점, 기관에 대한 제언 등
		실습지도 평가	실습생이 실습지도와 실습 지도자 평가
		평가서 발송	실습평가서 학교로 발송
	슈퍼비전 내용	• 실습 종결 알림 및 감정 탐색(실습생과 클라이언트의 만남이 얼마나 남았는지, 실습 지도자와의 시간이 얼마나 남았는지 상기시킴) • 종결평가를 통해 목표달성 여부를 평가하고 학습한 것을 공유	

출처: 한국사회복지사협회(2013). 표준실습교육매뉴얼 <종합사회복지관>.

〈표 16〉 재가노인복지시설 실습 프로그램 구성: 160시간

구분	실습내용		비고
사전 단계 (실습 전)	모집 홍보	• 홈페이지(한국사회복지사협회, 각 지역대학, 기관 자체 홈페이지 등) 모집 홍보 글 게시 • 실습생 모집 공문(각 대학) 발송	실습 시간에는 포함되지 않음
	면접	• 전화접수: 실습가부 확인 및 면접일정 약속 • 방문 면접: 약속날짜에 실습생과 실습 지도자의 1:1 면접	
	행정사항	• 실습의뢰 공문 접수(대학 → 실습기관) • 실습생 팀 구성 • 실습계획서 작성 및 직원 공유실습 수락서 발송(실습기관 → 대학) 실습 진행 제반 준비	
실습 초기 단계	오리엔테이션	• 기관, 사업, 지역 소개 • 실습 동료 및 직원 소개와 인사 • 실습생의 자세와 역할 • 실습일정과 과제 안내 • 시설 이용 공간 안내 • 실습일지 작성법	필수 공통 1

구분	실습내용		비고
실습 초기 단계	현장이론교육	• 노인과 노인 문제에 대한 이해 –노인에 대한 이해 –치매중풍 등 노인성질환에 대한 이해 –노인 체험(노인 체험 도구가 있을 시 체험) • 노인복지제도 및 정책에 대한 이해 –노인보건복지사업에 대한 안내 –노인장기요양보험제도에 대한 안내	
	현장실습교육	• 재가노인복지서비스 사업진행 보조, 관찰, 모니터링 –모니터링, 관찰, 라포르 형성 단계	
실습 중간 전기 단계	현장이론교육	• 행정업무 –기안(공문, 품의, 지출결의 등) –기관운영과 관련된 규정검토 –예결산서 작성 연습	필수 공통 2
		• 재가노인복지사업 분야별 사업 소개 –재가노인지원서비스 –방문요양서비스 –주야간보호서비스 –단기보호서비스 –방문목욕서비스	
실습 중간 후기 단계	현장이론교육	• [재가노인지원서비스] – 노인 사례관리에 대한 이해 및 실제: 사례접수, 사례회의, 자원연결, 개입, 사후관리	필수 선택 3
		• [주야간보호서비스] – 소집단(놀이 프로그램 등) 프로그램 계획 및 진행: 단위 프로그램 계획서 작성, 집단지도, 평가	필수 선택 4
	현장실습교육	• 재가노인복지 분야별 현장 배치 및 실습 • 재가 어르신 방문, 상담, 기록 작성 • 재가 어르신의 다양한 기관 서비스 프로그램 참여 • 주야간보호서비스 집단 지도 프로그램 참여 • 주야간보호 이용 어르신에 대한 다양한 서비스 프로그램 참여, 지원 ㅇㅇ프로그램의 보조 및 지원, 체험과 참여의 단계	자유 선택 6
	실습 중간평가	• 주체별 평가: 실습생 평가, 실습 지도자 평가 • 내용별 평가: 진행내용 전반에 대한 평가 및 개선사항 중심	

<table>
<tr><th>구분</th><th colspan="2">실습내용</th><th>비고</th></tr>
<tr><td rowspan="5">실습
종결
단계</td><td rowspan="4">현장이론교육</td><td>• 기관 행정 및 프로포절 작성법 교육
– 기관의 주요한 행정, 회계교육
– 서식에 입각한 개인별 노인 분야의 주제 선정 및 작성, 발표, 평가
• 소집단 프로그램 작성법
– 주야간보호센터 이용 노인을 대상으로 집단 프로그램 계획서의 작성 및 진행</td><td>중 택 1</td></tr>
<tr><td>• 재가노인복지시설에서의 지역사회 자원관리
– 자원봉사자, 후원자의 발굴 및 관리</td><td></td></tr>
<tr><td>• 실습생의 자기이해와 타인이해
– 자기이해: 장점, 감사할 점 50가지 적기
– 타인이해: 실습 동료 간 마음열기 프로그램</td><td></td></tr>
<tr><td>• 타 기관 방문: 사전 섭외된 노인 영역의 인접 분야 및 모 법인 산하 기관 방문
• 프로포절 작성 보고회, 소집단 프로그램 진행 중 택 1
• 2~3주차 현장 실습 과정의 숙달된 수행
–전문적 실천에 대한 모방 실습 및 평가단계</td><td></td></tr>
<tr><td>실습
종결평가</td><td>• 실습생 전체 평가
– 설문지 평가: 실습생 체크식
– 평가회의: 실습생, 실습 지도자, 직원의 평가회</td><td></td></tr>
</table>

출처: 한국사회복지사협회(2013). 표준실습교육매뉴얼 <노인이용시설>.

② 실습 슈퍼비전의 원칙

사회복지현장실습에서 실습생의 교육과 훈련을 담당하는 사회복지사를 실습 지도자라 칭하며 이들은 교육기관(학교)의 실습지도 교수와 함께 현장에서의 교수기능을 수행한다(양옥정 외, 2007). 그래서 실습 지도자는 실습생들이 전문 사회복지 실천가로서 성장하고 발전해 나갈 수 있도록 지도하고 조언해야 하며, 실습기관의 사회복지현장실습의 효과를 위해 실습 슈퍼비전의 원칙이 정해져 있다. 그 원칙을 살펴보면 정기성의 원칙, 공식 업무의 원칙, 상호성의 원칙, 맞춤형 원칙, 발달의 원칙, 맥락수행의 원칙, 평가의 원칙 등이 있다. 실습 슈퍼비전 원칙에 대하여 다음과 같이 설명하고 있다(한국사회복지사협회, 2013).

첫째, 정기성의 원칙이다. 정기성의 원칙은 슈퍼비전이 정기적으로 제공되어야 하며 적시에 제공되어야 한다.

둘째, 공식 업무의 원칙이다. 슈퍼비전은 실습 근무시간 중에 수행되어야 한다.

셋째, 상호성의 원칙이다. 슈퍼비전은 실습생과 실습 지도자의 상호 목표 공유 하에서 수행되어야 한다.

넷째, 맞춤형 원칙이다. 슈퍼비전은 실습생의 실습업무와 관련된 지식, 기술, 능력을 파악하여 실습생의 개인적인 성장에 초점을 두고 진행되어야 한다.

다섯째, 발달의 원칙이다. 슈퍼비전은 실습생의 실습내용 수행상 취약점을 지적하는 것보다는 가능성과 강점의 개발에 초점을 두고 진행되어야 한다.

여섯째, 맥락수행의 원칙이다. 슈퍼비전은 실습생의 업무가 행해지는 팀과 조직, 더 나아가 지역사회와의 연결 속에서 진행되어야 한다.

일곱째, 평가의 원칙이다. 슈퍼비전은 실습지도과정에 대해 실습생과 실습 지도자 간의 건설적인 피드백을 토대로 개선되어야 한다.

③ 실습 슈퍼비전의 방법

사회복지현장에서 슈퍼비전은 전문적인 지식, 기술, 경험 등을 갖춘 유능한 실습 지도자가 훈련을 이수하는 실습생에게 사회복지의 지식과 실천기술을 교육하기 위해 광범위하게 사용하는 행정적 교육적 지지적인 기능을 갖는 복합적인 과정이다. 이를 슈퍼비전의 3대 기능이라고 한다(이경아 외, 2012; Kadushin, 1992).

개별 슈퍼비전과 집단 슈퍼비전을 병행할 수 있고, 개별 슈퍼비전을 원칙으로 하면서 2인 이상일 경우 집단 슈퍼비전의 형태를 병행할 수 있다. 실습 슈퍼비진은 방학 중이나 학기 중 모두 조회나 실습생 대상의 교육을 통한 실습 지도자와의 만남과 별도로 실습 지도자와 실습생이 슈퍼비전을 목적으로 매일(매회) 정기적으로 만나서 진행하도록 한다(한국사회복지사협회, 2013).

〈표 17〉 실습 슈퍼비전의 내용 및 초점

초점의 주요 범주	Kadushin의 범주
• 실습생이 일하는 과정과 내용을 숙고할 수 있도록 정기적인 자리 마련	교육적
• 업무에 대한 이해와 기술 발전	교육적
• 개인의 업무와 관련된 정보와 다른 관점의 수용	교육적/지지적
• 내용과 과정에 대한 피드백을 받음	교육적/지지적
• 개인으로서 그리고 사회복자사로서 지지받고 인정받음	지지적
• 개인으로서 그리고 사회복지사로서 어려움, 문제와 계획을 공유하여 부담 완화	지지적
• 업무상 야기될 수 있는 개인적인 스트레스, 전이, 역전이를 확인하고 이를 표출하여 해소할 수 있도록 함	행정적/지지적
• 개인적인 그리고 전문적인 자원을 보다 더 잘 계획하고 활용함	행정적/지지적
• 업무에 반응하는 것이 아니라 선제적으로 대응할 수 있도록 함	행정적/지지적
• 업무의 질 보증	행정적

출처: 한국사회복지사협회(2013).

2. 실습교육 전 단계

실습교육 전 단계는 사회복지현장실습을 준비하는 단계로 실습생의 모집, 선발, 배치와 실습생에 대한 사전 오리엔테이션이 행해진다.

1) 실습기관에서의 실습생 모집, 선발, 배치

실습생을 어떤 절차로 모집하고 선발하는가는 향후 실습의 질과 무관하지 않다. 즉, 실습과업과 관련하여 의지와 능력을 겸비한 실습생을 선발했을 경우와 그렇지 않은 경우에 따라 실습의 질은 매우 다르다. 아울러 선착순, 비면접의 방법으로 실습생을 선발했을 경우와 구조화된 절차를 통해 실습생을 모집하여 선발한 경우도 다를 수 있다.

실습기관에서 지향하는 실습방향과 과업에 부응할 수 있고, 기본적으로 기초지식과 기술을 겸비하고 있는 실습생이 모집되어 적정 지원자 중 선발하는 것을 권장하고 이는 우수한 실습생을 선발하는 것에 초점을 둔 것이라기보다는 사회복지사로 준비시키는 교육적 과정에 초점을 둔 효과적인 실습을 지향하기 위해 기관과 실습생의 적합성을 고려하는 단계이다.

실습기관이 필요로 하는 자격 요건을 갖춘 실습생을 실습 프로그램으로 참여시키기 위해 다양한 모집원천을 통해 구인활동을 해야 한다. 실습생 모집방법은 한 가지 방법보다는 다양한 방법으로 한다.

실습기관 등록시스템 홈페이지 및 관련 단체에 실습생 모집 홍보와 실습기관의 홈페이지 공고, 실습교육기관에 공문이나 팩스 발송, 그리고 SNS를 활용한 방법 등도 있다. 모집홍보 기간은 최소 15일(2주) 이상을 권장하고 실습생의 실습신청은 기관 홈페이지에 탑재된 실습신청서나 자기소개서 등을 다운로드해 작성한 후 실습 담당자의 이메일이나 기관 팩스 등을 통해 접수하도록 한다.

2) 실습생 선발과 수락

실습기관에서 실습생을 선정할 때는 서류 전형과 면접으로 선발기준의 어떤 부분에 비중을 둘 것인가에 대한 합의하여 결정하고, 누가 면접을 할 것인지 등 항목의 기준에 대해 사전 공유하며, 실습생 선발기준은 관련 교육 이수, 신청서의 충실, 관련 분야 적합도, 자기표현 능력, 실습 기대, 자원봉사 경험, 태도 및 자질 등을 보고 선발한다. 그리고 실습생이 실습기관의 대상자에 대해 충분히 인식하고 감당해 낼 수 있는지 확인하고 클라이언트에 대한 거부감이 없는지 확인해야 된다. 실습 신청학생의 현황표를 〈예시 8〉과 같이 정리하고, 실습생의 실습이 결정되고 실습을 수락한 경우 개인정보수집 및 이용 동의서를 징구한다〈예시 10〉.

- 실습생 및 실습학교에서 실습기관으로 아래의 문서를 발송한다.
  - 실습의뢰 공문(교육기관 1)
  - 실습신청서(교육기관 2)
  - 실습생 프로파일(교육기관 3)

- 실습기관에서 학교로 아래의 문서를 발송한다.
  - 실습계획서(실습기관용 2)
  - 실습 지도자 프로파일(실습기관용 3)
  - 실습의뢰 확인서(실습기관용 4)

- 실습기관과 실습생 간에 아래의 문서를 발송한다.
  - 습생 서약서(실습생용 1)
  - 실습계약서(실습생용 2)

〈예시 6〉 실습생 모집 공문

"사회복지사가 행복하면 국민은 더욱 행복합니다"

한국사회복지사협회
KOREA ASSOCIATION OF SOCIAL WORKERS

수신자: 수신자 참조
(경 유)
제 목: 0000년도 사회복지현장실습생 모집 홍보 요청

1. 사회복지발전과 인재양성교육을 위해 진력하시는 귀 교의 무궁한 발전을 기원합니다.
2. 우리 한국사회복지사협회는 사회복지에 관한 전문지식과 기술을 개발·보급하고 사회복지사의 자질 향상을 위한 교육훈련 및 사회복지사의 복지증진을 도모함을 목적으로 하는 사회복지기관입니다.
3. 우리 협회에서 사회복지 관련 학과 재학생들에게 습득한 이론과 지식을 사회복지현장에 적용해 보고, 예비사회복지사로서의 자질 향상 기회를 도모하고자 붙임과 같이 사회복지 실습생을 모집하고 있사오니 많은 홍보 부탁드립니다 .

1) 실습기간: 0000년 0월 00일 ~ 0000년 0월 00일(00일간 또는 00시간)
2) 장소: 한국사회복지사협회 빌딩
3) 대상: 사회복지학과 3학년 이상

붙임: 0000년도 ㅇㅇ방학 중 사회복지현장실습생 모집 홍보문 1부. 끝.

수신자: 보건복지부 , ㅇㅇ대학교 사회복지학과 , ㅇㅇ대학교 사회복지 · 보육과

한국사회복지사협회장

담당자: 홍길동 부장: 김유신 회장: 김춘추
협조자: 시행 한사협 2022-공2문발송00000 (0000.00.00.) 접수(. .)
우 000-000 ㅇㅇ시 ㅇㅇ구 ㅇㅇ동 ㅇㅇ호/
홈페이지: http://welfare.net
전화 02)000-0000 / 전송 02)000-0000 / 이메일 ㅇㅇㅇㅇ@welfare.net

출처: 한국사회복지사협회(2022).

〈예시 7〉 실습생 모집 공고

0000년도 하계방학 중 사회복지현장실습생 모집 공고

기관명(○○○○○○)에서는 0000년도 하계방학 사회복지실습을 통해 사회복지현장을 이해하고, 실무경험 기회를 제공하여 자질 및 전문성을 갖춘 사회복지사 양성을 위해 사회복지현장 실습생을 모집하오니 많은 관심과 참여 바랍니다 .

- 아 래 -

1. **실습기간:** 0000년 00월 00일 (월) ~ 00월 00일 (금), 총 20회 (1일 8시간, 총 160시간)

2. **실습시간:** 주중 월~금, 09:00~18:00 (점심시간 제외 1일 8시간 실습)

3. **실습 분야:** 노인종합복지관 사업 전 분야

4. **실습내용**

가. 공통 영역
- 예산 및 행정 , 사례관리 , 프로포절 작성 , 타 기관 견학 , 노인복지의 이해 등

나. 선택 영역
- 개별 지도를 통해 심화교육 및 대상자 이해 증진
- 단위사업별 노인종합복지관의 기능 및 실제에 대한 이해와 접근

다. 평가
- 중간평가
- 종결평가

5. **실습신청 방법**

가. 신청기간 : 0000년 00월 00일 (월) ~ 정원 모집 시까지
나. 신청자격 : ① 사회복지사 자격시험 필수 교과목 8과목 중 4과목 이상 이수한 자
② 사회복지실천론 , 사회복지행정론 , 사회복지조사론을 이수한 자
다. 신청방법 : 이메일(○○○@○○○.com) 접수
라. 제출서류 : ① 실습생 프로필 양식 1부 (※ 기관 제시 양식 /사진 필수)
② 성적증명서 1부
③ 개인정보 수집 및 이용 동의서 1부

※ 제출서류를 반드시 구비하여 접수하여 주시기 바랍니다.
(미제출 시 서류전형에서 불이익 및 접수 불가될 수 있음)
※ 실습지원서 및 자기소개서를 기관 양식이 아닌 다른 양식 사용 시에는 서류 전형에 불이익 및 접수 불가될 수 있음

6. 선정 방법

가. 선정기준: 1차 서류접수 → 개별 면접 → 선발
나. 실습면접 및 합격자 발표 : 개별 연락

7. 기타 사항

- 실습생 오리엔테이션 : 0000년 00월 00일 (월) 예정
- 실습비: 금 000,000원 (점심식대 별도)

8. 문의: ○○○ 실습 담당 ○○○

가. 주소 :
나. 연락처 :
다. 홈페이지 :

출처: 한국사회복지사협회(2022).

〈예시 8〉 실습생 현황표

○○○○년 동계방학 실습생 현황

순번	이름	성별	나이	학교명	학과	학번	실습지도 교수	이메일	비상 연락처	비고
1										
2										
3										
4										

출처: 한국사회복지사협회(2022).

〈예시 9〉 실습신청서

[학생 1]

실습신청서

• 실습기관: ㅇㅇ종합사회복지관

1. 실습생 인적사항

<table>
<tr><td>이름</td><td>ㅇㅇㅇ</td><td colspan="2">생년월일</td><td colspan="2">1900년 00월 00일</td></tr>
<tr><td>소속대학교
(원)</td><td>ㅇㅇ 대학교</td><td>전 공</td><td>사회복지</td><td>실습
학년 · 학기</td><td>3학년 2학기</td></tr>
<tr><td>현주소</td><td colspan="5">ㅇㅇ시 ㅇㅇ구 ㅇㅇ동 ㅇㅇ번지</td></tr>
<tr><td>전화번호</td><td colspan="2">집: 02 - 123 - 4567</td><td colspan="3">핸드폰: 010-0000-0000</td></tr>
<tr><td>E-Mail</td><td colspan="5">kㅇㅇㅇ@hanmail.net</td></tr>
</table>

2. 실습 의뢰내용

실습부서	주간보호소팀 , 주간보호센터
실습분야	노인복지
실습내용	복지관 업무를 경험하고 주간보호센터 업무보조
실습기간	20 . 6. 20 ~ 7. 20

* 상기 내용으로 귀 기관에 실습신청을 의뢰하며 실습생 신상서를 동봉합니다.

신청인(학생명): 김 ㅇ ㅇ 인
실습지도교수: 이 ㅇ ㅇ 인
학 과 장: 박 ㅇ ㅇ 인

출처: 한국사회복지사협회(2022).

〈예시 10〉 개인정보 수집 및 이용 동의서

• 실습생 수락: 개인정보 수집 및 이용 동의서 청구(관련 법령: 개인정보보호법)

개인정보 수집 및 이용·제공에 대한 동의서

ㅇㅇ지역아동센터는 「개인정보보호법」 제15조에 의거하여 귀하의 개인정보를 수집·이용함에 있어 동의를 받고 있습니다. 아래의 내용을 충분히 숙지하신 후 본인이 직접 동의란에 서명해 주시기를 바랍니다.

❑ 기본 개인정보 수집

◦ 필수정보

- 성명, 생년월일, 연락처(전화 또는 휴대전화), 소속, 학과(전공), 학년(학기), 주소, 전화번호, 이메일 주소

◦ 이용목적

- 성명, 생년월일, 연락처 등: 실습업무 안내
- 이메일 주소 : 소식 및 고지사항 전달, 불만처리 등을 위한 원활한 의사소통 경로의 확보 등

이용자 구별을 위한 필수정보 수집에 동의하십니까?	ㅁ동의함 ㅁ동의하지 않음

❑ 개인정보 보유 및 이용기간

수납한 개인정보 파일의 보유기간은 수집 목적을 달성한 시점까지이며, 파기를 요청하실 경우 절차에 따라 즉시 (5일 이내) 파기됩니다.

개인정보의 수집 및 이용목적에 동의하십니까?	ㅁ동의함 ㅁ동의하지 않음

본인은 위의 내용을 충분히 숙지하였으며, 복지관의 보다 나은 서비스 제공과 정책 수립을 위해 개인정보 수집, 활용, 제공하는 것에 동의합니다.

20　　년　　월　　일

확인자　　　　(인 또는 서명)

ㅇㅇ지역아동센터 귀하

출처: 한국사회복지사협회(2017). 2017 사회복지현장실습 매뉴얼.

〈예시 11〉 성범죄 경력죄회 및 아동학대 관련 범죄전력조회 신청서

- 성범죄 경력조회 및 아동학대 관련 범죄전력조회(관련 법령: 아동청소년의 성보호에 관한 법률, 아동복지법)

성범죄 경력조회 및 아동학대 관련 범죄전력조회 신청서

접수번호	접수일자	처리일자	처리기간 즉시

신청인	성명		주민등록번호	–
	기관명			
	주소	(전화번호:)		

대상자	성명			
	주민등록번호 (외국인의 경우 생년월일)	–	외국인등록번호 (외국인의 경우만 기입)	

「아동·청소년의 성보호에 관한 법률」 제56조 및 같은 법 시행령 제25조와 「아동복지법」 제29조의3에 따라 우리 시설 또는 기관의 취업노무제공자에 대하여 성범죄 경력 및 아동학대 관련 범죄전력조회를 요청하오니 그 결과를 회신해 주시기를 바랍니다.

년 월 일

신청인 (서명 또는 인 정보통신망 이용 시 생략 가능)

______________ 경찰서장 귀하

신청인 제출서류	1. 아동·청소년 관련 기관 등의 장임을 증명할 수 있는 자료(인·허가증 또는 사업자 등록증 사본 등) 1부 2. 취업자 또는 취업예정자 본인의 동의서 1부	수수료 없음

유의사항

1. 대상자가 외국인의 경우 성명, 외국인등록번호를 적습니다.
2. 신청인은 아동·청소년 관련 기관 등의 장이며, 대상자가 2명 이상일 경우 대상자 기입사항을 일괄 작성, 첨부하여 신청할 수 있습니다.
3. 아동·청소년 관련 기관의 장이 아닌 지방자치단체의 장 등이 신청하는 경우에는 신청인의 제출서류를 제외합니다.

처리절차

신청서 작성	→	접수	→	대상자 확인 (적합, 부적합)	→	통보
신청인		경찰 OO서장		경찰 OO서장		

출처: 한국사회복지사협회(2017). 2017 사회복지현장실습 매뉴얼.

3) 실습 오리엔테이션

(1) 교육기관(학교)의 실습 오리엔테이션

실습지도 교수는 실습생들이 실습에 적극적으로 임할 것과 이를 위한 준비를 충분히 하도록 지도한다. 그리고 실습기관을 선정할 때 특히 유념하여 실습생들이 실습을 잘 받을 수 있는 기관인지 잘 살펴보아야 한다. 실습생들은 실습기관이 정해지면 반드시 지도교수에게 알려야 한다. 실습교육기관(학교)에서는 실습의 전반적인 과정에 대해 정보를 제공하고, 실습평가서, 실습일지, 실습생 출근부 등 실습에 필요한 기본적 서류들을 챙기도록 한다. 실습일지 작성은 워드와 자필로 작성해야 한다. 학생들이 실습에 대한 목표와 계획을 세울 수 있도록 지도하고, 기관에서의 평가와 관련한 요소를 주지시키게 된다.

- 실습 전 유의사항
  - 실습의뢰 공문: 실습교육기관에서는 실습기관에 공문발송을 하여야 한다. 실습생이 실습 나가기 전에 수령해서 직접 제출하기도 한다.
  - 실습신청서 작성
  - 실습생 프로파일
  - 실습시간은 120(160) 시간이며 야간, 공휴일, 토, 일도 가능하다. 하루 최소 4시간 이상 8시간만 인정되며 점심, 저녁 식사시간은 실습시간에서 제외된다(점심 12:00~13:00, 저녁 18:00~19:00).
  - 실습생의 실습시간에는 실습 지도자가 실습 지도자 휴가시에는 자격을 갖춘 실습 지도자가 20% 정도는 실습지도가 가능하나 좀 더 자세한 사항은 사회복지사협회 자격사무국에 문의하여야 한다.
- 실습 종료 후 교육기관(학교) 제출서류
  - 사회복지현장실습 확인서 2부(원본)
  - 실습평가서(교육기관 발송용) (원본)
  - 사회복지현장실습기관 선정 확인서 사본 1부

- 실습일지 기록의 유의점
  - 실습일지는 워드(한글문서)로 작성이나 자필로 작성할 수도 있다.
  - 실습일지상의 중요 부분은 '수정액' 사용을 금한다(예: 실습확인서, 실습평가서, 실습생 출근부).
  - 실습일지 내의 도장 및 서명날인은 일관성을 유지한다(도장, 서명 혼용 불가).
- 실습 중 유의사항
  - 실습 시작일은 실습 오리엔테이션이 끝나고 실습이 가능하며 반드시 지도교수와 상의한다.
  - 실습 확인이 가능한 장면이 나오도록 사진을 촬영하여 1일 1장씩 부착한다(권장사항).
  - 현장실습확인을 위하여 지도교수의 현장 방문 시 지도교수, 실습생, 실습기관 책임자(슈퍼바이저)는 현판 앞에서 사진을 촬영하고 일지에 부착한다(권장사항).
  - 실습생은 학교 출석수업, 직장 근무시간, 해외 출국 시 실습이 절대 불가하다.
  - 사회복지현장실습이 종료되면 '사회복지현장실습 확인서'를 수령하여 학교에 제출하여야 한다. 원본 2부가 필요하며 1부는 교육기관(학교)에 보관하고 원본 1부는 자격증 발급 신청 시 '사회복지현장실습 확인서(2021.04.15서식)'를 제출하여야 한다. 실습확인서 서식은 실습을 이수한 해당 연도 이전 서식으로 제출할 수 없으며, 실습 당시 또는 현행 서식으로 제출하여야 한다.
- 실습확인서 재발급 시 확인 날짜는 재발급 받은 날짜로 작성하여야 하며 서식은 실습 당시 또는 현행 서식으로 제출 가능하다.
- 기관 폐쇄로 인해 실습확인서의 재발급이 안 될 경우, 교육기관(학교)측에 소장한 원본이 있는지 확인하여 그 사본에 원본대조필을 받아 제출할 수 있다(원본대조필은 사본 제출에 대한 사유, 해당 사무담당자 성명과 연락처, 학과장 직인이 모두 있어야 인정).

- 실습확인서는 반드시 원본을 제출해야 하며, 실습 지도자, 실습기관, 실습지도 교수의 서명이 모두 확인되어야 한다. 복사하거나 스캔받아 인쇄한 서류 등은 인정하지 않으며, 사본 제출 시 다음 각 호에 따라 원본대조필 확인을 받은 것만 인정된다.
  - 기관에서 원본대조필을 받을 경우: 원본대조필 도장, 사본 제출에 대한 사유, 해당 사무담당자 성명과 연락처, 기관 직인이 모두 있어야 인정된다.
  - 교육기관(학교)에서 원본대조필을 받을 경우: 원본대조필 도장, 사본 제출에 대한 사유, 해당 사무담당자 성명과 연락처, 학과장 직인(개인 도장은 인정 안 됨)이 모두 있어야 인정된다.
- 동일 직장 내에서 실습을 하는 경우는 인정하지 않는다.
- 실습이수 중 실습 지도자를 중간에 변경할 경우 법적 기준에 맞는 실습 지도자가 지도하여야 하며 실습확인서는 전후 지도자에게 각각 확인받아야 한다(총 2장 이상).
- 군인, 공익근무요원 등 관계 법령에 따라 특별한 신분을 갖고 있는 자는 해당 법령에 따른 허가를 받은 경우에만 실습을 시행할 수 있다.
- 해외 사회복지시설에서의 현장실습은 인정되지 않는다.
- 실습 지도자는 실습 기간 중 실습기관에 상근으로 재직하는 자이어야 한다.
- 기관실습 지도자 1명이 동시에 지도할 수 있는 학생 수는 5명 이내이어야 한다.
- 실습기간 중 실습 지도자가 장기간 휴가 및 출장 등으로 부재한 경우 기관실습 운영계획서의 교육계획으로 기관 내 실습 지도자 자격기준을 충족한 다른 지도자(실습 지도자로 등록된 자)가 대리하여 지도하여야 하며, 그렇지 않은 경우 실습 불인정

(2) 실습기관의 실습 오리엔테이션

실습기관에서는 실습교육 실시 이전에 이를 위한 충분한 준비를 해야 한다. 실습책임자와 실습지도 담당자에 대한 확인에서부터 실습교육내용, 실습생들을 위한 공간 등의 준비가 이루어져야 한다. 실습교육 시작 전 또는 실습교육 첫날, 실

습생들을 위한 체계적인 오리엔테이션을 실시한다. 실습기관에서의 오리엔테이션은 실습생이 예비사회복지사로서 기관에서 업무에 임하게 됨을 공식화하는 자리를 마련하는 중요한 의미를 가지기 때문이다.

① 오리엔테이션 내용

실습 시 알아야 할 실습 전반에 대한 오리엔테이션과 사전에 기관을 방문으로 기관의 실습방침과 실습 방향을 안내하고 실습 전체 일정표를 배부하고 서로 조정할 수도 있다.

- **실습 서식 소개**: 실습서약서, 실습계약서, 실습일지, 실습기관분석 보고서, 사례관리 계획서, 사례관리 진행일지, 집단지도 계획서, 집단과정 일지, 프로그램 계획서, 프로그램 평가서, 개별면접 일지, 지역탐방 보고서, 실습 중간평가서, 실습 종결평가서, 실습 만족도 평가서, 실습 총평가서(학교 제출용) → '제6장 관련 서식' 참조
- **실습목표 확인 및 구체화**: 실습생을 대상으로 한 사전 오리엔테이션에서 실습지도자와 실습생 간 실습의 목적과 목표를 구체화하며 정교화하는 것이 바람직하고 실습생과 하위 목표까지 합의하도록 한다. 세부 목표의 경우는 실습내용과 기관의 상황에 부합되는 방향에서 실습 지도자가 설정하도록 하고 기본적인 목표는 실습 지침서에 제시된 것에 근거하며, 기관이나 실습업무의 특성이 추가되는 것이 바람직하다. 실습과제 및 보고서 등의 절차나 서식을 미리 제시하고 실습생이 미리 준비할 수 있도록 배려하고 실습 시 준수사항을 안내한다.
  - 실습기간 중 실습생으로서 수행해야 할 주요 역할과 의무
  - 실습기간 중 실습생으로서 지켜야 할 규칙(복장, 언어예절, 시간관리 등) 실습생과 실습계약을 체결하고 실습생의 실습목표를 구체화시킨다. 실습기관을 소개하고 기관의 비전과 사명, 기본원칙, 주요 사업 및 현황 등 기관 전반

에 관한 소개와 안내를 하고 실습생과 실습 지도자와의 기본적인 관계 형성을 한다.

※ 오리엔테이션에 필요한 자료 준비, 필요에 따라 관련 동영상 및 지침서 등 사전 준비

4) 실습계약 체결

실습계약서는 실습기관, 실습생, 실습지도 교수 3자 간 상호 책임과 의무를 수행하기 위한 공식적인 문서이므로 실습 시작 전에 작성하도록 한다.

(1) 실습계약서(실습생용 1)

실습계약서 작성시 실습생의 인적사항을 빠짐없이 기록하고 실습기간은 첫 시작일과 마지막 종료일자를 적는다. 실습시간은 실습시간 중 가장 빠른 시간과 실습시간 중 가장 늦게 종료된 시간을 기록한다.

(2) 실습신청서와 실습생 프로파일(교육기관 2, 3)

실습 예정자가 실습을 준비하면서 작성해야 하는 문서는 실습신청서와 실습생 프로파일이다. 실습신청서와 실습생 프로파일 작성 시 실습생 자신에 대한 정확한 정보를 기입하고 연락 가능한 이메일이나 휴대폰 번호를 기입하여 유사시에 원활한 연락이 이루어지도록 한다.

실습생 프로파일의 내용 중 사회복지 전공 동기나 실습기관 선택 이유 등은 성의 있게 구체적으로 작성한다. 실습목표는 구체적이고 측정 가능하여야 하며 기한 내에 달성 가능하고 현실적인 것으로 제시하는 것이 중요하다. 사회복지실천에 있어 자신의 강점과 약점을 작성할 때에는 강점을 중심으로 정직하게 긍정적으로 제시한다. 강점 중심의 시각을 가지고 자신의 강점을 구체화하고 약점을 보완할 수 있는 사람이 클라이언트의 강점도 잘 발견할 수 있음을 명시해야 한다. 이와 더불어 실습을 통해서 배우고 싶은 것, 실습지와 학교의 실습 지도자에게 바라는 점 등을 공손하게 기재한다.

〈예시 12〉 실습계약서

실습계약서

실습생		소속 학교	
실습기관		주소/전화번호	
실습지도자		실습지도교수	

1. 일반적 사항

1) 실습기간: ______ 년 ____ 월 ____일부터 ______ 년 ____ 월 ____일까지 총 _____일
2) 실습시간: 주 _____ 일, _____ 시부터 _____ 시까지
3) 대학실습세미나: _____ 요일, _____ 시부터 _____ 시까지
4) 결석에 대한 조치: 사전 연락 없이 결근 2회 이상 시 실습중단,
지각 및 조퇴 2회는 결근 1회로 인정
5) 실습비: 100,000원(학부생)

2. 실습의 목적과 목표

1) 목적

사회복지전문직의 사명감과 책임감을 바탕으로 예비사회복지사들의 전문성 발달을 위하여 현장교육의 일익을 담당하며, 또한 실습지도를 통하여 우수한 사회복지 전문 인력을 발굴, 확보하고 아울러 본기관 사회복지사들의 전문적인 성장 기회를 마련하고자 한다.

2) 목표

① 학교에서 습득한 사회복지에 관한 지식과 기술의 실천적 적용
② 사회복지실습 현장에서의 클라이언트 체계의 문제 확인, 정보수집, 조직화, 분석, 개입계획의 수립과 이해, 개입 노력에 대한 평가과정을 경험하게 함으로써 새로운 지식과 기술의 습득
③ 노인의 특성과 지역자원에 대한 지식을 활용할 수 있는 능력
④ 사회복지시설 및 기관의 조직, 정책, 절차에 적용할 수 있는 경험적 이해 증진과 능력 함양
⑤ 사회복지실천에 대한 자신의 적성 테스트 기회 제공
⑥ 실습생의 예비사회복지사로서의 자아인식 증진과 전문적 정체감 형성

3. 실습생의 의무와 책임

① 실습과 관련되어 관계된 대상자의 개인적 신상에 대한 정보를 공적 업무 이외에 노출하지 않는다.
② 실습생은 대상자의 자립, 자활, 정서적 안정 등을 위해 개입하며, 대상자에게 필요한 서비스 제공을 위해 최선의 노력을 다한다.
③ 실습생은 예비사회복지사로서 대상자와 전분적인 관계를 가지며, 대상자의 권익을 최우선으로 하고, 대상자와 전문인의 관계를 이용하여 부당한 영리를 취하지 않는다.
④ 실습생은 일련 과정의 실습일정 및 실습내용에 적극적인 자세로 임한다.
⑤ 예비사회복지사로서 단정한 복장 및 용모를 유지한다.
⑥ 실습과정 중 발생하는 세부적인 사항에 있어 실습지도자와 의논하여 결정한다.
⑦ 사전연락 없이 결근을 2회 이상할 경우 실습을 중단, 취소할 수 있다.
⑧ 기관의 명예를 실추시키거나, 부도덕한 행위를 한 경우 실습을 중단, 취소할 수 있다.

4. 실습지도자의 의무와 책임

① 교육목표와 학생이 성취하고자 하는 실습목표에 부응하는 교육을 진행한다.
② 개별 학생의 업무수행에 대한 종합적 결론을 형성할 수 있는 기반을 제공한다.
③ 수행 평가의 객관성을 높여 주고, 정확성을 증가시킨다.

5. 실습지도교수의 의무와 책임

① 대학과 현장의 효과적인 연계를 위하여 유기적인 관계를 맺고, 양질의 실습이 이루어질 수 있도록 노력한다.

상기 사항을 성실하게 이행하여 실습을 진행하도록 하겠습니다.

20 년 월 일

실 습 생 ____________________(인)
실습지도자 ____________________(인)
실습기관장 ____________________(인)

출처: 한국사회복지사협회(2013).

〈예시 13〉 실습신청서

[학생 1]

실습신청서

실습기관: ○○종합사회복지관

1. 실습생 인적사항

<table>
<tr><td>이름</td><td>○○○</td><td colspan="2">생년월일</td><td colspan="2">1900년 0월 0일</td></tr>
<tr><td>소속대학교(원)</td><td>○○ 대학교</td><td>전공</td><td>사회복지</td><td>실습
학년 · 학기</td><td></td></tr>
<tr><td>현주소</td><td colspan="5">○○시 ○○구 ○○○로</td></tr>
<tr><td>전화번호</td><td colspan="2">집: 02) 000-0000</td><td colspan="3">핸드폰: 010-000-0000</td></tr>
<tr><td>E-Mail</td><td colspan="5">j○○○@hanmail.net</td></tr>
</table>

2. 실습 의뢰내용

실습부서	주간보호센터
실습분야	노인복지
실습내용	주간보호센터 업무보조
실습기간	2022. 00.00 ~ 00.00

* 상기 내용으로 귀 기관에 실습신청을 의뢰하며 실습생 신상서를 동봉합니다.

신청인(학생명): ____________________인
실습지도교수: ____________________인
학 과 장: ____________________인

〈예시 14〉 실습생 프로파일 작성

[학생 2]

실습생 프로파일

1. 인적사항

실습생명	○○○	성별	여	생년월일	19○○ 6월 5일
소속	○○대학교(원) 사회복지 전공 3학년(학기)				
현주소	○○시 ○○구 ○○로 ○○				
전화번호	집: 02)000-0000 핸드폰: 010-0000-0000		E-mail	j○○○@hanmail.net	

2. 이수 전공과목

교과목명	이수 완료	현재 이수	교과목명	이수 완료	현재 이수	교과목명	이수 완료	현재 이수
인간행동과 사회 환경	✔		사회복지실천론	✔		사회복지실천기술론		✔
지역사회복지론	✔		사회복지정책론		✔	사회복지행정론	✔	
사회복지법제론		✔	사회복지조사론			※ 상기 8교과목은 자격시험 필수교과로, 4과목 이상 이수해야 실습신청이 가능함		
사회복지개론	✔		사회복지자료분석론			프로그램 개발과 평가		
가족복지론	✔		아동복지론	✔		청소년복지론	✔	
노인복지론	✔		여성복지론	✔		장애인복지론	✔	
정신건강론	✔		정신보건사회복지론	✔		의료사회사업론		
학교사회사업론		✔	산업복지론			자원봉사론	✔	
사회문제론			사회복지발달사	✔		사회보장론		
교정복지론			사회복지 슈퍼비전론			사회복지현장실습		
사회복지윤리와 철학		✔						

3. 경력

구분 (취업, 실습, 봉사)	기관	기간	내용
			업무내용 및 역할을 명료히 제시할 것
자원봉사	주간 보호센터	2022. 3. 10.~ 2022. 10. 현재.	치매어르신 대상 인지 프로그램 보조 미술치료 활동
자원봉사	종합 사회복지관	2022. 2. 1.~ 2022. 8. 30.	어린이 캠프 보조, 청소년 멘토링 프로그램 진행 보조 조손가정 사례관리 지원

4. 사회복지를 전공하게 된 동기

미술치료 자원봉사활동을 통해 사회복지전문직을 알게 되었고, 시어머니께서 치매로 고생하시다 돌아가셔서 노인복지에 대한 관심을 갖게 되었습니다.

5. 실습기관 선택 이유

귀 기관이 종합사회복지관임에도 불구하고 노인복지사업이 활성화되어 있어 종합사회복지관의 지역사회서비스 전반과 노인복지사업을 모두 경험하고 싶어 지원하게 되었습니다. 부족하지만 학교에서 배운 이론을 실제에 적용할 기회를 갖고, 전문가로서 갖추어야 할 태도, 지식, 기술을 습득하여 사회복지사의 자질과 능력을 향상하고자 합니다.

6. 실습을 통해서 성취하고자 하는 목표

① 사회복지사 윤리강령을 준수하고 실습생으로서의 자세와 역할을 성실히 수행한다.
② 전문가로서의 자신의 강점과 약점을 분석하여 자신에 대한 통찰력을 높인다.
③ 기관분석을 통해 지역사회종합복지관의 조직 및 운영체계를 설명할 수 있다.
④ 사례관리과정과 개입 방법에 대한 이해를 높이고 개입계획을 세울 수 있다.
⑤ 예비사회인으로서 의사소통 기술을 습득한다.
⑥ 종합복지관 내 노인복지사업에 대해 설명할 수 있다.

7. 실습을 마친 후 목표달성 정도를 파악할 수 있는 기준

① 사회복지사 윤리강령과 대학에서 제시한 실습생 행동지침(자세와 역할)의 모든 사항을 적극적으로 준수했는지 여부를 5점 척도(1 = 아주 준수하지 않았다, 5 = 철저히 준수했다)로 평가하여 평균 4점 이상을 맞는다.

② 자기 분석을 통해 자신의 강·약점을 파악하고 약점을 보완하기 위해 구체적인 노력을 실행한다.
③ 실습지의 조직 및 운영체계에 대한 정확한 정보를 동료들과 후배들에게 제공할 수 있다.
④ 사례관리 서비스 계획을 세우고 이를 타인에게 설명할 수 있다.
⑤ 종합복지관 내 노인복지사업에 대해 실습 세미나 시 발표한다.

8. 사회복지를 실천하는 데 있어 자신의 강점과 약점

① 사회복지 지식 및 기술의 측면: 사회복지사 윤리강령과 사회복지실천 원칙을 정확히 숙지하고 있으며, 생태학적인 관점에서 사회문제를 분석할 수 있고 가계도를 분석할 수 있습니다. 집단미술치료 프로그램을 기획하고 진행할 수 있습니다.
② 개인적인 특성 측면: 다양한 관점에서 상황을 이해하고, 긍정적이고 강점 지향적인 삶의 자세를 갖고자 노력하고 있습니다. 매사에 최선을 다하고자 하며 원만한 대인관계로 인해 참여하는 동아리에서도 회장직을 맡고 있습니다. 성격은 좋으나 아줌마라 좀 느릴 수 있으니 잘 부탁드립니다.

9. 취미 및 특기(자신의 취미와 특기를 사실에 근거하여 명료히 쓸 것)

독서활동 등 미술치료 관련 동아리회 활동을 하고 있습니다. 또한 동아리 회원들과 함께 ○○노인병원의 노인미술치료 프로그램 등에 자원봉사자로 참여하여 노인들과 함께 하고 있습니다.

10. 실습기관, 실습지도자 및 실습지도교수에게 바라는 점

귀 기관의 실습교육 시 미리 준비해야 할 사항이 있으면 알려 주시고, 제출한 과제에 대해 구체적인 피드백을 주시면 항상 발전하도록 하겠습니다. 잘 부탁드립니다.

(3) 실습생 서약서

자신이 신청한 기관에 실습이 확정된 뒤 학생들은 선정된 실습기관에 사전 방문을 하게 된다. 이때 기관에서 요구할 경우 실습생 서약서를 작성하게 된다.

〈예시 15〉 실습생 서약서

실 습 생 서 약 서

본인은 ㅇㅇ 기관의 실습생으로서 사회복지사 윤리강령을 준수할 것을 서약합니다.

실습기간 동안 알게 되는 클라이언트와 기관에 대한 정보에 대해 비밀을 유지할 것입니다. 또한 실습내용을 교육적 목적(학교 실습지도) 이외에는 발설하지 않을 것이며, 그 밖의 상황에서는 실습지도자와 사전 논의할 것을 서약합니다.

년 월 일

실습생: (인)

ㅇ ㅇ 기관 귀중

(4) 자기소개서와 이력서

실습기관이 결정되면 예비실습생은 자기소개서와 이력서를 다른 서류들과 함께 첨부하여 실습 지도자에게 제출한다. 이력서와 자기소개서는 실습담당자가 가장 먼저 보게 되는 서류이므로 정성껏 작성해야 하며 글쓰기에 자신이 없다고 남에게 부탁하는 것은 금물이다. 이력서는 서식에 맞추어 정확하게 기재해야 하며, 자기소개서는 실습과 관련한 내용을 중심으로 자신의 성장배경, 해당 실습지를 지원한 이유, 그리고 사회복지사로서의 포부 등을 밝힌다.

5) 실습일지의 작성 방법

실습일지는 매일 기록해야 하며, 당일 퇴근시간이나 다음 날 출근 직후 정해진 시간에 실습 지도자에게 제출하여 슈퍼비전을 받도록 한다. 단순한 실습과정의 나열에 그치는 것이 아니라 어떠한 업무를 담당했는지, 그것을 통해 무엇을 배웠는지, 어떠한 생각을 했는지 등을 구체적으로 기록해야 한다. 실습일지는 실습 지도자에게 제출되어 실습지도의 자료로 사용되기 때문에 실습에 있어 의문사항, 불명확한 점이나 희망사항 등을 기록하여 전달할 수 있도록 한다. 실습일지를 작성함에 있어 중요한 것은 실습이 발전적으로 진행되도록 하는 것이다. 자기반성과 지도자의 적절한 조언 등을 통해 항상 연구적 태도로 실습에 임하고 있다는 것이 실습기록이나 실습일지에서 확인되어야 한다. 그러므로 실습생은 실습일지를 통해 본인의 실습내용과 업무수행에 대한 평가를 받고 보완할 수 있다. 또한 본인의 실습에 기울인 노력을 확인하고 점검할 수 있는 기회가 되는 것이다. 실습 지도자는 실습일지를 읽고 코멘트 사항이나 평가 결과를 기록해 주고 실습생은 이를 통해 학습의 기회를 갖게 된다. 경우에 따라서 매일 기록을 남기지 못하는 경우가 있을 수도 있지만 성실하게 작성해야 한다. 실습 지도자의 구두 코멘트가 있다면 빈 공간에 적어 두는 것도 도움이 된다(박용권, 2009).

'실습일지'는 실습지에서의 일과를 사실에 근거하여 구체적으로 기록해야 하며, 실습계획, 준비, 실시 및 일련의 상황에 대한 반성과 실습 지도자의 피드백을 기입하는 기록장이다. 실습일지는 실습이 진행되는 동안 실습생이 경험하는 것을 매회 기록하는 것으로 실습일정 및 내용, 실습생 의견과 소감, 실습 지도자의 슈퍼비전 등이 포함된다. 교육기관(학교)에서 실습 전 실습생에게 이를 위한 서식을 미리 제공하고 있으므로 이를 따르도록 한다.

(1) 실습일지의 작성 목적

- 자신의 활동에 대해 분석하고 평가하여 앞으로의 실습내용을 보완한다.
- 실습목표 달성을 위해 앞으로 해야 할 구체적 노력이 무엇인지 알 수 있다.
- 실습 지도자가 실습활동을 점검하고 시의적절한 슈퍼비전을 주는 근거가 된다.
- 실습내용뿐만 아니라 기관이나 사업에 대해 분석하고 평가하여 기관 운영에도 간접적으로 기여할 수 있다.

(2) 실습일지 앞면

사회복지현장실습을 하는 당해 연도와 인적사항을 기록한다. 실습생 이름, 지도교수를 정확히 적는다.

(3) 실습일지 작성법·실습 진행내용

① 실습계약서 작성

실습생명, 실습기관명, 주소, 실습 지도자, 실습지도 교수를 정확히 적는다. 실습기간을 정확히 적고 실습생, 실습 지도자, 실습지도 교수의 도장이나 서명을 받는다.

② 실습기관 분석보고서

실습기관 분석보고서는 실습생이 실습을 하고 있는 기관에 대한 내용을 기록하는 것으로 시설의 장이나 지도교사의 지도를 받아 정확히 기록한다.

- 실습생명, 기관명, 기관주소, 연락처

- 기관의 역사, 기관의 목적, 주요 사업 및 프로그램
- 기관의 행정사항, 물리적 환경의 특징
- 사회복지기관으로서 지역 내 타 기관들과의 연계
- 기관의 특별한 면이나 전반적인 사항에 대한 인상이나 느낌 등

③ 실습생 출근부와 일시

실습생 출근부는 수정시 두줄을 긋고 수정한다.

- 출근시간과 퇴근시간은 실습생의 출근 시간과 퇴근한 시간을 기록한다.
- 당일 시간을 적는 것이 원칙이며, 당일 이후의 시간을 미리 적는 것은 안 된다.
- 실습생과 실습지도교사 확인란에는 도장 혹은 서명을 한다. 서명으로 하였으면 서명으로, 도장으로 하였으면 도장으로 일관되게 확인한다.
- 실습일자, 요일, 시간 기록을 예와 같이 하도록 한다.

  예 2022. 7. 1. (화) 09:00~18:00

④ 실습일지

- 실습생 이름을 적고 실습 날짜, 오늘의 목표를 적는다. 실습 날짜는 화이트 수정을 불가이며 부득이 수정할 시에는 두 줄을 긋고 실습 지도자 서명이나 도장을 받는다.
- 실습일지는 실습일에 기록하여야 하며, 미루어 작성하거나 미리 작성하여서도 안 된다. 또한 지도교수의 방문 시 실습에 대한 지도를 받을 수 있기 때문에 전날의 일지까지 작성되어져야 한다.
- 실습내용은 일정에 따라 자신이 수행한 업무를 구체적이고 명확하게 워드나 자필로 기록한다.
- 실습내용 기록 시 사실을 중심으로 기록하며 자신의 느낌이나 추측, 평가 등은 실습생 소감란에 기록한다. 실습생 자신이 주인공이 되어 감상적인 기록을

하지 않도록 주의한다.

- 클라이언트를 대상으로 직접 개입을 했을 경우 과정기록을 할 수 있도록 노력한다. 실습생 중심이 아닌, 클라이언트와의 상호작용, 클라이언트의 반응, 태도 등을 기록한다.
- 교육내용은 요약하여 기록하고, 기관에서 배부한 교육자료나 관련 문서들을 실습일지에 첨부하여 보관한다.
- 실습일지는 사적으로 작성하는 기록이 아니므로 실습일과에 대한 실습생 개인의 감정이나 주관적 의견, 느낌 등은 지양하고 실습과정에서 자신이 배운 점과 느낀 점은 실습생 소감란에 기록한다.
- 전문용어를 사용하여 기록하며 정확한 표현을 위해 단어 선택에 유의한다.
- 일지 작성 시 클라이언트에 대한 비밀보장을 위해 클라이언트 이름을 머리글자로 표기하거나 가명을 이용한다.
- 집단 프로그램을 직접 진행했을 경우 집단기록 일지를 작성하여 첨부한다.
- 프로그램에 보조진행자나 관찰자로 참여했을 때 집단과정 및 집단지도자의 역할 등을 자세히 기록한다.
- 매일 반복되는 일과를 기록하는 데 급급하기보다는 실습 경험을 통해 발전한 점, 추후 학습해야 하는 부분들이 잘 드러나도록 기록한다.
- 기관에 제출한 과제도 실습일지에 첨부한다.
- 실습 지도자의 슈퍼비전 내용도 구체적으로 기록한다.
- 실습일지는 공식문서이다. 그러므로 용어선택에 신중을 기하고, 맞춤법이 틀리지 않도록 노력한다. 속어, 약어, 특수문자, 이모티콘 등은 사용하지 않도록 주의한다.

⑤ 실습생 의견

- 실습을 수행하면서 느낀 점이나 의문점에 대해 제시한다.
- 실습경험을 통해 배운 점과 느낀 점을 구체적으로 제시한다. 배운 점과 느낀 점에 대해 구체적으로 기록하는 습관을 통해 학습한 전문지식이나 기술뿐 아니라 자신의 발전과 성장을 확인할 수 있다.
- 실습 중 사회복지사로서 윤리적 딜레마를 경험한 경우 상황을 정확하게 기록하고 실습생의 대처방법을 제시하여 이에 대한 슈퍼비전이 이루어질 수 있도록 한다.
- 실습 중 직면하게 되는 문제점 혹은 불만사항, 기관업무상의 어려움 등 실습지도자 또는 실습지도 교수와 논의가 필요한 사항에 대해서는 중립적이고 공손한 문체로 기록한다.
- 클라이언트를 관찰하고 사정하는 것도 중요하지만, 클라이언트에 대한 통찰력 있는 접근이나 의도적 개입에 대해서도 명료하게 기록하고 이에 대해 스스로 평가할 수 있어야 한다.
- 슈퍼비전을 통해 배운 내용을 실무에 적용했을 경우 이를 상세히 기록한다. 또한 슈퍼비전을 받기 위해 어떻게 노력하였고, 새롭게 습득한 지식과 기술은 무엇이며, 이를 어떻게 실무에 적용할 것인지를 기록한다.
- 자신의 실습 수행 경험에 대해 부정적인 것보다는 긍정적인 것, 성장한 것이 드러나도록 기록한다. 부정적인 것에 대해서는 앞으로 자신의 각오를 제시한다.
- 실습 소감 마지막에는 실습생으로서 자신의 하루를 성찰한 뒤 보다 발전된 내일이 되도록 스스로 과업을 설정하고 계획한다. 내일의 과업과 계획을 설정할 때에는 실습일정에 맞고 기관에서 자신이 실천할 수 있는 구체적인 것으로 설정한다.

⑥ 실습 지도자 의견

'실습 지도자 의견'은 실습생의 일지를 읽은 뒤 기관의 실습 지도자가 기록하는 부분이다. 그러나 기관의 여건상 기관의 실습 지도자가 실습일지를 일일이 점검하고 코멘트를 기록해 주지 못할 경우가 있다. 이때에도 성실히 실습일지를 작성하고 일지 마지막 부분에 질문사항을 별도 기록하여 실습 지도자에게 공손하게 코멘트를 부탁한다. 코멘트가 구두로 이루어졌을 경우 그 내용을 실습생이 기록한다. 실습일지 작성과 관련하여 학교의 실습 담당교수와 기관의 슈퍼바이저의 코멘트가 일치하지 않을 수 있다. 이 경우 실습생은 기관 슈퍼바이저의 지도를 우선적으로 따르도록 한다.

⑦ 실습활동 사진

실습 중임을 나타낼 수 있는 사진을 매일 한 장씩 실습일지에 붙이도록 한다. 사진촬영을 할 때는 일과 활동 중 실습생의 모습과 실습기관의 대상자들과 자연스러운 활동 모습이 보이도록 촬영한다.

⑧ 사회복지현장실습 방문확인서

사회복지현장 실습기간 중 지도교수의 현장방문 시 지도교수, 지도교사(시설장), 실습생과 함께 실습지를 확인할 수 있는 현판 앞에서 사진을 촬영해야 한다. 교육기관에 따라 실습일지에 첨부하는 경우도 있으니 담당 지도교수 방문 시 원활한 사진촬영을 할 수 있도록 카메라와 담당 실습지도자(시설장)에게 사전에 양해를 구한다.

⑨ 실습지도계획서와 실습 지도자 프로파일

실습 지도자의 실습지도계획서, 실습 지도자 프로파일을 실습생에게 주는 경우도 있지만 주지 않을 때 무리하게 요구할 수 없다.

6) 실습 이후 작성해야 하는 문서

실습이 끝난 후 사회복지 실습생들은 아래와 같은 문서를 대학교에 제출한다.

〈표 18〉 사회복지실습 이후 작성해야 하는 문서

문서명	문서작성	비고
사회복지현장실습 확인서	• 원본 2부	• 1부는 학교에 제출(교수 확인 받음) • 1부는 사회복지사 자격증 심사 때 제출
실습평가서(교육기관 발송용)	• 실습지도교사 또는 기관장이 1부 작성	• 대학교 제출
실습기관선정 확인서	• 사본 1부	• 대학교 제출
실습일지	• 실습생 작성	• 대학교 제출
실습기관 방문결과 보고서	• 실습생 사진 첨부	• 대학교 제출

〈예시 16〉 일일실습 세부내용 1

실 습 일 지

실습 지도자	기관장

<table>
<tr><td>실습생 성명</td><td>○○○</td><td>소속</td><td>○○대학교</td></tr>
<tr><td>실 습 일 자</td><td>2022. 07. 16</td><td>슈퍼바이저</td><td>○○○</td></tr>
<tr><td>주요
실습일정</td><td colspan="3">09:00 출근
09:00 ~ 10:00 일정 안내
10:00 ~ 11:30 지역자원지도 발표
11:30 ~ 12:30 무료급식(경로식당+식사 배달)
12:30 ~ 13:30 중식 및 휴식
13:30 ~ 15:30 재가복지에 대해 배움
15:30 ~ 17:30 지역자원지도 만들기</td></tr>
<tr><td>실습내용</td><td colspan="3">1. 지역자원지도 발표
• 각 조마다 조사한 지역에 대해 발표하기
• 그 지역에 어떠한 자원이 있는지 발표

2. 재가복지
• 지역사회보호사업의 이해와 실제
– 5대 사업 → 3대 사업
– 재가복지봉사센터는 2009년에 복지관 부설로 사업
– 2010년부터 복지관으로 들어와서 사업
– 연계성의 원칙: 다양한 서비스 욕구를 적절히 충족시키기 위하여 행정기관, 사회봉단체 등 관련 기관과 수시 연계체계를 갖추고 알선, 의뢰, 자원봉사 등을 수행하여야 한다.
• 지역사회보호사업의 실제 1
〈급식서비스(노인 식사 배달, 장애인 도시락 '하트 도시락', 밑반찬서비스)〉
↳ 시에서 예산이 따로 나옴
– 거동이 불편하거나 경제적으로 어려운 저소득 가정에 중식 및 밑반찬을 제공함으로써 결식을 예방하여 건강을 유지함을 목적으로 한다.
– 노인식사 배달: 만 65세 이상 만성질환자로 거동이 불편하여 결식에 우려가 있는 기초생활보장 및 차상위계층 노인 → 실태조사 실시 후 적합성 판단.
– 장애인도시락: 만 65세 미만 장애인 중 거동이 불편하여 결식에 우려가 있는 자
– 밑반찬 서비스: 요보호자대상자 중 경제적 · 신체적 어려움으로 밑반찬 조리가 힘든 가정 → 자원봉사자</td></tr>
</table>

<table>
<tr>
<td>실습내용</td>
<td>
• 지역사회보호사업의 실제 2
급식서비스(경로식당) → 65세 어르신 중 거동이 가능하신 분
• 지역사회보호사업의 실제 3
보건의료서비스
– 지역간호 서비스, 물리치료 → 복지관 내에 있는 간호사 선생님이 담당
– 내과진료 / 한방진료 → 영도병원 외 기타 외부 의료기관의 협조를 통하여 진료가 필요한 대상자에게 서비스를 실시(첫째 주 수요일)
– 건강관리자조 모임 → 자기관리능력 향상
– 안과진료 자원사업 → 서면 눈사랑안과에서 서비스를 제공함
• 지역사회보호사업의 실제 4
일상생활지원서비스
– 가사서비스
– 장애 3, 4, 5 등급 → 노인 중에도 등급을 받기 힘들다.
• 지역사회보호사업의 실제 5
정서지원서비스
– 어르신 나들이 및 생신잔치 지원을 통하여 외부로부터의 관심을 경험하고 사회적 소외감을 경감시켜 정서적 안정을 도모하고자 한다.
– 어르신들에게 특별한 날을 부여하여 자존감을 높인다.
– 어르신들의 외로움을 경감시키고, 정서적 안정을 도모한다.
• 지역사회보호사업의 실제 6
무료 이발 서비스
– 거동이 불편하신 분은 가정으로 방문.
– 거동이 가능하신 분은 이발소에 연계.
• 지역사회보호사업의 실제 7
방문이미용서비스
– 자원봉사자 연계
• 지역사회보호사업의 실제 8
– 대상자 욕구↑
– 경연후원금 지급: 후원자를 찾아서 1:1로 매월 후원금을 지급할 수 있도록 함
– 외부자원연계 사업: 사회복지재단 및 기타 유관기관과의 업무협조를 통하여 물품후원을 받아 필요한 대상자에게 지급
– 물품지급: 설, 추석 2회에 걸쳐 요보호대상자에게 물품을 지급(복지관 내부에서)
– 요구르트 결연: 주 6회 → 안부를 확인하는 게 중요

3. 지역자원지도 만들기
• 다른 동네로 조사 나가기
</td>
</tr>
</table>

실습 소감	지역자원지도를 만들면서 내가 맡은 지역에 어떤 곳이고 어떤 자원들이 있는지 알게 되었고, 평소에는 가보지 못했던 곳에 가 보게 되어 좋았습니다. 그리고 두 번째로 간 지역은 큰 도로 쪽에 상가들이 있었고 골목으로 들어가면 다 주택가였습니다. 맨 처음에 지도를 만들어 보고 그때 어떻게 해야 빠르고 잘 찾을 수 있을지에 대해 조금은 알게 되어 이번에는 가기 전에 지도를 만들어서 갔기 때문에 길 찾는 데 어려움이 없었고, 처음보다는 빠른 시간 내에 다 둘러볼 수 있었습니다. 재가복지에 대해 배웠는데 노인분과 장애인분들을 위한 프로그램이 많이 있었습니다. 그 중 설, 추석 같은 명절에도 복지관에서 요보호대상자에게 물품을 지급하는데 이 사업은 정말 좋은 것 같습니다. 혼자 있으면 제일 외로운 게 명절 같은 날인데 복지관에서 이런 서비스를 제공하는 것이 정말 좋은 것 같습니다.
실습 지도자 의견	

출처: 상리종합사회복지관(2022).

〈예시 17〉 일일실습 세부내용 2

		실습 지도자	기관장
실 습 일 지			
실습생 성명	○○○	소속	○○대학교
실 습 일 자	2022. 07. 3.	슈퍼바이저	○○○
주요 실습일정	09:00 출근 09:00 ~ 10:00 일정 안내 10:00 ~ 11:30 청소년복지에 대한 설명 11:30 ~ 12:30 휴식 12:30 ~ 13:30 중식 및 휴식 13:30 ~ 17:30 스타쉐프 17:30 ~ 18:00 종례		
실습내용	1. 청소년복지에 대한 설명 •"해피- 쿡"은 학급의 특수 학생 대상 •사업의 필요성 - 요리 활동 프로그램은 재료를 손으로 직접 만지고, 변화과정을 관찰하며 완성된 작품을 만들어 보는 의미 있는 활동으로, 전반적인 학습을 증진시킬 수 있는 기초가 된다. - 학생들을 대상으로 욕구조사를 실시하여 자신이 만들어 보고 싶은 요리목록을 구성한다. - 또래들과 함께 물건을 공유하여 완성된 작품을 만듦으로 협동심과 성취감을 경험케 하여 긍정적인 정서를 갖게 하고자 한다. •목적: 긍정적인 정서를 경험케 하므로 즐겁고 활기찬 학교생활을 돕는다. •목표: 선생님의 목표는 4~12월까지 스스로 가스레인지를 켤 수 있는 것과 라면을 끓일 수 있게 하는 것이다. •해피 - 쿡 → 자유롭게 한다. 선생님 1명, 보조 선생님 1명 •스타쉐프 → 자격증을 취득하고, 자신이 할 수 있도록 해 준다. 선생님 1명 •청소년 프로그램과 관련하여 "비행청소년"은 이 지역에서 ○○에 제일 많다. •다른 복지관에는 비행청소년에 대한 따로 관리하는 프로그램이 없다. •개별상담 → 오전, 프로그램 → 오후 •표면적인 문제가 다가 아니고 내면적 문제가 있다. •인원은 정해지지 않았다.		

<table>
<tr><td>실습내용</td><td>• 복지사가 혼자 목표를 정하고 실시할 경우 아이는 마음을 열지 않고 선생님은 선생님대로 목표에 만족하지 못해 실망하게 된다.
• 비행청소년에 대한 선입견이 있다.
• 아이 자체에만 문제가 있는 게 아니라 학교, 가족, 친구문제가 많다.
└→ 복합적인 문제이다. → 부모님도 만나 보아야 한다.
• "해피 - 쿡"은 사회 향상이 되고, 방학에는 하지 않는다.
• 보호관찰소의 아이가 만약에 문신을 해서는 안 되는데 비밀로 하고 했을 때, 그것을 안 사회복지사는 아이가 비밀로 해 달라고 했을 때는 관찰소에 말해선 안 된다.
→ 비밀보장
- 말할 경우 신뢰가 깨짐
- 아이가 직접 말할 수 있도록 유도한다.
• 아이들을 진실적인 마음으로 다가가야 한다.

2. 스타쉐프
• 일반학교에 특수학급 학생들을 대상으로 실시
• 한식조리사 자격교육을 실시한다.
• 직접 해 주는 것이 아니라 아이들이 직접 자신의 일을 할 수 있도록 해 준다.
• 반존칭을 사용하며, 아이들이 반말을 하였을 때는 따끔하게 혼을 내야 한다.
→ 잘못된 행동 지적
• 한식조리사 자격증에 대해 아직 계획이 없다.
• 급하게 하지 않고 기간을 길게 보며, 아이들이 적응하여 능력이 향상되도록 하며 가능성을 확인한다.
• 1~2년을 한다 해도 실제로 자격증을 따기는 힘들다.
• 일반학생들에게 괴롭힘당한 것을 다른 장애를 가진 아이에게 모방할 수 있다.
→ 버릇이 되지 않도록 해 주어야 한다.</td></tr>
<tr><td>실습 소감</td><td>청소년 복지에 대해 설명과 이야기를 들었는데, 비행청소년이 ㅇㅇ에서 ㅇㅇ구에 제일 많다고 들었습니다. 다른 복지관에는 청소년에 대한 다른 프로그램은 없다고 하셨습니다. 문제 청소년에게 관심과 진심으로 다가간다면 아이들도 변화가 있을 거 같은데 그 과정이 힘든 것 같습니다. 예민할 시기인 아이들이 마음의 문을 닫아 순조롭게 진행하기도 힘들고 만약 제가 한다면 어떻게 이끌어 가야 할지 앞이 깜깜할 것 같습니다. 어떻게 이야기를 진행해야 하고 무슨 말을 해야 할지 모르겠습니다. 하지만 정말 진실된 마음으로 다가가서 프로그램 진행과 함께 신뢰를 쌓아 이 아이가 변한다면 정말 뿌듯하고 행복할 것 같다는 생각이 들었습니다.
오후에 1조, 2조, 3조로 나뉘어 한 프로그램씩 들어가는데 제가 들어가야 할 프로그램이 스타쉐프라는 프로그램이었습니다. 그런데 오늘 들어가야 할 프로그램이 학교 시험기간으로 인해 취소가 되었습니다. 그래서 어쩔 수 없이 프로그램을 하지 못하고</td></tr>
</table>

실습 소감	프로그램에 대한 이야기와 질문을 하는 시간을 가졌습니다. 스타쉐프는 장애청소년이 일반학교에 다니는 특급학교 학생들의 대상으로 하고 한식조리사 자격증 실시반이었습니다. 하지만 실질적으로 장애아동이 짧은 시간에 자격증을 따는 것은 어렵고 장시간으로 해야 한다고 하셨습니다. 장애청소년들이 일반학교에서 다니면서 일반청소년이 괴롭히는 것을 기억해 두었다가 같은 장애를 가진 아이들에게 모방한다는 이야기도 들었습니다. 이 사실을 들었을 때 매우 놀랐습니다. 잘못되었든 그렇지 않든 아이들은 그것을 다 기억하고 실천으로 옮긴다는 것을 알았습니다. 잘못된 것은 이유와 함께 설명해 주는 것이 필요하고, 말 한마디 행동 하나에도 생각하고 해야겠다고 생각했습니다.
실습 지도자 의견	

출처: 상리종합사회복지관(2022).

〈예시 18〉 일일실습 세부내용 3

실 습 일 지

<table>
<tr><td>실습회차</td><td>제9회 차</td><td rowspan="4">결
재</td><td>실습 지도자</td><td>기관장</td></tr>
<tr><td>출근시간</td><td>09:00</td><td rowspan="3">전 결</td><td rowspan="3"></td></tr>
<tr><td>퇴근시간</td><td>18:00</td></tr>
<tr><td>1일 실습
총시간</td><td>8시간(최대 8시간 인정)</td></tr>
<tr><td>오늘의 목표</td><td colspan="4">어르신들의 눈높이에서 프로그램 함께 꾸미기</td></tr>
<tr><td>실습일자</td><td colspan="4">2022년 3월 22일 (화요일)</td></tr>
<tr><td rowspan="2">활동 및
진행내용</td><td>09:00~10:00</td><td colspan="3">어르신 모셔 오기. 오늘은 1호차에 탑승했다. 김○○ 어르신은 이제 서면에 가는 차량이 아닌걸 아신 모양이다. 거기 가기 싫다면서 차량 문을 꼭 잡고 버티신다.</td></tr>
<tr><td>10:00~11:00</td><td colspan="3">간호사가 혈압을 체크하고, 차를 마시면서 요양보호사 선생님이 한 분 한 분 기억을 되살리며 얘기할 수 있도록 어제는 무엇을 했는지 오늘은 무슨 요일이며, 오늘 할 프로그램은 무엇인지 묻는다.
갑자기 요양보호사 선생님이 ○○○ 어르신에게 화를 내며 간호사 선생님을 불러오란다. 영문도 모르는 나는 뛰어가서 간호사를 불러왔다. 요양보호사가 화를 삭이며 물을 한 잔 들이키고는 자초지종을 말한다. ○○○ 어르신이, 이○○ · 이○○ 어르신이 감기에 걸려 기침해서 자기한테 옮아 왔다고 구시렁대서 화를 냈다는 이야기다. 두 어르신은 감기에 걸린 것이 아니고 ○○○ 어르신과 같이 수술을 해서 목이 조금 안 좋아서 가끔 기침하는데 그것을 그렇게 얘기하면 안 된다는 것이다. 며느리한테도 그렇게 하면 싫어하는데 단체 생활을 하는데 그런 식으로 불평불만을 하고 선생님인 요양보호사한테 반말하고, 말을 잘 듣지 않으니 너무 힘들다는 얘기다. ○○○ 어르신은 멋쩍었는지 차도 마시지 않고 화장실에 가신다면서 나가셨는데 돌아오실 때 보니 눈가가 젖어 있었다.
인지능력이 가장 우수하며 엊그제 입소한 ○○○ 어르신은 요양보호사에게 정말 고생이 많다고 등을 두드리며 격려를 하는데, 과연 그 격려가 진심이었을까? 아무리 인지능력이 뒤떨어진다 해도 많은 사람 앞에서 그렇게 화를 내 버리면 자신의 잘못을 인지하기에 앞서 자존심부터 상하지 않았을까? 상대방이 잘 듣지도 못 하게 혼잣말하는 것을 그렇게 화를 많이 낼 일일까? 곰곰이 생각해 보게 하는 하루였고, 일지를 적는 이 시간까지도 가슴이 무겁고 우울한 기분을 감출 수 없다. 기록하는 것이 중요하다는 실습일지에 어떤 일까지 기록해야 하는지 알 수 없는 하루다.</td></tr>
</table>

활동 및 진행내용		
		가끔 요양보호사가 화를 내는 일이 있었지만, 이렇게까지 하기는 처음이다. 학교에서 선생님이 학생들에게 차별대우하듯이 분명히 이 보금자리에서도 차별대우는 일어나고 있다. 이○○ 어르신은 아침에 도착하자마자 집에 할 일이 많다면서 명찰이 달린 조끼를 벗고 옷을 들고 다니는데 요양보호사 한 사람이 잠시도 눈을 떼지 못한다. 물리치료시간에도 혼자 손을 잡고 옥상에 올라가 보리가 자라는 것을 보여 주고 산책을 시키고, 프로그램을 잘 따르지 않아도 그렇게 화를 내지 않던데…….
	11:00~12:00	운동요법 시간이다. 선생님이 여러 가지 스트레칭하는 법을 가르쳐 주셨다. 다리를 벌리고 앉아서 왼손으로 오른쪽 발가락을 잡고 몸은 반대편으로 최대한 늘리는 것을 양쪽으로 번갈아 반복하면 요실금 예방에 효과적이란다. 목, 팔, 다리운동 등을 늘림 줄을 이용해서 하는 법을 배웠다. 우리는 어르신 사이사이를 다니면서 자세를 교정시켜 드리고 하는 법을 가르쳐 드리면서 같이 호흡을 맞췄다.
	12:00~13:00	점심시간: 미역 무침, 어묵 김치 볶음, 돼지고기 양념 불고기, 쑥국.
	13:00~15:00	물리치료 시간이다. 사회복지사 선생님이 지난 화요일 일일 나들이 다녀온 것에 대한 간담회 제안을 하셨다. 물리치료실에서 어르신들을 살펴보면서 이야기를 나누었다. 한 요양보호사는 집에 간다고 하시는 ○○○어르신을 모시고 비가 오는데도 우산을 들고 옥상으로 가고 간호사, 공익요원과 같이 일일 나들이에 대한 평가회를 가졌다. 먼저, 사회복지사 선생님이 식당이나 견학지를 직접 현장답사를 하지 못해서 출발에서부터 도착까지 많은 실수가 있었다면서 정말 부끄러운 하루였다고 미안하다고 사과를 했다. 연 4회 계획이라 다음은 6월이라고 하자, 간호사가 6월 장소는 ○○○ 수원지로 하자고 제안한다. 삼림욕이 어르신들에게 좋고 공기도 좋다는 것이다. 어르신들이 휠체어를 타지 않고 평지를 걸을 수 있는 좋은 장소가 있으면 서로 추천하기로 하고, 점심도 오리 백숙은 부드러워서 어르신들이 잡수시기 좋으니, 불고기보다는 더 나을 것 같다는 의견, 나들이 장소에 도착했을 때 누군가 책임지고 안내를 해야 한다는 의견, 차량에서 간단히 먹을 수 있는 간식도 준비해야 한다는 의견, 간식을 주면 모두 호주머니에 넣어 버리고 잡수지 않는다는 의견 등이 나왔다. 어르신들이 매일 같은 옷에 씻지 않아서 냄새가 많이 나서 부끄러웠다는 의견은 모두 일치했다. 나는 매월 보내는 가정 통신문에 보호자가 기분 나쁘지 않을 문구를 넣어 청결문제를 해결할 수 없는지 제안해 봤고, 샤워실이 있으니 물리치료 시간을 이용해서 하루에 두세 분씩 머리를 감겨 드리고 간단히 샤워 정도만 일주일에 일 회 정도 해 드리면 냄새문제는 해결될 것 같다고 제안했는데, 요양보호사 선생님이 너무 힘들어서 할 수 없다고 했다. 시에서 목욕봉사 차량을 지원받을 수는 없는지도 검토해 줬으면 좋겠다.

<table>
<tr><td rowspan="3">활동 및 진행내용</td><td>15:00~16:00</td><td>요양보호사 선생님이 레크리에이션을 했다. 막대기에 실로 과자를 묶어 보금자리를 세 바퀴 돈 후 손을 대지 않고 입으로 따 먹는 놀이다. 신나는 음악과 함께 어르신들은 재미있게 잘 따라 주셨는데, ㅇㅇㅇ 어르신은 입으로 잘 안 되자 손으로 얼른 따서 입에 넣으셔서 모두 신나게 웃었다.</td></tr>
<tr><td>16:00~17:00</td><td>간식(빵, 두유) 후 운동</td></tr>
<tr><td>17:00~18:00</td><td>귀가</td></tr>
<tr><td>실습생 의견</td><td colspan="2">일일 나들이 후 평가하는 시간을 갖는 것이 많은 의견을 교환하는 좋은 기회였다고 생각한다. 이렇듯 일주일에 한 번 정도는 지도하는 선생님들이 모여서 간담회를 한다면, 좋은 의견을 들을 수 있고, 서로가 마음을 전달하는 좋은 시간이 될 것 같다.</td></tr>
<tr><td>슈퍼비전</td><td colspan="2">평가회는 프로그램을 진행한 후에 필수 적으로 실시하여야 하는 과정입니다. 본인만의 생각과 잣대로 프로그램의 긍정적 효과와 부정적 효과를 모두 알아낼 수는 없습니다. 다른 프로그램을 진행하게 되더라도 평가회는 필수 입니다.</td></tr>
</table>

출처: 화명종합사회복지관 노인주간보호센터(2022).

3. 실습교육 단계

사회복지현장실습 프로그램 기획안에 따라 실습 지도자에 의해 실습을 수행하는 단계이다. 사회복지현장실습교육 단계는 초기단계, 중기단계, 종결단계로 구분할 수 있다. 한국사회복지자협회(2013)의 「표준실습교육매뉴얼」은 노인이용시설의 노인종합복지관에서의 실습교육단계를 다음과 같이 제시하였다.

1) 실습생을 위한 기본 지침

(1) 실습생의 태도

실습기관은 전체 실습교육의 내용을 정리하여 실습일정표를 실습생들에게 미리 제공하고 있다. 실습생은 이를 미리 검토하여 학습의 준비를 함으로써 실습의 효과가 향상될 수 있을 것이다. 실습과정 중 지속적으로 클라이언트의 문제를 규정하고, 관계되는 교재와 문헌을 읽고, 다른 사회복지사들이 클라이언트의 문제를 규정하는 것을 보기도 하고 실습 지도자와 의견을 나누고 기록하도록 한다. 클라이언트와 그 가족에 대한 개입 방법을 실습 지도자와 의논하고 점검하는 적극적인 자세도 중요하다. 실습기간 중 실습과정을 학교의 실습 관련 게시판이나 실습실을 통해 보고하는 것도 좋을 것이다. 실습지도 교수의 방문을 독려할 수 있으며, 실습지도 교수의 기관방문 시 학생에 대한 중요한 정보를 나눌 수 있어 실습생에게 많은 도움이 된다. 물론 실습기관에서는 교수의 방문과 함께 실습생에 대한 학교의 관심을 확인할 수 있으므로 실습생에 대한 인상은 물론 학교에 대한 좋은 인상을 줄 수도 있을 것이다.

(2) 실습지도 회의

실습기간 중 실습생들은 실습 지도자와 정기적으로 만나 지도를 받게 된다. 실습생들은 이를 통해 실습의 목표가 얼마나 달성되는가를 지속적으로 점검하고 실습일정을 확인하도록 한다. 실습생은 이 시간을 위한 준비를 철저히 하고 적극적인 태도를 보이도록 한다. 또한, 실습기간 중 활동하는 모든 것을 문서화하여 기록

한다. 이는 실습 지도자가 실습에 임하고 있는 실습생의 태도나 자세를 지속적으로 점검할 기회가 될 수도 있다.

(3) 실습생 유의사항

실습기간 중 실습생은 실습기관에서는 준사회복지사로서 클라이언트를 직접 대면하고, 한편으로 학교의 대표로서 실습에 임하게 된다. 그러므로 실습생으로서의 기본적 품위를 잃지 않도록 세심하게 챙기도록 한다. 그리고 실습은 기관과 학교 그리고 학생의 공식적인 약속임을 잊지 말아야 할 것이다. 우선 복장이나 시간엄수는 가장 기본적인 요소일 것이다. 출근시간과 약속시간을 반드시 지켜야 하며, 개인적인 사정으로 인한 지각이나 결석은 절대 불가한 일이다. 피치 못할 사정이라도 반드시 미리 연락하도록 한다. 기관에서 서비스나 프로그램 등의 진행에 있어 필요한 조치를 미리 취해야 할 때도 있기 때문이다. 이는 실습생의 태도와 성실성을 평가하는 가장 중요한 요소이다.

(4) 실습생으로서의 신분과 클라이언트와의 관계

클라이언트와 그 가족들에게 실습생의 신분임을 알리는 문제는 윤리적인 성격을 가진 이슈이다. 각 기관에서 규정이나 관계 혹은 지시를 제시하지 않을 경우 실습생이 갈등 상황에 처할 수도 있다(박용권, 2009). 그러므로 실습기관에서는 기관의 규칙이나 특성을 고려함과 동시에 실습생의 입장을 고려하여 실습생 신분의 공개 여부와 역할 등을 분명히 하는 것이 필요하다.

2) 실습교육 초기단계

초기단계에서는 실습생에 대한 교육적 사정을 해야 한다. 실습 지도자는 실습생이 제출한 개인적 정보 외에 개별면담을 진행하며 실습생의 전공과 관련된 이전의 경험, 지식의 정도, 관심사, 학습동기 등을 조사하고, 이를 바탕으로 실습계약을 맺도록 한다.

① 초기단계 실습교육의 초점

- 실습초기에 사회복지 지식만큼 강조되어야 하는 것은 사회복지사 윤리강령에 입각한 실습생의 업무태도와 자세
- 기관의 기능적 측면에 대한 이해와 조직성원으로서의 근무규칙에 적응
- 기관의 환경 및 기관 이용자에 대한 이해
- 문서 작성, 각종 보고서 등의 기초적인 업무수행 능력 습득
- 실습 프로그램에 대한 계획 수립
- 사례관리(개별지도), 집단지도, 지역사회개발 등의 계획 수립

② 초기단계에 적합한 실습교육 내용

● 실습 오리엔테이션

– 사전 오리엔테이션에서 지역사회와 기관에 대한 소개가 진행되었음을 전제로 하여 사전 오리엔테이션의 내용을 재확인하므로, 조직 구성원으로 소속감을 갖도록 하는 것이 필요하다.

– 실습 오리엔테이션에서는 실습생의 실습과 관련된 세부적인 내용에 대한 안내를 실시한다.

- 실습과정의 구체적인 일정에 대해서 안내
- 습기관의 미션과 지역사회의 주요 이해관계자에 대한 이해 재검토
- 기관의 업무처리 절차에 대한 안내 및 실습과정에서 사용되는 서식과 기관의 행정절차 및 서류서식에 대한 소개
- 기관의 자원에 접근할 수 있는 방법 안내(시설, 업무환경 등)
- 실습기관의 직원과 동료실습생에 대한 소개
- 실습내용에 대한 안내, 실습업무에 대한 평가내용, 시기, 방법에 대한 안내

● 실습생에 대한 안전교육

✎ TIP: 사무실에서의 안전지침에 대한 안내

- 기관의 안전정책을 실습 전에 자세하게 안내해 준다.
- 가능한 잠재위험이 있는 클라이언트와 직접 관련된 업무는 실습생에게 할당하지 않도록 한다.
- 폭력 전과가 있거나 위협을 줄 수 있는 행동을 보여주는 클라이언트와 일할 경우는 실습 지도자나 기관의 다른 직원이 동행하도록 한다.
- 무기로 사용될 수 있는 모든 물건(펜, 스테이플러, 서진 등)을 업무환경에서 유의하도록 안내한다.
- 실습초기의 경우는 실습생들이 공통적으로 업무하는 환경을 조성하여 상호 간에 도움이 될 수 있도록 한다.
- 위험상황에 대처하는 방법과 절차를 안내(즉각 실습 지도자에게 보고하거나, 위험 시 비상연락망 등에 대한 안내)한다.
- 실습생의 소지품을 보관할 수 있는 사물함을 제공하거나 잠겨 있는 곳에 보관할 수 있도록 한다.

✎ TIP: 가정방문 시 안전지침에 대한 안내

- 첫 가정방문 시에는 실습 지도자가 함께 가정방문을 하여 실습생으로 하여금 효과적인 가정방문을 통한 면접과 가정방문의 안전수칙에 대해서 학습할 기회를 주는 것이 좋다.
- 실습 지도자가 가정방문에 동행하지 않을 경우, 실습생 혼자 가정방문하는 것은 지양하며, 다른 실습생들과 함께 가도록 한다.
- 실습생이 가정방문을 할 경우, 방문가정의 기본적인 사항에 대해서 안내해 주고 위험요소가 있다면(가족 성원, 가축, 주변 환경 등) 사전에 알려 주도록 한다.
- 실습생이 클라이언트의 가정에 방문을 할 경우, 언제, 어떤 목적으로 누구와 방문하는지 사전에 클라이언트의 동의를 받고 협조를 구하도록 한다.
- 가정방문이 종료되면 즉각 실습 지도자에게 보고하도록 한다.
- 가정방문 시 방이나 부엌에서 클라이언트와 이야기하는 것을 피하도록 한다.
- 클라이언트가 음주상태이면 면담을 유보하고 집에서 즉시 나오도록 한다.
- 방문 후 기록 등의 서류업무는 그 가정에서 하지 않도록 한다.

✎ TIP: 클라이언트와의 업무 시의 안전지침에 대한 안내

- 분노하고 저항하는 클라이언트에 대한 안전지침을 안내한다.
- 조용하고, 침착하며, 단호한 자세를 유지한다. 놀람, 적의, 고통, 방어 등을 보이지 말고, 클라이언트에게 단순하고 직접적인 문장으로 말한다.
- 클라이언트에게 긍정적 선택을 제공한다(예: 우리가 마주 앉아서 이 문제를 논의할 수 있도록 내 책상 앞으로 가까이 와 주시기 바랍니다).
- 클라이언트를 환기진정시키며, 생각할 시간을 갖도록 상호작용의 속도를 늦춘다.
- 클라이언트와의 신체접촉을 피한다.
- 클라이언트에게 충분한 개인적 공간을 주기 위해 둘 사이의 공간을 충분히 확보한다.
- 클라이언트를 앉히도록 모든 노력을 한다. 앉는 것이 불가능하다면 둘 사이의 공간을 충분히 두고, 기동할 수 있는 충분한 공간을 확보하기 위해 클라이언트 중심에서 멀리 떨어진다.
- 공격을 받으면 최소한의 힘을 사용한다. 클라이언트를 억제하거나 본인이 풀려나는 데 필요한 힘만을 쓰고, 도움을 얻기 위해 다른 곳으로 이동한다.

● 제도와 정책 및 조직의 문화에 대한 안내

- 실습은 기관의 구성원으로서 역할을 수행하는 과정을 경험하는 것이므로 업무와 관련된 제도와 정책, 실습기관의 업무규칙 및 운영원칙, 조직의 문화에 대해 안내한다.
  - 실습업무를 수행하기 위한 법적 배경지식에 대한 이해를 도모하기 위한 교육을 진행한다.
  - 실습기관에 대한 운영규정 및 제도적인 지침에 대해서 안내하므로 실습의 내용이 맥락적인 상황에서 이해될 수 있도록 한다.
  - 실습기관의 환경적인 영향 요인에 대해 안내한다. 실습기관 조직 외부의 다양한 환경적인 영향이 실습기관과 현재의 실습업무에 미치는 영향에 대해 이해할 수 있도록 한다.
  - 조직의 전반적인 분위기에 대해서 안내한다. 실습 초기단계에는 구두로만 설명하면 충분히 이해되지 않을 수 있으므로, 실습생이 보고 느끼며

생각한 부분을 말해 보도록 하면서 기관의 문화 및 분위기에 대해서 실습생이 구조화해 볼 수 있게 한다.

● 실습 공통교육

- 공통교육이라는 의미는 실습기관의 유형이나 특성과 무관하게 공통적으로 진행되어야 하는 교육의 내용을 의미하는 것으로, 아래의 내용을 모두 진행할 수도 있으며 학생의 현 상황 및 기관의 업무 상황을 고려하여 다른 교육을 추가하거나, 학생이 교과목을 이수하여 별도의 교육이 요구되지 않을 경우는 아래 교육의 일부는 제외할 수 있다.
  - 사회복지 윤리강령에 대한 이해 및 윤리적 민감성을 위한 교육
  - 사회복지실습기관 재무회계규칙에 대한 이해와 예산결산 현황 교육
  - 문서 작성 및 행정업무 절차에 대한 교육
  - 사회복지 기록에 대한 교육
  - 사회복지 자원의 네트워킹의 이해 및 활용을 위한 교육
  - 프로포절 작성과 관련된 교육

③ 초기단계의 실습과제

실습교육의 효과를 제고하기 위해 실습생들에게 과제를 부여한다. 다만, 과제물이 과도하여 실습시간 외에 많은 시간을 할애하는 것은 지양하여야 한다.

● 실습과제

- 윤리적인 민감성을 고양하고 윤리적인 실천을 지향할 수 있도록 사회복지사 윤리강령을 토대로 실습생 각자의 윤리강령을 작성해 보도록 한다.
- 기관분석 보고서, 지역사회(사정)분석 보고서, 지역사회지도 그리기 등을 해 본다.
- 초기 교육내용에 대한 실습업무의 적용점을 생각해 본다.

- 매회 실습일지 작성해 본다.
- 업무 관련 정책이나 규정 등에 대한 비판적인 고찰해 본다.

● 활용서식

- 초기단계에서 활용될 수 있는 서식은 실습생 실습일지, 기관분석 보고서, 지역탐방 보고서, 실습지도 기록서이며, 사회복지사 윤리강령이나 각종 업무 관련 법령집 등을 참고할 수 있다.

④ 초기단계의 실습 지도자의 역할

• 초기단계에서는 실습 지도자와 실습생 간의 신뢰를 다지는 단계이며, 실습생별 맞춤형 및 개별화를 이루는 단계

• 교육적 역할

- 실습생이 업무에 익숙하도록 돕기 위해 필요한 지식과 기술을 제공한다.
- 실습생의 학습을 위해 '가르치기', '배움 촉진하기', '경험과 지식 나누기', '정보 제공하기', '명확화하기', '충고하기', '제안하기' 등의 기법을 활용하여 학습을 촉진할 수 있다.
- 관련된 논문, 보고서, 저서, 기관연구물 등을 공유하여 실습업무에서 요구되는 지식과 기술의 이해를 촉진할 수 있다.
- 업무 관련 서류나 프로그램 관찰, 교육 및 직원을 모방하는 기회를 제공할 수 있다.

• 행정적 역할

- 실습생이 수행해야 하는 역할과업과 실습생의 권한에 대해 이해하도록 한다.
- 실습생들에게 실습의 효과적인 작업환경(예: 실습공간, 실습도구 등)을 제공하기 위해 안내한다.

- 기관의 다양한 자원, 정책, 규정, 절차를 이해할 수 있도록 알려 준다(예: 기관규정집, 직원교육 자료집, 직무 수행서 등 제공 및 교육).
- 기관의 자원에 효과적으로 접근하고, 조직의 구조와 자원을 효과적으로 활용한다.
- 실습생의 강점과 약점을 고려하여 실습과업을 계획 배분한다.
- 실습생과 효과적이고 효율적인 의사소통을 위해 대면접촉, 전화, 이메일, 문자, 보고 서, 일지 등을 적절하게 활용한다.

• 지지적 역할

- 실습생에게 실습 만족감을 지원하기 위해 초기 라포르를 형성한다.
- 실습 초기의 긴장과 스트레스를 감소시키기 위해 지지적 역할을 한다.
- 초기에는 작은 성공에 대해서 적절한 시점에 구체적으로 칭찬하고 인정함으로써 자신감을 갖게 한다.
- 실습생이 잘못한 일에 대해서는 방향과 교정적인 피드백을 즉각 제시해 주면서 위축되지 않도록 배려한다.
- 초기 실습업무의 부담을 완화하기 위한 지지적인 개입을 한다.
- 실습생의 초기 긴장완화를 도우며 자신감과 동기화를 촉진한다.

〈예시 19〉 노인종합복지관에서의 실습교육 사전 단계

<table>
<tr><th>단계</th><th>사전준비단계
(준비단계)</th></tr>
<tr><td>단계의 목표</td><td>• 실습생의 입장
– 사전 방문을 통한 실습기관(노인종합복지관)에 대한 이해 및 실습 진행 일정 파악
– 새로운 실천지식을 배우기 위한 자세 확립
• 실습기관의 입장
– 사회복지의 새로운 경향과 기술 및 지식을 접하는 기회 제공을 위한 사전계획을 수립
– 실습생에 대한 사전 이해 및 실습 준비</td></tr>
<tr><td>주요일정 및 내용</td><td>1. 실습 교육 구성내용
<table>
<tr><th></th><th>실습내용</th><th>과제물</th><th>사회복지
현장실습</th><th>실습지도의 초점</th></tr>
<tr><td></td><td>1. 오리엔테이션
• 실습기관 및 지역사회 이해를 위한 지도
• 대상 집단의 이해
• 기관실무자 역할 및 직무 이해 지도
• 실습생의 자세와 역할
• 실습일정과 과제 안내</td><td>• 각 내용에 따른 보고서 및 일지 작성 제출
– 기관분석 보고서
– 지역사회조사 보고서
– 기관의 주요 업무 분석</td><td>초기단계
(1주)</td><td rowspan="2">• 실습자세와 역할의 중요성 강조
• 실습생의 근태관리</td></tr>
<tr><td></td><td>2. 행정업무
• 각종 기안서 작성 및 결재 과정 참여
• 기관운영과 관련된 규정 검토
• 예 · 결산서 작성 연습</td><td>• 실습내용에 대한 실습생의 의견서 및 관련 서식 작성 제출</td><td>초기단계
(1주)</td></tr>
<tr><td></td><td>3. 노인복지 이해
• 노인복지에 대한 이해
• 노인에 대한 이해
• 노인종합복지관에 대한 이해
• 노인복지사업에 대한 이해</td><td></td><td>중간
전기단계
(2주)</td><td>• 지식과 기술의 교육훈련을 통해 실습생 자신감 고취
• 실습 지도자에 대한 의존도 경감
• 실습동료와의 전문적 관계 증진
• 업무 관련 지원</td></tr>
</table>
</td></tr>
</table>

단계	사전준비단계 (준비단계)				
		실습내용	과제물	사회복지 현장실습	실습지도의 초점
		4. 사례관리 • 사례접수 • 사례회의 • 자원연결 • 개입 • 사후관리	• 자료와 기록 제출	중간 후기단계 /종결단계 (3, 4주)	• 실습 중 학습한 실천기법의 정교화 단계 • 실습과정과 관계의 종결 준비 • 실습목표 달성 정도, 전문가로서의 자아 성장 정도 파악
		5. 집단지도 • 소집단지도 • 대집단 프로그램	• 집단 프로그램 계획서 • 활동기록	중간 후기단계 /종결단계 (3, 4주)	
	선택	6. 지역복지 및 정책개발 • 지역사회조직 • 정책개발 및 평가 • 사회행동, 홍보, 옹호 등	• 과정기록 • 계획서 및 평가서	중간 후기단계 /종결단계 (3, 4주)	
주요일정 및 내용		• 개별상담 • 가족상담 및 치료 • 프로포절 작성 • 사회조사 • 타 기관 방문 • 지역탐방	• 기록 및 보고서	중간 후기단계 (3주)	

※ 노인종합복지관에 필요한 교육내용

- 노인복지정책과 노인종합복지관의 이해
  - 노인복지의 이해
  - 노인복지정책의 이해
  - 노인종합복지관에 대한 이해
- 노인종합복지관 사회복지사의 윤리의식
  - 사회복지윤리와 직업윤리
- 노화와 노년기 건강관리
  - 노화의 이해
  - 노인성 질환, 신체질환, 정신질환의 이해
- 노년기의 영양관리와 일상생활의 지원
- 노인과의 의사소통과 상담
- 노인의 사회참여와 역량 강화

단계	사전준비단계 (준비단계)
주요일정 및 내용	• 노인의 자살예방과 죽음 준비교육 • 노인인권과 학대 예방 • 사례관리 　– 사례접수, 사정, 계획, 실행, 점검 및 조정, 종결 • 지역사회자원과 서비스 연계 2. 실습계획서 작성 • 실습교육 구성내용을 참고하여 구체적, 세부적인 계획을 160시간으로 수립하여 작성 • 실습계획서의 작성: 실습계획서에 기본적으로 담길 내용 　– 실습의 목적 및 목표 　– 실습생 범위, 대상, 인원 　– 실습기간 및 시간 　– 실습(수행)장소 　– 실습비용 　– 실습일정 　– 실습 지도자 3. 실습생 모집, 면접, 선발 ① 실습생의 모집 　• 모집방법 　　– 사회복지 관련 학과 설치 대학에 실습생 모집홍보 공문 발송 　　– 홈페이지 공지(모집인원, 일정, 면접일정 등) 　　– 한국사회복지사협회 홈페이지에 기관의 아이디와 패스워드를 입력함 후 '취업정보 > 현장실습'에 홍보 　• 모집내용 　　– 기관소개, 실습진행 일정, 실습내용, 실습인원, 실습접수기한, 선정방법, 문의전화, 담당자 등의 카테고리별로 실습생들이 참고할 만한 내용을 담은 글 게시 ② 실습생의 면접 　• 면접방법 　　– 기관 방문 실습담당자와 실습생의 1:1 면접 　• 면접내용 　　– 실습생: 기관 방문으로 기관 분위기의 확인, 문의사항 질의 　　– 실습기관: 실습생의 해당 기관 실습의 적격 여부 확인 　• 면접기준 　　– 실습을 수행하기 위한 교과목 이수 여부 　　– 신청서 충실 및 관련 분야 적합도, 자기표현 능력, 봉사경험, 태도 및 자질

단계	사전준비단계 (준비단계)
주요일정 및 내용	③ 선발: 서류전형, 면접을 통해 실습생 선발 ④ 실습에 따른 사전 준비사항 • 오리엔테이션 자료 준비(기관 리플릿, 소식지, 명찰, 실습계획서 및 일정표 등) • 실습생 배치부서 담당자 업무 공유 • 사전 섭외: 타 기관 방문 섭외
실습 지도자의 역할	• 실습계획서 작성 • 실습생 모집 홍보물 게시(홈페이지/학교 등) • 실습생 선발, 확정 연락 • 개인정보 수집 및 이용 동의서 및 실습계약서 작성
실습생의 역할	• 실습신청서 작성하여 실습기관 제출 • 성실한 면접 후 실습계약서 작성 • 학교 사회복지학과 사무실에 통보하여 실습 협조요청 공문 발송
진행 포인트	☞ 실습생과 실습담당자의 사전 면접이 중요. 실습기관에 대한 이해를 사전에 가짐으로써 실습 초기에 발생할 수 있는 부적응을 예방 ☞ 실습생이 실습목표에 맞게 진행할 수 있도록 바른 안내
해당 서식	※ 실습계획서 ※ 실습생 모집 홍보 게시 내용 ※ 개인정보 수집 및 이용 동의서 ※ 실습계약서

〈예시 20〉 초기단계

<table>
<tr><th>단계</th><th>초기단계
(오리엔테이션, 노인 및 노인복지사업의 이해)</th></tr>
<tr><td>단계의 목표</td><td>• 실습생의 입장
– 기관 및 노인/노인복지사업에 대한 이해
– 노인복지사업의 설치 운영의 이해
– 실습의 신속한 초기 적응
– 보고서 작성방법 익히기
• 실습기관의 입장
– 노인 및 노인복지사업을 이해할 수 있도록 지도
– 실습의 바른 이해를 할 수 있도록 전체 과정에 대한 안내를 통해 실습의 범위와 목표 제시
– 실습생이 바른 적응을 할 수 있도록 세심한 관심 가지기</td></tr>
<tr><td>주요일정 및 내용</td><td>1. 1일 일정 구성(안)
※ 4주 전체 과정의 1일 시간대 일정 유사
<table>
<tr><th>구분</th><th></th><th></th></tr>
<tr><td>09:00~10:00</td><td>일일조회, 기본교육</td><td>* 전날 실습일지 제출</td></tr>
<tr><td>10:00~12:00</td><td>오전 실습 진행</td><td></td></tr>
<tr><td>12:00~13:00</td><td>점심시간</td><td></td></tr>
<tr><td>13:00~17:30</td><td>오후 실습 진행</td><td></td></tr>
<tr><td>17:30~18:00</td><td>일일평가 (소감)</td><td></td></tr>
</table>
2. 초기단계 실습일정 구성

3. 진행내용별 세부사항
① 오리엔테이션
• 목적: 사회복지현장실습 중 학습할 지식, 기술, 태도 등과 실습기관 및 일정 소개로 전체 과정에 대해 인식하고 시행착오를 최소화하기 위함
• 내용
– 전체 실습일정 및 내용 안내
– 기관의 실습방침과 방향 안내
– 과제 및 보고서 등의 절차나 서식 미리 제시
– 실습생의 자세와 역할
– 실습 시 준수사항 안내
– 실습생의 실습목표 구체화</td></tr>
</table>

<table>
<tr><th>단계</th><th>초기단계
(오리엔테이션, 노인 및 노인복지사업의 이해)</th></tr>
<tr><td>주요일정 및 내용</td><td>② 기본 이론 교육
• 목적: 1) 노인 및 노인복지사업에 대한 바른 인식을 통해 노인종합복지관을 이해할 수 있음.
2) 사회복지현장의 실제 업무를 적절히 관리하고, 전문적 기록을 유지·보관할 수 있는 공문서 작성법 교육
• 초기단계 내용
– 주요내용: 노인종합복지관 설치 운영의 이해, 노인에 대한 이해 및 노인체험, 공문서 작성방법 등
– 주요방향: 초기단계 교육은 노인복지사업의 전체적인 과정을 인식할 수 있는 대상과 정책에 대한 이해를 중심으로 함

③ 현장 참여 실습
• 목적: 노인복지사업의 다양한 현장에 대한 이해를 돕기 위해 부서별 실습을 통하여 전체 기관에 대한 균형감 있는 이해 도모
• 초기단계 내용
– 주요내용: 각 사업단 영역의 다양한 현장 참여 및 체험
– 주요방향: 1일 1개 팀의 다양한 노인복지사업 업무 참여
사업별 담당직원(사회복지사 등)의 밀착교육 및 현장 배치 지도

④ 일일평가
• 목적: 현장에 대한 실습의 이해가 부족한 부분을 채울 수 있는 시간으로 궁금증과 실습 소감에 대한 실습 지도자의 피드백을 통해 새로운 지식 습득
• 내용
– 개인별 일일 실습 소감 나누기
– 실습 지도자와 실습동료가 피드백해 주기</td></tr>
<tr><td>실습 지도자의 역할</td><td>• 실습계획과 일정에 맞춘 실습 진행
• 일일 실습 소감 피드백
• 실습생 일일평가 진행, 실습일지 점검(매일)</td></tr>
<tr><td>실습생의 역할</td><td>• 일일 실습 과정의 성실한 참여, 실습일지 작성
• 실습동료, 직원 간 라포르 형성을 위한 노력
• 과제물에 대해 이해하여 준비</td></tr>
<tr><td>진행 포인트</td><td>☞ 실습일정에 맞추어 진행하고 기관의 규범에 따라 복장 등 유의
☞ 과제물 제출 시기 등 정확한 공지
☞ 기관에서 습득한 기관 및 클라이언트에 대한 정보 누설 방지</td></tr>
<tr><td>해당 서식</td><td>※ 실습계획서
※ 교육자료
※ 실습기관 분석보고서 서식</td></tr>
</table>

3) 실습교육 중기단계

(1) 중기단계 실습교육의 초점

실습 중기는 실습 초기의 긴장이 완화되면서 실습 지도자에 대한 모방을 통해 학습이 점차 심화되어 가는 단계로, 실습생의 실습 지도자에 대한 의존도를 줄이면서 전문적인 성장을 위한 과업과 과제 부여 및 역할을 수행할 수 있도록 해야 한다.

학교에서 배운 지식과 기술을 구체화하고 정밀화하면서 실습생의 자신감을 고취시켜 야 한다. 실습 지도자에 대한 의존도를 경감시키고 실습 동료 및 클라이언트와의 전문적 관계를 촉진시켜 줄 수 있어야 한다. 실습 지도자는 자신의 실습지도방법에 대한 평가를 토대로 부족한 부분을 보완해야 한다.

(2) 중기단계에 적합한 실습교육 내용

중기단계는 초기단계의 실습을 토대로 보다 전문적이며 세부적인 내용을 경험하게 하며, 그 과정에서 실습내용의 중요도를 고려하여 다양한 실습내용 중 어떤 것에 보다 에너지를 투여해야 하는지 우선순위를 분명히 하는 것도 필요한 과업임을 지도한다.

- 사례관리(개별지도)와 관련된 기능
- 집단 및 개별 프로그램 진행과 관련된 기능
- 지역사회와 관련된 기능
- 윤리적 민감성 및 인권 관련 내용
- 타 기관 방문 및 우수 프로그램에 대한 탐색을 통한 적용점 도출 및 논의
- 실습영역 관련 사회이슈 분석과 프로그램 개발
- 영상으로 사회복지 이해하기(영화 보고 토론)

• 중간평가

– 실습기간 중반이 되는 시점에 진행하는 것이 적절하다. 실습생이 작성한 실습 중간평가서를 토대로 수행 정도를 객관적으로 평가하고 실습지도를 통해 목표 점검과 해결방안, 실습생에 대한 격려와 지지를 통해 교육 효과를 향상하려는 목적을 가진다.

– 실습의 목표달성 정도와 실습 시 어려운 점과 애로사항, 실습 슈퍼바이저에 대한 건의 등이 포함되어야 한다. 중간평가에 대한 결과는 실습생, 기관 현장지도를 나온 실습지도 교수와 공유할 수 있다.

– 발표한 실습 평가내용에 대하여 '실습생 간 동료슈퍼비전'도 진행 가능하지만, 실습 중간단계 진입한 시기이기 때문에 동료 간의 슈퍼비전은 제한적으로 적용하는 것이 좋을 수도 있다.

✎ TIP: 실습지도과정에서의 윤리적 실천에 대한 점검

• 실습교육의 중간단계에 진행되는 '중간평가'에서는 실습생이 평가하는 '실습과정'과 '실습생 자신에 대한 평가'뿐만 아니라 기관 및 실습 지도자에 대한 건의가 담겨 있기 때문에 중간평가서의 내용을 토대로 실습생과 개별적인 피드백을 주고받아야 한다.
• 실습 중간시점에서는 중간평가 외에 실습의 전반적인 과정이 윤리강령에 입각하여 합치되는지 고려해야 한다.
• 클라이언트의 권리, 동료와 상사에 대한 윤리적인 이슈, 전문가로서의 자세 등 윤리강령에 제시된 내용을 토대로 어떤 부분이 잘 준수되었으며 어떤 부분이 더욱 보완되어야 하는지에 대해서 평가하므로 중기단계 이후에 발전적인 방향을 모색하는 것이 필요하다.

(3) 중기단계의 실습과제

사회복지현장실습 필수 선택과제가 있다. 필수 선택과제는 3가지 영역중 반드시 한가지를 선택하여 과제를 작성해야 된다.

- 프로그램별 과정참여 보고서, 사례분석 및 계획, 집단 프로그램 기획, 중간평가서, 진행일지 등의 과제를 부여할 수 있다.
- 기관에 따라 타 기관 방문을 실시한 경우 타 기관 방문 보고서 등의 과제를 제시 가능하다.
- 특별히 부서 심화실습의 경우에는 지역사회를 중심으로 한 사회조사 보고서도 작성할 수 있다.
- 활용서식
  - 과정참여 보고서
  - 중간평가서
  - 기관분석 보고서
  - 사례관리 관련 서식(예: 계획서, 진행일지, 종결기록서)
  - 소집단지도 관련 서식(예: 집단지도 계획서, 과정일지, 개별회원 분석표, 종결기록서)
  - 대집단지도 및 프로그램 계획 관련 서식(예: 프로그램 계획서, 프로그램 평가서)
  - 사회조사 관련 서식(예: 사회조사 계획서, 진행일지, 분석 평가서)
  - 사회복지현장실습 필수 선택과제 사회복지현장실습과정 중 필수 선택과제가 있다. 필수 선택과제는 3가지 영역 중 반드시 한가지를 선택하여 과제를 작성해야 된다.

    ㅁ 사례관리, 집단지도, 지역복지 및 정책개발

〈표 19〉 사례관리, 집단지도, 지역복지 및 정책개발

필수 선택: 아래의 3가지 서식 중 반드시 하나의 서식을 선택하여 작성바람		
구분	실습내용	과제물
필수 선택	12. 사례관리 [대상자 1명, 사례관리 총 3회] 1) 사례접수(intake) 2) 사례회의 3) 자원연결 4) 개입 5) 사후관리	각 내용 중 실습내용에 해당되는 자료와 기록을 작성 제출
	13. 집단지도 1) 소집단지도(집단 역동성 중심의 프로그램) 2) 대집단프로그램 (프로그램 개발과 운영, 캠프, 자원봉사관리 등)	집단 프로그램 계획서와 집단지도 및 활동기록을 작성 제출
	14. 지역복지 및 정책개발 1) 지역사회조직(지역자원개발, 주민조직화, 주민교육, 복지 네트워크 구축 등) 2) 정책개발 및 평가 3) 사회행동, 홍보, 옹호 등	과정 기록, 계획서 및 평가서 등을 작성 제출

(4) 중기단계 실습 지도자의 역할

중기단계에서는 실습목표와 관련된 실습내용 및 역할에 대한 평가를 실시하며, 초기단계에서 수립했던 실습목표를 점검하고, 중간 시점까지 수행한 실습내용 및 역할을 요약하고 평가하며, 평가를 토대로 향후 계획을 기술하게 한다.

- 실습생의 업무 태도 및 자세에 대한 피드백
  - 슈퍼바이저는 실습생이 실습에 임하는 태도와 노력 여부를 객관적으로 평가하려고 노력한다.
- 실습 교육내용의 정교화
  - 실습생이 실습을 통해 배운 지식과 기술, 태도와 가치 등에 대해서 구체화하면서 확고히 하도록 지도한다.
- 앞으로 더 필요한 지식과 기술
  - 실습생에게 필요한 지식과 기술에 대해서 객관적으로 평가할 수 있어야 한다.

• 실습에서 어려웠던 점
 – 슈퍼바이저는 실습생이 어려웠던 점을 비난하지 않아야 하며, 수용적인 자세를 유지해야 한다.
• 기관 및 실습 지도자에게 건의할 점
 – 슈퍼바이저는 실습생의 의견을 실습 총괄 슈퍼바이저나 기관에 전달하여, 사회복지현장실습이 발전할 수 있도록 한다.
• 교육적 역할
 – 활용기법과 이론 적용에 대한 토론 및 피드백
 – 대상자(Client)에 대한 윤리적 이슈 논의
 – 실습생별 지식과 기술의 갭을 완화하기 위한 개별과제 부여
 – 레코딩을 통한 교육적 슈퍼비전
 – 지식과 기술 증진
• 행정적 역할
 – 업무 할당의 적절성에 대한 평가로써 조정
 – 대상자(Client) 중재: 의사소통 촉진
 – 실습대학 연결
• 지지적 역할
 – 강점 확인과 인정
 – 실습 초기 성과에 대한 긍정적 피드백
 – 소진 방지와 만족감 증진
 – 갈등에 대한 해결

〈예시 21〉 중간전기단계

단계	중간전기단계 (프로포절 작성교육 및 중간평가 회의)
단계의 목표	• 실습생의 입장 – 기관의 문제점 및 노인에 대한 분석을 통한 프로그램 개발 – 노인종합복지관 각 사업 부서에 대한 전문화된 이해 도모 – 중간평가를 통해 실습이 잘 진행되고 있는지 본인 스스로 점검. • 실습기관의 입장 – 타 기관 방문을 통한 실습생 견문 넓히기 및 노인복지사업의 이해 증진 – 중간평가를 실시하여 스스로 실습의 방향을 설정할 수 있도록 진행
주요일정 및 내용	1. 중간전기단계 실습일정 구성 2. 진행내용별 세부사항 ① 기본 이론 교육 및 현장 참여 실습 • 목적: 1) 노인복지사업의 다양한 현장에 대한 이해를 돕기 위해 부서별 실습을 통하여 전체 기관 사업에 대한 균형감 있는 이해 도모 2) 사회복지기관이 수행하고자 하는 프로그램의 내용을 설명하는 사업제안서를 만드는 방법 이해 3) 다양한 노인복지사업을 이해하고 견문을 넓히는 기회를 제공 • 중간전기단계 내용 – 주요내용: 프로포절 작성 교육, 타 시설 기관 방문 – 주요방향: 1) 실습생이 생각하고 있는 현 기관의 노인에 대한 분석을 통한 프로포절 작성 및 사업의 중요성 재인식 2) 타 시설(노인요양시설 등) 기관을 방문하여 노인복지사업의 이해를 증진시킴 ② 현장 참여 실습 • 목적: 노인복지사업의 다양한 현장에 대한 이해를 돕기 위해 부서별 실습을 통하여 전체 기관에 대한 균형감 있는 이해 도모 • 중간전기단계 내용 – 주요내용: 각 사업단 영역의 다양한 현장 참여 및 체험 – 주요방향: 1일 1개 팀의 다양한 노인복지사업 업무 참여 사업별 담당직원(사회복지사 등)의 밀착교육 및 현장 배치 지도 ③ 일일평가 • 목적: 현장 실습에서 이해가 부족한 부분을 채울 수 있는 시간으로 궁금증과 실습 소감에 대한 실습 지도자의 피드백을 통해 새로운 지식을 습득한다. • 내용 – 개인별 일일 실습 소감 나누기 – 실습 지도자와 실습동료가 피드백해 주기

단계	중간전기단계 (프로포절 작성교육 및 중간평가 회의)
주요일정 및 내용	④ 중간평가 • 목적: 실습 중간평가를 통해 실습생은 실습이 잘 진행되고 있는지를 본인 스스로 평가할 수 있으며, 진행한 실습내용을 실습 지도자, 동료실습생, 직원과 함께 수정 · 보완할 수 있음 • 내용 – 실습목표와 관련된 실습내용 및 역할에 대한 평가 – 실습에 임하는 자세 및 노력 – 실습을 통해 배운 점 – 앞으로 더 필요한 지식과 기술 – 실습에서 어려웠던 점 – 기관 및 실습 지도자에게 건의할 점
실습 지도자의 역할	• 다양한 노인복지사업을 이해하고 견문을 넓히기 위하여 타 기관 방문을 위한 행정적 조치 • 사회복지기관이 수행하고자 하는 프로그램의 내용을 설명하는 사업 제안서를 만드는 방법을 이해할 수 있도록 교육계획 수립 • 실습생 일일평가 진행, 실습일지 점검(매일)
실습생의 역할	• 일일 실습 과정의 성실한 참여, 실습일지 작성 • 부서별 실습 담당자의 인솔에 따른 능동적 참여 • 사회복지사업 제안서 만드는 방법을 이해
진행 포인트	☞ 실습생의 타 시설 방문을 통해 견문을 넓히기 위한 사전 행정적 조치 ☞ 사업제안서(프로포절) 작성법 교육을 통해 노인에 대한 문제분석 파악 ☞ 중간평가를 통한 실습목표를 다시 한번 체크
해당 서식	※ 프로포절 작성법 교육 자료 ※ 중간평가서

〈예시 22〉 중간후기단계

<table>
<tr><th>단계</th><th>중간후기단계
(노인대학 프로그램 체험 및 개발, 노인자원봉사관리 이해, 사례관리 등)</th></tr>
<tr><td>단계의 목표</td><td>• 실습생의 입장
– 노인종합복지관 핵심사업인 사회교육 프로그램의 바른 이해를 통해 장 · 단점 파악
– 사회복지사업의 자원봉사활동의 중요성 인식 및 봉사자 관리방법 연구
– 노인복지사업의 '사례관리'에 대한 이해 도모
• 실습기관의 입장
– 사회교육 프로그램의 바른 인식을 통한 프로그램 개발
– 노인자원봉사활동 영역 및 봉사자 관리방법 공유
– 사례관리에 대한 개념 및 실습과정 지도</td></tr>
<tr><td>주요일정 및 내용</td><td>1. 중간후기단계 실습일정 구성

2. 진행내용별 세부사항

① 기본 이론 교육 및 현장 참여 실습
• 목적: 1) 노인의 사회활동 참여의 기회 확대와 활성화 방안 모색
2) 복지관 사업을 진행함에 있어 요구되는 자원봉사자에게 다양한 교육훈련과 의사소통기회를 제공하여 기관의 업무를 이해하고, 이를 통해 사회참여의 욕구와 개인적 만족감을 성취할 수 있도록 자아실현 기회 제공
3) 클라이언트 방문, 상담 및 사례관리의 제반 과정에 대한 체험
• 중간후기단계 내용
– 주요내용: 노인대학 프로그램 및 개발, 자원봉사자 관리에 대한 이해
노인대상자 사례관리의 이해
– 주요방향: 1) 노인들의 요구 및 특성에 맞는 다양한 프로그램을 개발하여 서비스 제공
2) 각 영역의 자원봉사활동에 대한 바른 인식 제공
3) 1명의 대상자를 실습생에게 연결시켜 직접 사례관리 지원체계를 완결성 있게 경험해 볼 수 있는 과정으로 진행

② 현장 참여 실습
• 목적: 노인복지사업의 다양한 현장에 대한 이해를 돕기 위해 부서별 실습을 하여 전체 기관에 대한 균형감 있는 이해 도모
• 중간후기단계 내용
– 주요내용: 각 사업단 영역의 다양한 현장 참여 및 체험
– 주요방향: 1일 1개 팀의 다양한 노인복지사업 업무 참여
사업별 담당직원(사회복지사 등)의 밀착교육 및 현장 배치 지도</td></tr>
</table>

단계	중간후기단계 (노인대학 프로그램 체험 및 개발, 노인자원봉사관리 이해, 사례관리 등)
주요일정 및 내용	③ 일일평가 • 목적: 현장 실습에서 이해가 부족한 부분을 채울 수 있는 시간으로 궁금증과 실습 소감에 대한 실습 지도자의 피드백을 통해 새로운 지식을 습득 • 내용 – 개인별 일일 실습 소감 나누기 – 실습 지도자와 실습동료가 피드백해 주기 – 실습과제물 중간 점검 실시 – 실습의 참여 고충처리
실습 지도자의 역할	• 사회교육 프로그램의 현 상황 및 긍정적 · 부정적 측면 바른 전달 • 기관이 필요한 자원봉사활동 모집사례 소개 • 기관의 외부 자원을 발굴, 활용하는 것에 대한 경험의 기회 제공 • 사례관리에 관한 교육(사례관리 서식지 사용방법, 노인상담기법 등)
실습생의 역할	• 일일 실습 과정에 성실하게 참여하고 실습일지에 작성 • 노인복지 사회교육 프로그램 현황 알아보기 • 자원봉사활동을 강화할 수 있는 지지를 위한 방법 모색하기 • 대상자를 방문, 상담하여 사례관리 서식지에 입각한 내용 작성, 수정, 보완
진행 포인트	☞ 자원봉사활동의 모집사례를 설명할 수 있는 교육자료 준비 ☞ 사례관리의 개념을 명확하게 인식할 수 있도록 지도 편달
해당 서식	※ 자원종사관리 교육자료 ※ 사례관리 서식

4) 사회복지현장실습의 종결 및 평가단계

(1) 종결단계 실습교육

실습 종결단계는 실습기간 동안 학습한 실천기법과 기술을 정교히 하면서 확고히 하는 단계이다. 120(160)시간의 실습을 통해 사회복지현장에서 요구되는 지식과 기술의 심화를 기대하는 것은 제한적일 수 있다. 그러나 그동안 학교에서 배운 내용을 실천현장에 접목해 보는 과정을 통해 실천 지식과 기술에 대한 실습생의 이해의 폭을 확장하면서 학습내용을 확고히 하는 것이 이 단계의 실습 지도자의 주된 과업이기도 하다.

클라이언트나 집단과의 전문적 관계를 종료하는 연습을 통해 전문적 관계의 경계를 학습하기도 하며, 무엇보다도 사회복지사로서 자신의 강점과 약점에 대한 인식을 통해 자신감을 확고히 하며 전문직에 대한 정체성을 형성하도록 지도해야 한다.

종결단계는 실습평가서를 제출하면서 실습을 마무리하는 단계인 만큼, 실습생이 수행한 역할을 평가함과 동시에 클라이언트와의 종결, 동료실습생과의 관계의 종결, 실습 지도자와의 전문적 관계의 종결을 준비할 수 있도록 지도해야 한다.

실습평가는 실습생과 실습 지도자가 각각 작성한 후 평가항목을 상호 비교하면서 피드백을 제공하도록 한다.

실습생과 실습 지도자가 서로 다르게 평가한 항목에 대해서 서로 의견을 나누면서 전문적인 성장을 위한 피드백을 제공한다. 이 평가는 업무수행과 관련한 객관적인 사실에 근거한 평가가 되어야 한다. 개인의 성격에 대한 평가가 아니며, 좋다 혹은 나쁘다의 가치 판단적인 평가가 아니라 수행한 업무의 전반적인 과정에 대해 사실에 근거하여 바람직한 방향을 제시하는 평가가 되어야 한다. 이 단계의 실습 내용과 과제, 활용서식은 다음과 같다.

〈표 20〉 종결단계의 주요내용

단계	주요내용	과제물	활용서식
종결 및 평가 단계	• 종결 • 사례종결 • 실습종결 • 평가 • 실습만족도와 실습평가 • 실습보고회	• 사례종결보고서 • 실습만족도 작성 • 실습보고회 진행 • 실습평가서	• 실습만족도 • 실습평가서 • 현장실습확인서

① 종결단계의 초점

실습 종결단계는 관찰과정에서 습득한 것을 실제로 적용하기 위해 서비스에 직접 참여하는 단계이다. 즉, 이용자에게 직접적인 서비스를 제공하거나 관찰과정의 내용을 직접적으로 수행하는 것을 통하여 실습이 진행되는 과정이다. 실습기간 중 학습한 실천기법과 기술을 보다 정교하고 확고하게 하는 단계이며, 실습생들은 충분한 준비과정을 거쳐 기관 이용자들에게 제공되는 서비스 활동에 적극적으로 참여하도록 허용되어야 한다.

실습 지도자에 대한 의존도를 경감시키고 실습 동료 및 서비스 이용자와의 전문적 관계를 촉진시켜 주고 기관의 맥락과 문화, 지역사회, 대상에 대한 이해의 폭을 확장하면서 클라이언트나 집단과의 전문적 관계를 종료하는 연습을 통해 공적사적 관계에 대한 경계를 학습한다. 자신의 강점과 약점에 대한 인식을 통해 자신감을 확고히 하며 전문직에 대한 정체성을 형성하도록 한다.

✎ TIP: 실습 종결에서의 실습 지도자는?

- 실습생과 클라이언트의 전문적인 관계 종결 지도
  - 실습 초기단계에서 클라이언트에게 실습생이라는 신분과 역할, 활동기간(종료 일시를 명확히 함)에 대해 정확한 공지가 선행된 것을 토대로 종결단계에서는 실습생이 클라이언트에게 실습이 종결됨을 알리고 감사를 표시할 수 있는 기회를 제공하는 것이 바람직하다.
- 실습생이 과잉 일반화의 오류를 범하지 않도록 지도
  - 실습생은 사회복지실습을 거치면서 모든 사회복지현장이 자신이 경험한 기관과 유사할 것이라는 과잉 일반화의 함정에 빠질 수 있다. 실습 지도자는 실습생이 그러한 인지오류를 범할 수 있음을 알려 주고, 다양한 현장 경험을 통해 자신과 사회복지현장에 대한 올바른 이해를 형성하도록 지도할 필요가 있다.
- 실습과정에서 일어난 일들과 관련한 비밀보장의 범위를 명확히 할 필요가 있음
  - 학교에서의 실습세미나에서 실습생들이 공개해야 하는 정보에 대한 범위 등을 명확히 한다.

② 실습 종결평가서 및 실습 총평가서 작성

실습 종결평가서와 실습 총평가서를 각각 작성하되 그 내용 기술에 있어 실습생이 실습지도 기간 동안 보여 주었던 태도와 행동(실습 수행내용)을 기준으로 실습생이 직접 작성한다. 실습평가 보고회에 별도로 사용되는 서식이 있다면 확인 후 별도로 작성해야 한다.

* 단, 실습 총평가서(학교제출용)는 실습생과 실습 지도자가 각각 작성한 후 평가항목을 상호 비교하면서 피드백을 제공하고, 각각 작성하고 상호 평가한 후에 최종 조율된 평가서를 학교에 제출하는 것이 바람직하다.

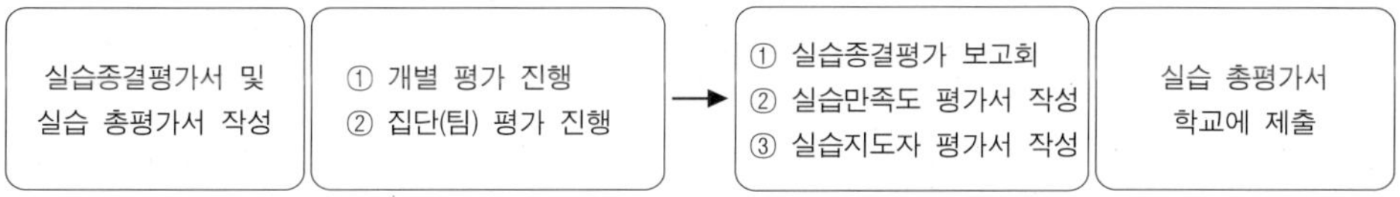

[그림 3] 실습 종결단계에 따른 실습지도 내용

(2) 사회복지현장실습의 종결

① 클라이언트(아동)와의 종결

현장실습 시작단계에서 클라이언트(아동)에게 실습생을 소개할 때 현장실습 기간에 대해 안내하고 종결이 가까워질 때 클라이언트(아동)에게 실습생과의 이별을 준비할 수 있도록 자치회의나 공지사항을 통한 안내가 필요하다.

개별적 개입이 있었던 클라이언트(아동)와는 개별적인 종결을 준비할 수 있도록 하고, 기관 차원에서는 실습생이 클라이언트(아동)와 함께하는 시간(종결 파티, 실습생이 준비한 종결을 위한 활동 등)을 마련을 할 필요가 있다(백광흠 외, 2012).

✎ TIP: 실습 종결평가

- 실습 지도자에 의한 일방적인 평가가 아닌, 실습생과 상호 환류를 통한 실습지도가 되어야 한다. 실습 지도자는 기관에서의 실습지도의 한계에 대해 인식하고, 이를 보완할 수 있는 방법들을 제시해 줄 수 있어야 한다.
- 사회복지 윤리강령에 대한 점검을 통해, 실습생이 사회복지사로서 가져야 할 가치와 태도에 대해서 재점검을 해 주는 것도 실습생의 성장에 도움이 될 수 있다.

② 실습 지도자, 직원 및 동료 실습생과의 종결

실습 지도자는 종결과정에서 실습생이 겪는 양가감정에 대해 세심하게 살피고 실습생이 종결감정을 충분히 표현할 기회를 주도록 한다.

종결감정에 대한 실습 지도자의 적절한 행동은 실습생에게 중요한 모델링의 역할이 된다. 이는 실습생이 클라이언트와의 관계에 대한 종결에서 필요한 기술을 경험하는 기회가 되기도 한다(서진환, 2001).

기관의 직원, 동료 실습생들과도 종결에 대한 감정을 표현할 기회를 제공하고, 감사 인사 등을 통해 종결을 준비하도록 한다.

③ 실습생의 성공적인 종결을 위한 전략

- 프로그램 및 사례평가를 과학적으로 실시한다.
- 실습보고회를 준비한다.
- 실습기관 및 슈퍼바이저에 대해 피드백을 준다.
- 실습교육의 발전을 위한 기관의 노력에 동참할 수 있도록 한다(윤철수·김정진, 2010).

(3) 사회복지현장실습의 평가

① 실습평가 내용

실습평가는 실습생들의 실습결과를 통합하고 정리하는 것으로 단순히 실습평가서를 작성하는 수준이 아닌 실습생과 슈퍼바이저, 기관 차원에서 공식적으로 이루어져야 한다. 실습생들의 업무와 학습에 초점을 두고 평가를 하고, 실습생들의 실습지도에 대한 피드백을 수렴한다.

각 학교에 실습생에 대한 평가서를 발송하고 실습지도와 관련된 피드백이나 건의사항을 전달한다. 실습슈퍼바이저와 직원들은 기관 차원에서 평가회의를 통해 실습지도에 대한 보고와 평가, 피드백의 시간을 갖고, 향후 실습교육 계획 수립 시 반영할 주요내용을 점검하고 정리한다(윤철수·김정진, 2010).

【실습생 평가】
- 실습생이 자신의 실습활동을 총체적으로 평가하는 것으로 종합평가와 실습보고회가 실시된다.
- 종합평가는 실습생이 종합평가서를 작성하고 부서, 팀별로 실습생과 실습 지도자가 모여 이에 대한 논의를 한다.
- 실습보고회는 실습생들이 기관 직원들을 대상으로 실습내용에 대해 발표하는 시간이다.

【실습지도 평가】
- 기관의 실습지도 프로그램에 중점을 두고 실시되는 평가이다.
- 실습지도 평가 시에는 실습평가, 실습 지도자 평가, 실습지도 평가회가 진행된다.
- 실습생들은 실습지도 프로그램에 대한 양적 평가(실습평가)와 실습 지도자에 대한 양적 평가(실습 지도자 평가)를 실시한다.
- 실습지도 평가회는 실습이 종결된 후에 실습 지도자들이 모여 실습지도에 대한 평가를 하는 시간이다.

【행정처리】
- 실습 지도자가 실습생에 대한 실습평가서를 작성해 해당 학교에 발송하는 과정이다.

② 실습생 종결평가의 원칙

- 전문성 개발에 대한 평가
  - 실습기관에서 제공받은 학습 프로그램 및 실습과제 수행평가를 통하여 전문성 개발 정도를 평가한다. 실습지도 기록서를 활용하면 슈퍼비전을 통한 실습생의 성장과 슈퍼비전 내용의 적절성 등을 평가할 수 있다.
- 실습 수행상의 자세 및 노력에 대한 평가
  - 실습생 스스로 자신의 실습지에 대한 적응 태도, 실습 지도자와의 관계, 실습지에서 사용한 자원에 대한 활용 정도 등을 평가한다.
- 사회복지사로서의 자아인식에 대한 평가
  - 실습을 통해 발현된 사회복지사로서의 강점과 약점, 기관의 실무자 및 실습 동료들을 비롯한 실습지에서의 대인관계 활용 정도, 사회복지 인식과 동기

에 미친 실습의 영향 등을 평가한다. 실습내용뿐만 아니라 실습 지도자 평가도 고려할 수 있다. 이 경우 실습지도 평가서를 활용할 수 있다.

③ 종결단계에 적합한 실습과제

- 실습종결 평가서 작성
- 실습 총평가서(학교 제출용) 작성
- 실습 평가 보고회 시 발표내용 작성
- 실습지도 평가서
- 실습 만족도 평가서 작성
  - 실습 만족도 평가서 작성의 경우 평가내용이 직접적인 실습점수에 영향을 주지 않는다는 것을 실습생에게 사전에 고지해야 한다.
- 활용서식
  - 실습종결 보고서, 실습 총평가서(학교제출용), 실습 만족도 평가서, 기관자체 보고서, 실습지도 평가서 등

④ 실습생 종결평가 보고회

- 실습생이 작성한 종결평가서를 토대로 진행(단, 별도의 서식이 있으면 그것을 사용)
- 보고회에는 실습생 및 실습 지도자, 실습코디네이터, 사업담당자 등이 참석하며, 소규모 시설의 경우는 사회복지사를 중심으로 시설의 책임자가 함께 참석을 하여 진행
- 보고회 시 실습 종결평가서가 아닌 별도의 보고서식을 사용할 경우에 반드시 다음의 내용을 포함
  - 실습생 소개(실습생의 사회복지사로서의 강점 포함), 실습내용 소개, 실습 목적 및 목표 평가, 공유하고 싶은 실천지식, 건의사항 등
- 보고회 순서
  - 실습경과 보고 → 기관장(대표) 인사 → 개인별 실습생 발표 → 질의 및 응답 → 총평

• 총평에서는 실습생의 발표내용에 대해 실습 지도자 또는 코디네이터가 긍정적으로 환류하고, 실습생의 건의사항에 대한 기관의 입장을 설명
• 실습생에 대한 실천가로서의 장단점 및 강점과 조언, 실습대학에 대한 건의 및 연계방안에 대해서도 반드시 구체적으로 기술

⑤ 실습 총평가서 발송

• 실습 총평가서(학교 제출용) 발송
  - 실습 종결 후 3일 이내 발송하도록 한다.
• 사회복지현장실습 확인서 발송
  - 실습 총평가서와 함께 동봉하여 발송한다. 우편발송으로 분실 우려가 있어 학생이 직접 학교에 제출해도 된다.

⑥ 실습 프로그램 평가결과의 활용

[그림 4] 실습 프로그램 평가결과 활용

(4) 종결단계 실습 지도자 역할

① 행정적 역할

• 실습 총평가서(학교 제출용)를 토대로 실습 목적 및 목표에 대한 점검과 함께 부족한 부분을 보완할 수 있는 방법을 제시
• 평가 관련한 전 과정에 대한 실습기관 내의 행정적 절차 이해와 평가 후 실습대학과의 공식적 피드백 과정에 대한 이해를 도모
• 실습 종결과 관련된 제반 행정적인 절차

② 교육적 역할

- 개별 또는 집단 종결보고서를 제출하면서 실습생이 수행한 역할에 대해 평가하는 동시에 클라이언트의 종결, 동료 실습생과의 관계의 종결, 실습 지도자와의 관계의 종결을 준비하도록 하는 데 초점을 둠

③ 지지적 역할

- 실습생이 실습과정에서 노력하며 수행한 내용에 대해 강점을 더 발전시키면서 확고히 하도록 긍정적인 피드백을 제공
  - 실습과정의 긴장, 갈등, 스트레스 등을 해소하도록 하며 실습생에 대한 격려의 시간을 마련한다.

④ 평가적 역할

- 실습생 개인별 실습 목표의 방향을 점검
- 실습일지의 초기단계 일지와 슈퍼비전을 통해 성장한 부분들을 비교하여 제시
- 실습생 개별에 대한 관심(실습생이 가지고 있는 현장에 대한 고민, 동료 실습생 간의 관계에서의 고민 등)이 필요
- 실습 최종단계를 준비할 수 있도록 도움
- 실습생 간 역동에 대해서 살핌
  - 팀워크를 잘 나타낼 수 있도록 개인별 강점을 발견하도록 돕고 지지하며, 권한을 주는 것에 초점을 둔다.
- 실습 종결평가서의 내용을 중심으로 실습 지도자는 실습생에게 슈퍼비전을 통해 실습을 평가한다.
- 실습일정, 내용, 역할에 대한 평가
  - 실습생이 실습일정과 내용에 대한 이해 정도를 평가할 수 있으며, 사회복지 실습생이 아닌, 사회복지사로서의 역할에 초점을 맞춰서 평가할 수 있어야 한다.

- 실습목표에 대한 평가
  - 실습 초기에 설정한 실습생의 개별적인 실습목표가 어느 정도 달성이 되었는지에 대해서 평가하고 미충족된 부분의 원인을 명확히 한다.
- 실습생의 전문적인 역량에 대한 평가
  - 실습생의 업무 역량에 대한 평가로, 문제 파악 및 자료수집 능력(문제인식 능력), 문제 사정(분석) 능력, 개입기술, 면접기술, 기록기술, 클라이언트와의 전문적인 관계 및 네트워크와 관련된 평가 진행 능력에 대한 평가인 만큼 평가가 부정적이기보다는 강점 중심이면서 발전 지향적이도록 도와야 한다.
- 실습생의 자원 활용에 대한 평가
  - 실습과정에서 문제해결이나 서비스의 질적인 수행을 위해 실습생이 기관 외의 자원을 활용한 부분이나 전공서적을 활용한 점 등을 평가하며, 사회복지에서의 자원에 대한 정의와 활용에 대한 필요성을 강조한다.
- 실습에 임하는 자세에 대한 평가
  - 업무관리, 직원과의 관계, 동료 실습생과의 관계, 실습에서의 적극성 및 자발성을 평가한다.
- 전문적 태도에 대한 평가
  - 사회복지사로서 실습생 자신의 장단점에 대한 인식, 전문가로서 윤리 및 가치관의 이행 등을 평가한다.
- 실습 지도자 및 슈퍼비전 활용 정도에 대한 평가
  - 실습생 자신이 실습 지도자를 어느 정도 자원으로 활용하였는지, 슈퍼비전을 어느 정도 반영을 하였는지에 대해 평가한다.
- 기관 이해도에 대한 평가
  - 실습생의 과업과 관련된 기관의 목적, 행정 절차에 대한 이해를 평가하고, 실습생으로서의 기관 내의 권한과 한계에 대한 인식을 평가한다.
- 실습기관, 실습 지도자, 대학에 대한 건의사항
  - 실습 지도자는 실습생이 자유롭게 의견을 제시할 수 있도록 돕고 비난하지 않는다.

〈예시 23〉 종결단계

<table>
<tr><th>단계</th><th>종결단계
(사례관리, 종결평가 회의)</th></tr>
<tr><td>단계의 목표</td><td>• 실습생의 입장
- 과제물 제출 및 실습평가회 준비
- 노인복지사업의 '사례관리'에 대한 이해 도모
- 실습 전체 과정에 대한 평가를 통한 실습의 성과 확인
• 실습기관의 입장
- 사례관리에 대한 개념 및 실습과정 지도
- 실습 마지막 주로 본인 스스로 실습을 최종 정리할 수 있도록 점검</td></tr>
<tr><td>주요일정 및 내용</td><td>1. 종결단계 실습일정 구성

2. 진행내용별 세부사항
① 종결단계 내용>주요방향
• 목적
- 클라이언트 방문, 상담 및 사례관리의 제반 과정에 대한 체험
• 종결단계 내용
- 주요내용: 노인대상자 사례관리의 이해
- 주요방향: 1명의 대상자를 실습생에게 연결시켜 직접 사례관리지원 체계를 완결성 있게 경험해 볼 수 있는 과정으로 진행

② 현장 참여 실습>목적
• 목적
- 노인복지사업의 다양한 현장에 대한 이해를 돕기 위해 부서별 실습을 통하여 전체 기관에 대한 균형감 있는 이해 도모
• 종결단계 내용
- 주요내용: 각 사업단 영역의 다양한 현장 참여 및 체험
- 주요방향: 1일 1개 팀의 다양한 노인복지사업 업무 참여
사업별 담당직원(사회복지사 등)의 밀착교육 및 현장 배치 지도

③ 일일평가
• 목적
- 현장에 대한 실습의 이해가 부족한 부분을 채울 수 있는 시간으로 궁금증과 실습 소감에 대한 실습 지도자의 피드백을 통해 새로운 지식 습득
• 내용
- 개인별 일일 실습 소감 나누기
- 실습 지도자와 실습동료가 피드백해 주기</td></tr>
</table>

단계	종결단계 (사례관리, 종결평가 회의)
주요일정 및 내용	④ 종결평가 • 목적 – 실습 지도자를 비롯한 전 직원과 실습생이 한자리에 모여 평가를 통해 자신이 가지고 있는 강점을 강화하고 단점을 보완하는 시간을 갖고, 전문사회복지사로서의 기초를 다지는 계기 마련 • 내용 – 실습목표 달성에 대한 평가 – 전문성 개발에 대한 평가 – 실습역할 수행상의 자세 및 노력 평가 – 기관의 이해 및 인간관계 – 기관 및 실습 지도자에 대한 건의사항 등
실습 지도자의 역할	• 실습생 일일평가 진행, 실습일지 점검(매일) • 실습생 평가회의 진행 • 실습생 평가서 작성하여 학교에 발송
실습생의 역할	• 일일 실습 과정에 성실하게 참여하고 실습일지에 작성 • 개인별 실습 과제물(프로포절, 기관분석 등) 발표 • 실습 평가회 참여 및 실습 설문지 작성
진행 포인트	☞ 노인복지사업의 다양한 역할 및 분야에 대한 관심을 환기 ☞ 완성도 있는 내용이 될 수 있도록 실습 과제물 수시 점검 ☞ 평가회의를 통해 자신의 강점 및 단점을 강화 및 보완할 수 있도록 지도
해당 서식 및 참고내용	※ 사례관리 서식 ※ 종결평가서 및 설문지

〈예시 24〉 실습의 주요방향 및 사회복지사 직무에 따른 담당 실습업무 지도 내용

<table>
<tr><th colspan="2">※ 실습의 주요방향</th></tr>
<tr><td>내용</td><td>① 모델링과 관찰기회 제공
• 실습생: 실습기관 내에서 실습 지도자와 다양한 업무를 맡고 있는 직원들의 업무 현장을 관찰, 여러 종류의 업무를 간접 경험해 볼 수 있는 기회
• 실습 지도자: 실습생에게 각 영역에서 업무를 담당하고 있는 담당자를 관찰하고 모델링할 수 있도록 지도

② 보조진행 기회 제공
• 보조진행은 단지 관찰이나 참여 관찰의 수준이 아니라, 실습생으로 하여금 실습 지도자와 함께 현장업무를 수행해 볼 수 있는 기회를 제공하는 것
• 실습생이 실습 지도자와 함께 업무계획, 실행, 평가에 이르기까지의 전 과정을 공유할 수 있도록 환경을 조성해 주는 것

③ 녹화 및 녹음, 기록에 대한 피드백
• 실습생이 실습기관에서 학습자와 면담하거나 학습동아리를 지원할 경우, 실습 지도자는 이러한 장면을 녹화하거나 녹음해 두는 것과 동시에 실습생으로 하여금 활동에 대한 기록을 남기도록 지도
• 실습 지도자는 이러한 자료들을 바탕으로 학습자 면담과 학습동아리 자문에 관한 실습생의 수행능력을 분석하여 슈퍼비전 제공. 실습 지도자는 실습생이 당황하지 않도록 수행에 대한 긍정적인 측면을 우선적으로 강조하면서 슈퍼비전 제공

④ 각종 문제해결에 대한 자문
• 실습생이 실습과정 중 예기치 못한 문제로 인해 곤란을 겪게 되는 경우, 실습 지도자는 문제해결에 도움을 주도록 자문을 주거나 실습내용을 유연하게 조정</td></tr>
<tr><th colspan="2">※ 사회복지사 직무에 따른 담당 실습 업무 지도</th></tr>
<tr><td>내용</td><td>① 기관의 네트워크 현황분석
• 기관이 외부환경과 어떠한 관계를 맺고 있는가?
• 그 관계 속에서 기회요소와 위험요소는 무엇인가?
• 내부자원으로는 어떠한 것들을 보유하고 있는가?
⇨ 분석함으로써 기관의 현재와 미래를 예측해 보도록 지도

② 행사기획에 대한 이해: 기관에서 진행되고 있는 각종 행사들은 기관의 특성과 이념, 운영방침을 보여 주는 대표적인 프로그램으로, 이에 대한 이해는 기관 파악의 기초 자료가 됨

③ 기관의 사업과 프로그램 체험하기: 대부분의 노인종합복지관에서는 특정 기간을 이용하여 특성화 사업 내지는 이벤트 프로그램을 기획하여 운영하는 경우가 많아 이러한 프로그램이나 사업에 참여해 볼 수 있는 기회를 제공하여 현장실무와 현장감을 익힐 수 있도록 도움

④ 프로그램 평가계획 및 실시상황 분석: 기관의 프로그램 평가실시 여부와 계획 등은 기관운영의 마지막 단계로서 기관이해를 위해 간과할 수 없는 과정이므로, 프로그램 평가가 어떤 계획 하에 어떻게 실시되고 있는지 살펴보도록 지도</td></tr>
</table>

내용	⑤ 프로그램 모니터링과 분석: 프로그램 모니터링 작업은 빠른 시간 내에 기관의 프로그램을 이해하게 할 뿐만 아니라 프로그램 기획과 운영에 있어 새로운 비전을 찾도록 도와주는 과정이다. 프로그램의 종류와 운영실태, 강사의 강의법, 학습자의 분위기, 기관 내 실무자들의 분위기와 프로그램 운영에 대한 지원시스템 등 다양한 측면에서 모니터링을 실시하는 것이 필요 ⑥ 이용자 분석: 실습기관을 주로 찾는 이용자들이 어떤 성향의 사람들이며, 각각의 프로그램에 따른 분위기와 특성이 어떠한지를 분석함으로써, 현재 진행되고 있는 프로그램 운영상의 문제점 및 향후 발생할 수 있는 다양한 문제 상황 등에 대한 해결책을 생각해 보도록 지도 ⑦ 이용자 상담 및 동아리 자문 • 실습기관에서 이용자 및 동아리에 대한 상담활동을 어떻게 실시하고 있는지 관찰하게 하고, 실제 상담과정 및 상호작용 활동에 참여할 수 있는 기회를 제공 • 이를 통해 이용자 상담 및 동아리 자문 활동 시 어떤 능력이 요구되는지 분석하고, 이와 관련하여 실습생 자신에게 부족한 점이 무엇인지 등에 대하여 돌아보는 시간을 가져볼 수 있도록 함 ⑧ 홍보 전략 개발과 분석: 프로그램 홍보는 선행된 프로그램 개발과정의 효과를 최대한으로 끌어올리는 데 필요한 과정이다. 홍보의 원칙, 기법 등을 활용하여 홍보 대상 집단 확인, 홍보카피 및 홍보방법 선정, 관련 예산의 책정, 홍보일정 등이 포함된 구체적 홍보 전략을 수립해 볼 수 있는 기회를 제공함으로써 체계적인 홍보의 방법과 노하우를 익힐 수 있도록 지도 ⑨ 강사 선정과 오리엔테이션: 기관에서 아무리 우수한 프로그램을 개발한다고 할지라도 이를 가르칠 강사를 적절하게 섭외하고 관리하지 못한다면 좋은 결과를 기대할 수 없다. 따라서 강사섭외 및 교육(오리엔테이션), 관리 · 평가 등의 일련의 과정을 관찰할 수 있는 기회를 제공 ⑩ 모의 프로그램 기획하기: 실습생이 실습과정을 통하여 기관 특성과 운영 프로그램 특성, 문제점 및 보완점 등의 파악 과정을 거친 후 향후 기관에서 필요로 할 것으로 예상되는 프로그램을 만들어 볼 수 있는 기회를 제공 ⑪ 공문서 등 작성 및 처리에 대한 지도 ⑫ 전화 응대 및 상담에 대한 지도

〈예시 25〉 노인복지관 현장실습지도 일정

구분	일자	시간	세부내용	담당
실습 사전 오리엔테이션	○/○ (○요일)	09:00 - 10:00	실습일정 안내 및 실습생 자기소개 실습생 자세와 역할, 실습계약서 작성	
		10:00 - 11:00	기관장 인사말 및 교육 (사회복지사 또는 전문적 태도를 위한 사례)	
		11:00 - 12:00	법인 소개	
		12:00 - 13:00	점심시간	
		13:00 - 14:30	기관 소개 및 라운딩	
		14:30 - 16:00	노인복지 환경변화와 사회복지사의 역할	
		16:00 - 16:30	쉬는 시간	
		16:30 - 17:30	교육 1 - 문서작성법	
		17:30 - 18:00	교육 2 - 사회복지윤리와 철학	
		18:00 - 18:30	팀별 안내 및 마무리	
	○/○ (○요일)	09:00 - 10:00		
		10:00 - 12:00	교육 3 - 노인상담과 노인의 이해	
		12:00 - 13:00	점심식사	
		13:00 - 15:00	교육 4 - 노인집단지도	
		15:00 - 16:00	교육 5 - 지역사회 조직의 필요성과 실천기술 교육	
		16:00 - 18:00	교육 6 - 사례관리교육	
		18:00 - 18:30	팀별 안내 및 마무리	
실습 중간평가	2-3주차 중 팀별평가		중간평가 실시 (팀별로 진행, 평가서는 실시 이후 1주일 이내 제출)	
실습생 교류시간	○/○ (○요일)	18:00 - 20:00	실습생 교류의 시간	
기관방문	○/○ (○요일)	13:00 - 15:00	데이케어센터, 요양센터 방문	
		15:00 - 18:00	타 기관 방문	
프로포절 발표회	○/○ (○요일)	10:00 - 12:00	실습생 프로포절 발표회	
실습 최종 평가회	○/○ (○요일)	09:30 - 12:00	실습 최종평가 및 실습 수료식 실시	
실습 기관평가		16:00 - 17:00	실습일정 및 과정 평가 향후 개선과제 논의	

출처: 한국사회복지사협회(2013), 표준실습교육매뉴얼 <노인이용시설>.

5) 주요 보고서 작성

사회복지현장에서는 다양한 보고서 작성의 기회가 주어진다. 기관분석 보고서와 사회복지 프로그램을 개발하기 위한 프로포절 작성방법에 대해 알아보고자 한다.

(1) 실습기관분석 보고서 작성방법과 실제

실습 초기단계에 실습생은 실습기관에 대한 분석 보고서를 작성한다. 〈실습기관분석 보고서〉에는 기관의 입지, 시설현황, 기관의 역사, 기관의 목적, 기관의 구조, 기관의 주요 사업내용 및 프로그램, 기관의 행정과 예산사항, 지역사회의 특성, 실습생의 견해 등의 내용이 포함된다. 이러한 기관분석 보고서 작성을 통해 실습생은 실습기관에 대한 적극적인 이해가 가능할 것이다. 사회복지서비스는 지역사회에 대한 이해가 없이는 그 욕구에 대응하는 서비스가 불가능하며, 기관의 여건과 목적에 따라 좌우되기 때문이다. 따라서 실습 시작 전 기관에 대한 이해를 위해 검토하였던 자료들을 바탕으로 기관으로부터 주어진 자료들을 잘 활용하여 세심한 노력을 기울여 작성하도록 한다.

〈예시 26〉 실습기관분석 보고서

실습기관분석 보고서

실습생명	○○○	기관명	○○종합복지관
기관 주소	○○시 ○○구 ○○종합사회복지관		
기관 소개자	○○○ (부서: 복지1팀 / 직책: 사회복지사)		

1. 기관의 현황

1) 시설현황

설치운영자(대표자)	○○○	관 장	○○○
주소	○○시 ○○구 ○○○ ○(㉾ 000-000)		
전화번호	02) 000-0000	팩스번호	02) 000-0000
E-mail	j○○○@hanmail.net	홈페이지	j○○○.or.kr
운영체	사회복지법인 ○○복지재단	시설 유형	종합훈련시설(이용)
정원	700명	현재 이용인원	700명
프로그램 시작 시기	1994년 3월 29일	신고일시	1994년 3월 29일
시설 소유 유형	법인위탁운영	실제 공간면적	1,846.78㎡
시설위치	복지관 내	국고보조 여부	국비 / 시비보조

2) 설치시설물 현황

층별	용도(면적)
계	1,846.78
1층	어린이집, 사무실(지역사회보호사업, 노인복시센터), 진료실, 경로식당
2층	사무실, 관장실, 미술교실, 조리교실, 도서실, 상담실, 다목적실, 지역아동센터, 장난감대여센터, 미술치료실, 홈패션-양재교실
3층	강당, 방과 후 학습교실, 프로그램실, 장애인주간보호센터, 발달장애인직업적응훈련센터, 음악치료실, 쉼터, 피아노교실

연도	내용
2011	• 3월 한부모여성가장 자립지원 프로그램 '해피맘, 행복홈' 선정(○○시 지원) • 12월 ○○구 푸드마켓 개소(보건복지부 지원)
2010	• 1월 장난감 센터 '아이마루' 개소 • 7월 여성장애인 역량강화사업 '매직스토리텔링 준전문가 양성과정' 선정(○○광역시 장애인복지 프로그램 보급사업) • 8월 ○○사회복지공동모금회 육아용품대여점 '아이나라' 시작
2009	• 1월 2008년 사회복지 윤리경영 선도기관 육성사업 우수기관 선정 (한국사회복지사 협회 주관) • 2월 2008년 ○○시 사회복지관 평가 우수복지관 선정, 2월 26일 1대 관장 퇴임 • 4월 4월 1일 2대 관장 취임(관장: ○○○) • 11월 장난감대여센터 '아이마루' 개소
2008	• 2월 사회복지 윤리경영 선도기관 육성사업 선정(한국사회복지사협회 주관)
2007	• 2월 2006년 보건복지부 사회복지관 평가 우수복지관 선정
2006	• 2월 우리아이 희망네트워크지원사업 선정(사회복지공동모금회 기획사업)
2005	• 1월 부자가정 지원사업 시작(○○사회복지공동모금회 지원) • 3월 교육복지투자우선지역 선정으로 인한 사업 시작 • 5월 장애아동 및 비장애아동 음악치료를 통한 통합 프로그램(○○사회복지재단 지원) • 7월 ○○사회복지공동모금회 기획사업 '주말복지관' 선정
2004	• 4월 지역통화를 활용한 영구임대아파트 품앗이공동체 프로그램(○○복지재단 지원) • 6월 2003년 보건복지부 사회복지관 평가 우수복지관으로 선정(2회 연속) • 12월 ○○지역아동센터 개소
2003	• 1월 북한이탈주민 사회적응지원 사업(○○사회복지공동모금회 지원) 시작 • 4월 ○○가정봉사원파견센터 개소 • 12월 발달장애인직업적응센터 운영(○○광역시 장애인복지 프로그램 보급사업)
2002	• 1월 아동학대가족 재학대예방사업 시작(전국공동모금회 지원사업) • 7월○○장애인주간보호센터 개소 • 9월 사회복지공동모금회 기획사업 '영구임대아파트 지역조직사업' 선정
2001	• 1월 권한부여모델을 활용한 선도조건부 기소유예청소년 사회복귀 프로그램 (○○복지재단 지원) • 6월 2000 전국복지관 평가 우수복지관 선정
2000	• 3월 학교사회사업 "희망교실" 선정(○○시공동모금회지원) • 8월 ○○자활후견기관 선정 • 12월 조부모세대가족관계강화 프로그램 "햇살가족만들기"(○○시공동모금회 지원)

1996	• 1월 ○○그룹 〈작은 나눔, 큰사랑 운동〉 방과후아동 프로그램으로 선정, 실시 • 12월 ○○그룹 방과 후 아동 프로그램 선정
1995	• 1월 재가복지봉사센터 운영
1994	• 3월 17일 ○○어린이집 개원 ○○종합사회복지관 개관(○○○ 관장 취임)

3) 기관 역사에 대한 실습생의 평가

○○종합사회복지관은 지난 20년 동안 지역사회의 사회복지 분야에 많은 업적을 남겼다. 지역사회주민을 위한 다양한 프로그램과 다양한 서비스를 제공해 왔으며, 내부 · 외부적으로 인정을 받는 인지도가 있는 기관이다. 종합복지관으로서 지역아동을 위한 어린이집, 지역아동센터, 청소년을 위한 청소년 자원봉사동아리, 자살예방 미술치료 프로그램, 장애인을 위한 서비스, 노인대학과 노인서비스, 새터민 및 사회적 약자를 위한 다양한 프로그램을 진행하고 있어 지역사회에서 큰 역할을 맡고 있다.

2. 기관의 목적

- 지역사회의 다양한 고객과 함께 꿈을 실현하는 복지공동체를 형성한다.
- 현대화, 전문화, 다양화를 통한 고객 지향적인 시설을 갖추고 복지사회를 실현한다.
- 일반가정으로 고객층을 확대 및 복지서비스 의존도 증진시킨다.
- 다양화된 고객 증대에 대한 고객 지향적인 복지서비스를 제공한다.
- 원격 복지서비스 확대 및 복지서비스의 양극화를 해소한다.

3. 기관의 주요 사업 및 프로그램

1) 사례관리

- 대상: 다양하고 복합적인 저소득 주민
  직접 발굴 → 초기 상담 및 사정 → 사례회의(서비스 제공 여부 결정) → 서비스 제공 계획 수립 → 계약 → 서비스 제공 및 모니터링 → 평가 및 재사정

2) 서비스 제공 기능

(1) 가족 기능 강화

▸ 청소년

프로그램	내 용	대 상
ㅇㅇ고연계사업자원봉사동아리 '푸르뫼'	지역사회봉사를 통한 공동체 의식형성	ㅇㅇ고등학교 자원봉사동아리 회원
자살위기 청소년의 자살예방을 위한 생명존중 프로그램 '위기탈출넘버원'	청소년의 자살위험을 발발 · 촉진하는 위험요인을 약화시키고 보호 요인을 강화시킴으로써 청소년의 건강한 성장 도모	자살위기청소년
학교징계청소년 사회봉사 프로그램 '나 바로 세우기'	사회봉사활동과 자기이해 증진 프로그램을 통하여 징계처분 청소년들의 통제 능력 강화	학교에서 의뢰된 징계청소년

▸ 아동

프로그램	내 용	대 상
배움방교실	기초 학습능력을 향상시켜 학습의욕을 강화시키며 원만한 학교생활이 이루어지도록 한다.	지역 내 초등학생 4~6학년
아동참여 프로그램	지역의 아동을 대상으로 방과 후 무료한 시간을 알차게 보내도록 다양한 교육과 문화체험을 실시하여 아동의 자존감과 사회성을 높인다.	지역 내 초등학생 4~6학년
아동문화동아리	동아리활동을 통해 긍정적인 또래관계를 형성하고, 사회성과 표현력을 증진시킨다.	지역 내 초등학생 3~6학년
학교적응력 향상 프로그램 신나는 학교 만들기	초등학교 내 부적응 학생들의 학교적응능력을 향상시키고, 원만한 대인관계를 형성할 수 있도록 한다.	학교생활 부적응 아동
ㅇㅇ초 연계 토요 프로그램 '뚝딱 쿠킹'	보호자의 부재로 결식이 잦은 아동들이 식사대용의 음식을 만들 수 있게 하여 결식을 예방한다.	지역초등학교 재학생 4~6학년

▸ 장애인

프로그램	내 용	대 상
보장구 대여	휠체어 및 지팡이 무료 대여	재가 장애인
장애청소년 방학 프로그램 'happy class'	방학기간 동안 장애청소년들에게 다양한 프로그램을 제공함	장애청소년(14~19세)
장애인식개선사업	지역주민들에게 장애에 대한 다양한 이해교육을 제공하여 장애의 편견을 완화시킴	지역주민
장애청소년 직업교육 프로그램 '보물찾기'	지역 내 일반학교 특수학급에 재학 중인 청소년 직업교육 진행	장애청소년(17~19세)

▸ 가족

프로그램	내 용	대 상
결혼이주여성 지원사업 '레인보우 홈쿠킹'	결혼이주여성의 한국문화 적응지원을 위한 한식조리	다문화가족의 결혼이주여성
긴급위기 지원사업	경제적 위기에 처한 가정의 한시적 지원을 통한 생계안정	경제적 위기에 처한 가정
가정문제 종합상담	가정의 제반 문제 상담 및 도움 제공	지역주민 누구나

(2) 지역사회보호

▸ 지역사회보호

프로그램	내 용	대 상
경로식당 및 식사배달	점심식사 지원	65세 이상 결식 우려가 있는 수급자 및 차상위
밑반찬 서비스	월 2회 밑반찬 지원	요보호대상자 중 밑반찬 조리가 힘든 자
건강관리 자조모임	건강체크 · 교육 등으로 질병관리를 돕고, 자기관리 능력을 향상시킬 수 있도록 교육, 운동, 건강진단 등 지원	건강관리에 관심 있는 55세 이상 지역주민
내과진료, 한방진료	병원과의 연계로 내과 및 한방진료 지원	지역주민 누구나
물리치료	기계를 이용하여 물리치료	지역주민 누구나
방문이미용서비스	자원봉사자를 통한 방문 이미용	거동 불편한 노인 및 장애인

프로그램	내 용	대 상
어르신 생신잔치	분기별로 생신잔치 실시	60세 이상 독거노인 및 노인부부
요구르트 결연	안부 확인 및 요구르트 후원을 통한 영양 지원	안전 확인이 필요한 독거노인 및 장애인
후원금 · 품 지원	지역사회자원 연계를 통한 후원금 · 품 지원	저소득 사례관리 대상자 가정
청소년장학금 지원사업 '점프교실'	저소득가정 청소년들에게 학원 연계를 통해 학업 능력을 향상시키고 가정의 사교육비 절감	지역 내 저소득 가정 중 · 고생

(3) 교육문화

▸ 아동

프로그램	내 용	대 상
조물조물 만들기 교실	만들기 활동을 통해 아동의 EQ를 증진하고, 미술활동에 대한 다양한 욕구를 충족	지역 내 아동
어린이 체육교실 'Let's Play'	아동체육활동을 통해 지역아동들의 건강한 성장을 돕고, 저소득가정의 사교육비를 경감	지역 내 아동
미술/피아노	특기교육의 기회를 제공하여 아동의 자기능력 개발 및 취미활동 원활	지역 내 아동
장난감 대여센터 및 육아용품 대여점	회원가입을 통해 육아용품과 장난감을 대여, 영유아의 사회성 향상을 위한 다양한 프로그램을 실시	지역구 거주 영유아와 그 가족

▸ 성인

프로그램	내용	대상
노인사회교육	풍물동아리 운영, 한글교실 운영	지역 내 60세 이상 어르신
노인대학	건강, 취미, 사회교육 등 다양한 프로그램을 주 1회 진행, 어르신의 건강한 여가활동 제공	지역 내 65세 이상 어르신
장수노인체육대학	체육활동 기회 제공을 통한 건강한 노후생활 도움	지역 내 65세 이상 어르신

▶ 지역행사

프로그램	내 용	대 상
경로잔치	가정의 달을 맞이하여 지역 웃어른들을 모시고 다채로운 공연 진행	지역 내 65세 이상 어르신
장애인 여가지원 사업	접근의 제한으로 외부 여가활동의 기회가 적은 장애인에게 나들이 제공	재가등록장애인

▶ 기타

프로그램	내 용	대 상
도서관 운영	약 4,500여 권의 아동~성인 도서 구비 열람 및 대출 서비스	지역주민 누구나

3) **주민조직화 기능**

▶ 주민조직화

프로그램	내 용	대 상
건강한 마을 만들기 (지역조직화 기능)	지역주민이 주체가 되어 지역환경을 개선하고, 건강하고 쾌적한 생활터를 만들기 위한 다양한 건강지킴이 활동을 통해 지역환경을 개선하여 건강한 마을을 만듦	동지역주민
우리 아파트 환경가꿈이	지역주민으로 구성된 환경가꿈이 모임을 통해 지속적인 환경 개선 활동을 실시, 쾌적한 주거환경을 조성	지역주민
지역주민 지도자 학교	지역주민을 지도자로 양성하여 지역 문제를 스스로 해결하도록 함	지역주민
상리 건강걷기 대회	4월 중 태종대 일대 건강걷기 행사 진행	남녀노소 누구나
나눔장터	지역행사로 다양한 볼거리, 먹을거리 등을 제공하고 수익금은 지역의 어려운 이웃을 돕는 행사	지역주민 누구나
저소득가정 김장김치 지원	나눔장터 수익금으로 저소득가정에 겨울철 김장김치 제공	재가 대상자
무료 이미용	전문 자원봉사자를 통해 지역 내 저소득주민에게 이미용서비스 무료 제공	지역 내 65세 이상 노인, 저소득장애인, 아동

▶ 복지 네트워크

프로그램	내 용	대 상
사회복지윤리경영선도기관 육성사업	기관의 투명성 제고와 효율성 향상을 위한 윤리경영실천사업 전개	기관 종사자 및 이해관계자
○○ 희망의 사다리	지역 내 유관기관과의 지역사회 안전망 구축을 통해 어려움을 겪고 있는 아동들에게 적절한 서비스를 제공하기 위해 네트워크 형성	복지사각에 있는 지역 내 아동·청소년
지역청소년 약물남용 예방 공동체 (B.Y.C.)	부산지역 지역사회복지관, 정신보건기관, 교육기관들이 연계하여 지역 내 청소년들의 약물남용 예방, 치료 및 재활서비스를 효과적으로 진행하기 위해 공동사업 실시	약물남용교육의 필요성이 있는 청소년
운영위원회	지역 내 기관 단체장 및 전문가에게 복지관 운영 및 사업내용에 대한 자문을 얻어 사업운영에 활용	자문위원
실습생 교육	관련 학과 재학생들에게 분야별 현장실습의 기회 제공	사회복지학과 재학생

▶ 자원개발 및 관리

프로그램	내 용	대 상
자원봉사자 교육 및 관리	지역주민들에게 적성과 연령에 맞는 자원봉사활동을 제공하여 사회참여의 기회를 제공 지속적인 활동이 이루어질 수 있도록 교육 및 관리활동	자원봉사활동을 하고 싶은 누구나
후원자 개발 및 관리	신규 후원자를 개발하고 기존 후원자를 관리하여 지속적인 후원금을 조성 지역 주민을 위한 사업의 재원으로 활용	지역주민 누구나
푸드뱅크	잉여 식품을 기탁받아 무료로 필요한 가정이나 기관에 배분하여 소외계층 복지 증진 및 사회 연대감을 조성	지역 내 기초수급자 및 차상위계층, 긴급위기 지원 대상자

4) 기관의 대상층 및 주요 사업에 대한 실습생의 평가

- ㅇㅇ종합사회복지관의 대상은 지역주민으로 아동, 청소년, 여성, 노인, 장애인등 사회적 약자를 위한 다양한 서비스를 제공받고자 하는 사람들이다.
- 전체적인 프로그램은 삶의 질 향상을 위한 프로그램과 장애인 자활을 돕는 프로그램 등이 이루어지고 있으며, 특히 청소년 자살예방 프로그램은 비행 청소년들에게 다가가기 힘든데 참여 청소년들이 매우 좋아하는 프로그램이다.그리고 매주 이루어지고 있는 노인 대학과 건강검진 프로그램은 보건소 연계 프로그램으로 많은 대상자가 호응을 얻는 프로그램이다.

4. 기관의 행정사항

1) 기관의 조직구조

▸ 조직도

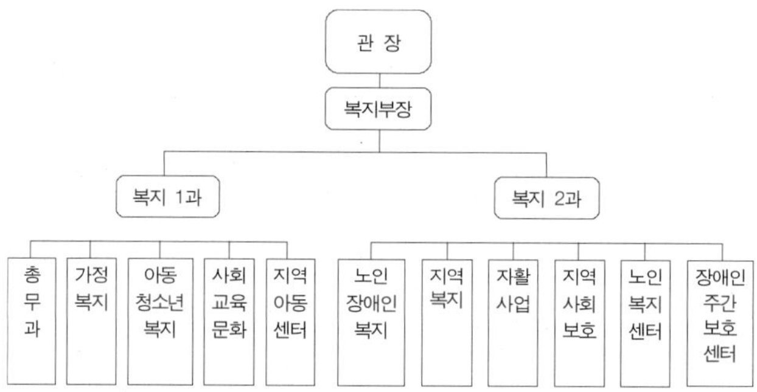

1996	• 1월 ㅇㅇ그룹 〈작은 나눔, 큰사랑 운동〉 방과후아동 프로그램으로 선정, 실시 • 12월 ㅇㅇ그룹 방과 후 아동 프로그램 선정
1995	• 1월 재가복지봉사센터 운영
1994	• 3월 17일 ㅇㅇ어린이집 개원 ㅇㅇ종합사회복지관 개관(ㅇㅇㅇ 관장 취임)

2) 예산, 후원 및 지원사항

(단위: 천 원)

세입					세출			
보조금	자부담	이월금	잡수입	사업수입	사무비	재산조성비	사업비	기타비
623,708	91,640	55,844	10,000	709,150	371,478	31,100	1,048,818	38,946
계: 1,490,342					계: 1,490,342			

3) 기관의 행정구조와 예산 사용 및 후원에 대한 실습생의 평가

- 종합복지관의 조직구조는 복지부장을 중심으로 전문성을 갖춘 10명의 직원에게 적합한 업무배치와 역할이 나누어져 있었다. 종합복지관 내 회원들을 관리하는 보고 계통이나 슈퍼비전 체계가 관장을 중심으로 명확하게 유지되고 있었다. 기관 내부의 공식적 회의는 정기적으로 주 1회 진행되고 있었으며, 비공식적 모임으로는 직원 집단상담 시간을 갖는 것으로 파악되었다.
- 기관의 예산은 할당받은 금액이 넉넉지 않아, 지원사업에 참여하여 시행하거나 후원금을 받아 운영되고 있었고, 1년 예산 안에서 많은 프로그램 사업과 서비스, 홍보활동을 진행하고 평가하면서, 20년 동안 긍정적으로 유지되고 있음을 알 수 있었다.

5. 기관이 속한 지역사회, 물리적 환경의 특징

1) 지역사회

- ㅇㅇ종합사회복지관은 ㅇㅇ시에 위치하고 ㅇㅇ구는 ㅇㅇ시에서도 저소득층과 임대아파트 밀집 지역에 위치해 있다. 교통편은 종합복지관 앞까지 버스가 운행되고 있으며 다른 지역과 비교해 보면 요보호대상자들이 많이 거주하고 시내까지 나가기도 편하다. 일용직으로 근무하는 사람들이 많으나 집에서 일을 하지 않고 지내는 사람들도 많다.
- 지역사회 내 기관의 인지도는 매우 높은 편이며 알뜰장을 하면 동네 주민들이 모여 성황리에 마칠 수 있고 지역주민들에게 인지도가 있다.

2) 물리적 환경(시설, 공간 등)

- ㅇㅇ종합사회복지관은 아파트 입구, 찾기 쉬운 곳에 있어, 이용하고자 하는 서비스 대상자들이 접근하기 용이하다. 또한 기관 주변에 주거환경이 양호하고 주차공간이 확보되어 있고 다양하지는 않으나 노선의 버스와 마을버스가 존재한다.

6. 사회복지기관으로서 지역 내 타 기관들과의 연계

1) 서비스 의뢰 및 연계체계

사업명	대상	협력 기관	서비스 프로그램	서비스 조정전략
회원보고서 발송	이용 중인 모든 회원	각 주민센터	의뢰회원보고서 발송	
노인 무료건강검진 회원 의뢰	이용 중인 모든 회원	ㅇㅇ구 보건소	무료건강검진 보건소행정지도	보건소와 협의 연 1회 이용자 건강검진 실시
회원의뢰 사례관리 의뢰	자활가정	ㅇㅇ정신보건센터	주간재활서비스 사례관리서비스	주간재활이 필요한 회원의 의뢰

사업명	대상	협력 기관	서비스 프로그램	서비스 조정전략
소아청소년 정신보건사업	ㅇㅇ시 거주 자살충동 소아청소년	ㅇㅇ구 내 중학교 정신보건센터	상담 및 재활서비스	정신보건 서비스가 필요한 소아 · 청소년에게 서비스 연결
주거시설	주거가 필요한 정신장애인	ㅇㅇ시내 주거시설	주거서비스	주거시설 입소가 필요한 회원에게 정보 제공 및 주거시설 연결
취업장 연결사업	취업 예정 회원	직업재활실무자모임 장애인고용촉진공단	취업장 정보제공 취업매뉴얼 개발	회원의 욕구에 맞는 취업장 연결
보호작업장	보호작업장 참여 회원	ㅇㅇ기업 자활공동 작업장 외 2곳	보호작업	일거리 제공
임시 취업	취업 예정 회원	ㅇㅇ장애인자립회 보호작업장	임시취업장 제공	사례관리 위기개입
기술훈련 사회교육	기술훈련이 필요한 이용회원	ㅇㅇ대학 요리학원	자격증 반 운영 취업 관련 기술습득	자원 연결 자격증 과정 수료 지원

2) 기관의 타 기관과의 관계유지에 대한 실습생의 평가

ㅇㅇㅇㅇ의 타 기관 연계는 노인병원의 정신과, 보건소, 어린이집, 푸드뱅크, 작업장 등 정말 다양한 기관과 함께 이루어지고 있다. 이에 회원들은 기관 내 다양한 프로그램을 경험하고, 타 기관들이 마련해 준 노인돌봄서비스, 장애인 돌봄 서비스, 프로그램에 적극적으로 참여하고 있다.

7. 기관의 특별한 면이나 전반적인 사항에 대한 인상이나 느낌

1) 기관의 특징

자살충동이 있는 청소년들에게 미술치료와 푸드테라피를 하였는데, 처음에는 서먹서먹하고 자기표현도 못 하는 학생이 차츰 횟수가 늘어나면서 표정이 밝아지고 집단원끼리 의사소통도 원활하게 되고 조용하던 교실이 시끄럽기까지 하였다. 자살시도까지 한 친구들도 있었는데 자연스럽게 자신의 이야기를 하면서 서로 격려하고 지지하는 모습을 보면서 사회복지사가 참 중요하다는 것을 느꼈으며 새로운 사업을 시도하려고 하는 기관장 이하 여러 종사자 분의 열정이 느껴졌다.

2) 인상과 느낌

종합사회복지관은 지역사회에서 다양한 계층에게 다양한 프로그램을 진행하고 있고 분명한 목표를 향해 달려가는 장애인 재활 프로그램부터 독립취업까지 전체 과정을 잘 구성하고 있었다. 효과적인 복지 프로그램을 수행하기 위해 지역주민들에게 다양하고 창의적인 프로그램으로 복지 대상자들을 대하는 모습과 향상시키도록 노력하고 있다. 홈페이지 관리도 원활하게 잘 이루어져 있어 종합사회복지관으로 훌륭하다.

출처: 싱리종합사회복지관.

(2) 사회복지 프로그램 개발과 프로포절 작성

① 프로포절의 개념

프로포절이란 사회복지기관이 수행하고자 하는 프로그램의 내용을 설명하는 사업제안서를 의미한다. 경쟁력을 높여 서비스의 질을 개선하고 기금배분의 투명성을 확보하기 위해 대부분의 기금주들이 기본적으로 요구하는 서류이다(정무성, 2005).

최근 많은 사회복지기관들에서는 사회복지 공동모금회를 비롯한 기업의 복지재단 등에서 재정지원을 통한 사업진행이 주로 이루어지며, 이는 체계적인 프로포절의 공모방식을 통하게 된다. 따라서 사회복지실천 현장에서는 프로포절과 공모를 통해 통과 여부에 따라 사업의 진행 여부를 결정하게 된다고 해도 과언이 아닐 것이다. 그러므로 현장의 사회복지사들은 훌륭한 프로포절 작성을 위해 심혈을 기울인다.

② 프로포절 작성 요령

구체적인 프로포절 작성 요령은 다음과 같다(정무성, 2005).

- **표지:** 프로포절의 표지는 대개 정해진 서식이 제공되며 사업개요에 대한 정형적인 한 장의 기획서이다. 표지는 크게 기관에 관한 부분과 프로그램에 관한 부분으로 구성되어 있다. 기관에 관한 부분은 법인의 특성, 연혁, 조직표 등으로 구성된다. 이 부분에서도 경쟁력을 보여 줄 수 있어야 하며, 특히 연혁의

경우 작성할 때 신청하는 프로그램과 관련된 실적을 강조해서 제시한다면 좋을 것이다.

표지의 프로그램에 관한 부분은 프로포절 전체의 내용을 함축적으로 담고 있는 중요한 부분이다. 특히 사업명을 통해 심사위원들이 프로포절에 대한 감을 잡는 경우가 많기 때문에 사업명은 사업의 정당성과 의미, 그리고 효과성이나 의도가 충분하게 반영되는 형태로 구성되어야 한다.

- **문제분석:** 문제가 심각할수록 프로그램의 지원 당위성이 높아지기 때문에 문제의 심각성 파악 및 체계적 욕구조사와 신뢰성 높은 통계치, 객관적 자료를 활용하여 프로포절의 지원 필요성을 강조해야 할 필요가 있다. 이에 덧붙여 프로그램의 효과성에 대해 강조하는 것이 바람직하다.
- **대상자 선정:** 프로그램 대상은 일반대상으로부터 위기대상, 표적대상, 클라이언트의 순으로 좁혀 가는 위계적 특성을 갖는다. 이러한 형태는 대상을 구체화함에 있어 명분과 사회복지사가 프로그램에 필요한 대상의 범위를 정확하게 알고 있음을 확인시켜 준다.
- **사업의 목적 및 목표 설정:** 사업의 목적, 목표, 세부목표로 구성된다. 목적(purpose)이란 프로그램을 통해 궁극적으로 달성하고자 하는 포괄적이고 추상적인 지향점이며, 사업의 목적은 무엇을 위해 이 사업을 수행해야 하는가를 3~4줄 정도로 제시한다. 목표(goal)는 목적을 보다 구체화하여 방향성을 제시하는 것이지만 여전히 추상적 용어로 표현된다. 세부목표(objectives)는 프로포절에서 가장 중요한 것이다. 세부목표는 효과성 평가의 기준이 되며, 실현되어야 할 내용과 구체적 방법, 달성될 계량화된 목표수치 등을 포함해야 한다.
- **활동내용:** 프로그램의 활동내용은 프로그램의 구조, 담당인력, 일정표 등으로 구성된다. 프로그램의 내용과 수행을 위한 방법 및 매개물, 스태프와 클라이언트의 역할을 구체적으로 명시하면 된다. 담당인력의 프로그램 수행능력을 평가하는 기준으로서 경력이나 학력을 구체적으로 명시할 필요가 있으며, 일정표는 프로그램의 내용과 수행방법을 진행일정에 따라 재구성한 것으로 프로그램의 기간, 간격, 소요시간 등을 포함한다.

- **예산수립**: 프로그램을 운영하는 데 드는 비용이다. 인건비, 관리비, 기자재 및 집기 구입비, 수용비, 사업비 등의 항목으로 나누어 각 항목의 산출근거를 구체적으로 제시한다.
- **평가계획**: 평가계획은 과정평가계획과 성과평가계획으로 나뉜다. 과정평가계획은 프로그램 일정표에 설정된 진행과업의 시기별 공정표를 작성하는 것으로 대신할 수 있다. 그리고 성과평가계획에는 평가지표, 측정도구, 평가방법 등이 구체적으로 제시되어야 한다.

4. 사회복지현장실습 평가단계

실습평가는 실습 지도자와 실습생 모두에게 심적 부담이 된다. 실습 지도자는 실습수행에 대한 적절한 평가기준을 설정하여 공식적 평가서식을 작성해야 한다는 부담감이 있으며 실습생 입장에서는 실습평가가 학점이나 졸업과 밀접한 관련이 있기 때문에 누구나 점수를 잘 받고 싶을 것이다. 그러나 체계적이고 구조화된 상호 과정으로 이루어지는 실습의 평가는 실습과정 중 과제 수행의 양과 질에 대한 평가뿐 아니라 실습과정의 점검을 통하여 앞으로 전문적인 사회복지사가 되기 위하여 더 발전시킬 필요가 있는 영역을 발견할 수 있는 중요한 기회가 될 수 있기 때문에 중요하다. 한국사회복지사협회(2013)에서는 다음과 같은 평가기준을 마련하고 있다.

1) 사회복지현장실습 평가의 목적과 목표

- 사회복지현장실습 평가의 주된 목적은 실습생과 실습 지도자가 실습을 통하여 무엇을 배웠는지, 학습과정에 영향을 준 요인은 무엇인지 점검하는 것이다.
- 실습 진행 계획에 명시한 목적 및 목표의 달성 정도를 파악한다.
- 실습 평가는 실습 기간을 단위로 중간평가와 최종평가로 나눌 수 있다.
- 평가 주체에 따라 실습생 자기평가, 실습 지도자 평가, 동료 평가 등이 있다.

2) 사회복지현장실습 평가방법

사회복지 실습생을 체계적으로 평가하기 위해서 실습에 대한 모든 과정에 평가가 이루어져야 하며 실습생과 실습 지도자가 평가방법 및 평가내용에 대해 동의하였을 때 가장 큰 효과를 거둘 것이다. 실습 중반기에 하는 중간평가와 중간평가서 작성 시 주의사항, 실습종결평가보고서 작성방법을 살펴보면 다음과 같다.

(1) 중간평가

실습생은 실습 중반기에 자신의 실습과 수행 전반에 대해 중간평가서를 작성하고 이를 토대로 실습 지도자와 실습중간평가를 진행한다. 실습 지도자의 별다른 지시가 없을 경우에도, 실습일정의 중간시점에 중간평가서를 작성하여 실습 지도자와 학교에 제출한다. 실습중간평가는 초기 자신이 수립한 실습목표가 잘 수행되고 있는지에 대해 실습생 스스로 점검한다는 데 그 의미가 크다. 뿐만 아니라 실습 지도자와 동료 실습생 그리고 기관종사자들의 피드백을 통해 실습생의 변화한 점과 추후 노력해야 할 부분을 확인하여 실습 종결시점까지 자신의 변화를 위해 구체적으로 노력할 수 있다. 이를 통해 보다 질 높은 실습이 가능하게 되므로 학습효과를 극대화할 수 있다.

• 중간평가서 작성 시 주의 사항

- 실습목표와 관련된 실습내용 및 역할에 대해 평가하며 실습생 자신의 느낌에 따라 주관적으로 장황하게 기술하지 않는다.
- 실습생은 중간평가서 세부항목에 따라 자신이 수행한 역할과 과업을 제시한 뒤 이를 평가하고 종결시점까지 자신이 노력해야 하는 부분을 구체적으로 제시한다.
- 자신이 수행한 실습내용과 역할을 구체적으로 기록한다.
- 기관 및 실습 지도자에 대한 건의사항은 논리적으로 타당해야 하며 최대한 공손하게 기록한다.
- 실습에서 어려웠던 점과 유익했던 내용과 가장 안 좋았던 내용을 기록한다.

(2) 실습종결단계 평가

실습생들은 실습의 종결시기가 되면 간단한 간식을 준비하여 감사의 티타임 등의 시간을 가지면서 실습 지도자와 실습기관에 대해 감사의 인사를 전하도록 한다. 이를 통해 실습교육에 대해 공식적으로 마무리하고 실습 지도자나 기관의 직원, 그리고 실습생들 간의 관계를 의미 있는 경험으로 정리할 수 있게 될 것이다. 또한 실습을 통해 만난 실습기관이나 실습 지도자와의 관계는 실습 이후 임시직이나 자원봉사 등을 통해 다시 연결될 수도 있다. 실습동료들 또한 장래 사회복지사로서 일하게 될 때 동료로서 다시 만나게 되는 기회가 있을 수 있다. 그러므로 실습기간 동안 실습교육의 이수와 함께 진실되고 따듯한 인간관계를 만드는 것도 매우 중요할 것이다.

① 실습종결평가보고서 작성방법

실습 전반에 관한 실습일정평가, 실습내용 및 역할에 대한 평가, 실습목표에 대한 평가, 서비스 실천과정에 대한 평가, 실습생의 자원 활용에 대한 평가, 실습에 임하는 자세에 대한 평가, 전문적 태도에 대한 평가, 실습활용에 대한 평가, 기관 이해도에 대한 평가, 실습 기간 중 가장 유익했던 내용, 실습 기간 중 안 좋았던 내용, 건의사항 등으로 종결평가 서식에 의거하여 작성하여 제출한다.

② 평가서 송부

실습 지도자는 최종적으로 실습 프로그램 전체 및 특정 학습활동을 기록하여 실습생이 실습지도 기간 동안 보여 주었던 태도와 행동을 기준으로 평가하고 평가결과인 현장 실습평가서를 교육기관(학교)의 실습 지도교수에게 송부한다.

3) 실습기관의 평가

실습기관에서는 실습기간 동안 실습생이 실행한 자료와 기획안이나 보고서 등의 문서자료 등을 근거로 하여 실습평가를 하게 된다. 또한 실습생의 다양한 활동에 대하여 기관에서 마련한 통계자료, 과제수행의 결과, 그리고 클라이언트 만족도 등을 평가의 지표로 활용할 수 있다. 실습계약서도 실습평가의 중요한 근거자료로 활용할 수 있는데, 실습계약서에 포함된 평가항목과 기준을 통해 실습 초기부터 계획된 보다 일관되고 구체적인 평가를 할 수 있게 한다(박용권, 2009). 이외에도 실습생의 출석이나 시간 엄수 등 성실성과 신뢰감과 관련된 항목이나 컴퓨터 활용기술, 통계처리와 프로포절 작성 등 전문적 능력 등은 가산점을 얻기에 충분한 항목이 될 수 있다. 학기 말에 학교에 보고하는 공식적인 실습평가를 위해 실습기관에서는 구체적인 영역을 기준으로 하여 실습생을 평가한다.

4) 실습현장평가

실습현장 평가는 실습생이 실습 현장평가서를 활용하여 실습현장에 대해 평가하는 것으로 실습일정, 실습내용 및 역할, 실습에 대한 기대감, 만족도, 이해도, 현실성, 지도자와의 의사소통 활성화 정도 등을 평가한다.

현장평가에는 실습생과 실습 지도자의 지속적 성장을 위한 기관 및 실습 지도자에 대한 평가도 포함되는데, 이는 실습 지도자의 입장에서 향후 효과적 실습지도 프로그램을 지속적으로 개발하는 데 매우 중요한 자료가 될 수 있다.

5) 실습생의 자기평가

실습생의 자기평가는 실습 지도자의 평가에 대한 신뢰를 기반으로 자신이 향후 어떤 점을 어떻게 극복해 나갈 것인가에 초점을 두고 실습생 자기평가를 한다.

그리고 실습생은 학교의 실습보고회와 실습교과목의 학점 이수를 위해 〈실습최종보고서〉를 작성해야 한다. 실습최종보고서는 실습에 실습생의 전반적인 실습평가서를 포함하고, 실습일지와 실습과정 기록, 각종 자료를 바탕으로 만들어진다. 실습과정에 대한 총체적인 정리의 단계이므로 자신이 가진 모든 자료를 잘 연결하여 땀 흘리며 보낸 시간을 효과적으로 정리하고 평가할 수 있도록 노력하여야 할 것이다. 실습평가서에는 실습일정, 내용, 역할, 목표, 실천과정, 행정 및 정책 등에 대한 평가를 비롯하여 가장 유용했던 내용이나 건의사항 등이 포함된다. 실습평가서는 실습 초기에 계획했던 목표에 기초하여 객관적으로 평가해야 하며, 실습생 자신의 느낌에 따라 주관적으로 장황하게 기술하지 않도록 한다. 평가서의 세부항목에 따라 자신이 수행한 역할과 과업을 제시한 뒤, 이를 평가하고 종결 시까지 노력해야 하는 부분을 구체적으로 제시한다(윤철수 외, 2010).

6) 실습종결 평가회

실습 지도자를 비롯한 전 직원과 실습생이 한자리에 모여 평가회 진행이나 실습생의 간략한 보고와 평가, 목표 성취 정도, 실습을 통해 배운 점, 기관에 대한 제언 등을 발표하고 현장의 선배로서 직원들이 실습생에게 도움이 될 만한 조언과 평가를 겸한다. 그리고 실습생은 실습을 마치면서 최종적인 평가보고서를 기관에 제출하고 4주간 실습을 경험하면서 기관의 운영적인 측면과 프로그램 실습의 측면에서 다각적인 시각에서의 관점을 정리할 수 있는 기회를 가진다.

최종 평가보고서는 최종 평가일에 제출하고 발표하게 되며 실습 지도자와 다른 실무자들의 실습 피드백을 받는 자료로 사용한다.

7) 교육기관(학교)의 평가

대학에서는 실습생의 실습결과에 대해 최종적인 평가를 하게 된다. 대학의 실습지도 교수는 실습이 끝난 후에 사회복지실습기관에서 작성한 실습 결과보고서와 사회복지 실습일지, 실습생이 제출한 각종 과제물자료, 실습생의 자기평가 그리고 실습생에 대한 지도자의 평가기록 자료에 근거하여 최종적인 평가를 실시한다. 대학에서 실습기관 측의 실습생 평가기준을 참고하여 다양한 평가기준과 도구를 활용하여 실습생에 대한 종합적인 평가를 실시하게 된다.

교육기관(학교)은 사회복지실습기관에서 평가하여 송부한 실습평가서와 실습기관 방문을 통해 확보한 센터장(실습 지도자)의 면담자료, 실습기관의 현황과 실태, 실습생의 관찰기록, 실습생이 작성 완료한 실습일지, 과제 등에 근거하여 종합적으로 평가한다.

8) 사회복지현장실습 확인서 작성방법

사회복지현장 실습이 종료되면 사회복지현장실습 확인서를 수령하여 학교에 제출하여야 한다. 원본 2부가 필요하며 1부는 교육기관(학교)에 보관하고 원본 1부는 자격증 발급 신청 시 〈사회복지현장실습 확인서〉를 제출하여야 한다. 실습확인서 서식은 실습을 이수한 해당 연도 이전 서식으로 제출할 수 없으며, 실습 당시 또는 현행 서식(2021.04.15)으로 제출하여야 한다.

- 실습확인서는 반드시 원본을 제출해야 하며, 실습 지도자, 실습기관, 실습지도 교수 서명은 모두 확인되어야 한다.
- 실습이수 중 실습 지도자를 중간에 변경할 경우 법적 기준에 맞는 실습 지도자가 지도하여야 하며 실습확인서는 전후 지도자에게 각각 확인을 받아야 한다(총 2장 이상).

〈예시 27〉 중간평가서

실 습 중 간 평 가 서

○○종합사회복지관

학교/학과	○○대학교 사회복지학과	성명	○○○
실습기관	○○종합복지관	실습지도자	○○○복지사
실습지도 교수	○○○ 교수님	실습기간	2022. 7. 4. ~ 2022. 7. 29.

실습 전체 일정 및 실습개요 정리				
7/4(월)	7/5(화)	7/6(수)	7/7(목)	7/8(금)
• 풍물동아리 지원 • 지역자원지도 발표 • 무료급식 (경로식당+식사 배달)	• 한글교실 • 무료급식 및 식사 배달 • 해피쿡 프로그램	• 청소년복지 • 내과진료 • 신나는 학교 만들기	• 노인대학 • 보물찾기	• 사례회의 (재가노인) • 아동연극동아리 연극
7/11	7/12	7/13	7/14	7/15
• 지역자원지도 발표 • 무료급식 (경로식당+식사 배달) • 재가복지에 대해 배움	• 건강지킴이 보수교육 • 청소년복지 • 무료급식 및 식사배달 • 해피쿡 프로그램	• 하절기물품지원 서비스 • 신나는 학교 만들기	• 엄마손건강 지킴이 캠페인 • 보물찾기	• 사례회의 (재가노인) • 청소년동아리 자원봉사활동
7/18	7/19	7/20	7/21	7/22
• 무료급식 (경로식당+식사 배달) • 재가복지에 대해 배움	• 청소년복지 • 무료급식 및 식사 배달 • 신나는 학교 만들기	• 신나는 학교 만들기 • 보물찾기 '방학식'	• 노인교통안전 교육 • 보물찾기	• 사례회의 (재가노인) • 하계실습평가회 • 건강마을 만들기 활동
7/25	7/26	7/27	7/28	7/29
• 노인대학 • 보물찾기	• 청소년복지 • 무료급식 및 식사 배달 • 해피쿡 프로그램	• 신나는 학교 만들기 문화체험 • 무료급식 및 식사 배달	• 청소년복지 • 내과진료	• 사례회의 (재가노인) • 재가복지에 대해 배움

1. 실습목표와 관련된 실습 내용 및 역할에 대한 평가

1	청소년 복지 제 이론과 실제 서비스를 익힌다.	1 2 3 4 ⑤

현재 본 기관에서 실습생으로서 진행되는 모든 프로그램을 참관 또는 보조 진행, 주 진행을 해 봄으로써 현장감을 익히고 있다. 또한 청소년의 소통기술 교육, 실습생 스터디, 청소년 이론교육, 스터디 등을 통해 청소년에 대한 이론적인 부분도 보충하고 있어 많은 도움이 되고 있다.

2	집단지도를 실시해 집단의 역동성을 다루는 기술을 배운다.	1 2 3 ④ 5

청소년 집단 프로그램 주 진행을 맡고 있으며, 1팀의 팀 프로그램인 소모임, 독서토론 등의 프로그램들의 보조 진행을 맡으면서 복지사 선생님과 치료사가 어떻게 진행을 하는지, 어떻게 대상자들을 대하는지 보고 배우고 있다. 또한 주 진행, 보조진행을 하면서 집단의 역동성을 느끼고, 대상자들을 다루는 연습을 하고 있다. 프로그램이 끝나면 담당 선생님으로부터 피드백을 받으면서 잘했던 부분은 기억하고, 부족한 부분은 보완하도록 하고 있다. 본 실습생의 경험부족 등으로 인해 집단을 이끌어가기보다는 회원들에게 따라가는 경향이 있어 진행자로서의 역할을 제대로 하지 못할 때가 종종 발생하고 있어서 리드하는 기술이 필요하다. 주의 집중시키는 방법도 알아야겠다.

3	사례회의 참여를 통해 자살충동청소년 대상 위기개입법이 가능토록 한다.	1 2 ③ 4 5

매주 금요일 사례회의를 참여하면서 각 팀의 대상자들이 어떻게 생활을 하고 있는지, 대상자 팀별 역동성은 어떠한지, 대상자 팀별 복지사 선생님들이 어떻게 개입을 하고 있는지 보고 들으면서 배우고 있다. 사례회의 때 나온 발표내용과 의견들을 들으면서 많이 배우고 있다. 특정한 상황에서는 어떠한 개입을 해야 하는지 배우고 있으며, 평소에 대상자들을 대할 때 적용해보려고 노력하고 있다. 아직까지 특별하게 개입해야 할 사항이 없어 다행이다.

4	집단지도서비스 계획을 세우고 그에 따른 개입과정을 경험한다.	1 2 ③ 4 5

프로그램 계획을 세우고 직접 진행해 보니 참 어렵다는 것을 알았다. 한편으로는 아쉬움이 남는다. 노인 미술치료시간에 직접 자료를 준비하고 앞에서 수업을 진행해 보니 힘이 들지만 재미있다.

5	회원 개별 인터뷰를 통해 면담기술 및 회원의 욕구를 파악해 본다.	1 2 ③ 4 5

아직 개인 상담이나 면담을 할 수 있는 기회가 주어지지 않지만, 프로그램을 통해 또는 쉬는 시간 등을 통해 대상자들과 이야기를 나누는 형식으로 대신하고 있다. 대상자들의 이야기에 경청하려고 노력하고 있고, 공감을 해 주기도 하면서 회원들이 어떠한 욕구를 가지고 있는지 알아가고 있다.

2. 전문성 개발에 대한 평가

전문성을 갖추기 위해 실습생 스터디에 열심히 참여하면서 이론적인 정리를 하고 있으며, 사례회의 등을 참관하면서 프로그램에 참여하여 집단 개입이 이루어지고 있는지, 또 어떠한 개입이 더 필요한지 등을 보고 들으면서 실천기술들을 익히고 있다. 개인적으로 자료검색을 통해 자료를 수집하고 구하는 활동 등을 해 봄으로써 대상자들에게 프로그램을 적용하는 방법을 배우고 있다. 비행청소년들에게 어떻게 개입을 해야 하는지 고민하고 다가가는 방법을 정리해 보고 있다. 그리고 슈퍼비전 받은 내용들을 점검해 보면서 본 실습생이 부족한 부분에 대해 채우려고 노력 중이다.

3. 실습역할 수행자의 자세 및 노력 평가

1) **행정적인 면**

출근시간도 항상 엄수하여 지각하지 않으려고 노력하고 있다. 일정표에 따라 업무수행을 잘하고 있는 편인 것 같다. 과제도 제 시간에 하려고 노력하고 있으며, 기관 내의 다양한 프로그램의 특성에 대해서 파악하는 등 매 시간 열심히 하려고 노력 중이다.

2) **교육적인 면**

사례회의를 참관하면서 각 팀의 개별 회원들에 대해 파악하고, 어떻게 개입하는지 등을 배우고 있으며, 가족생태도 등을 보고 가설을 설정해 봄으로써 간접적으로 가족역동을 파악해 보는 중이다. 실습일지와 프로그램 일지는 매일매일 작성하고 있으며, 매주 금요일 슈퍼비전을 통해 받은 피드백에 따라 수정하고 있다.

3) **이론적인 면**

실습생 스터디를 통해 예습과 복습을 하고, 이론과 경험적으로 학습을 함으로써 대상자들에게 필요한 사회복지사가 되려고 노력 중이다.

4. 남은 기간을 통하여 배워야 할 점 또는 배우고 싶은 점

남은 기간 동안에도 복지관 선생님들이 원만한 관계형성을 어떻게 하는지, 행정 실무를 어떻게 보는 지 등을 더 보고 배우고 싶다. 그리고 복지관의 전반적인 행정흐름에 대해 배우고 싶다.

5. 실습을 통해 느낀 점 및 실습기관 및 지도자에 대한 건의사항

종합사회복지관이 지역사회에서 다양한 프로그램이 진행되고 있는 것에 대해 알게 되어서 감사하게 생각된다. 부족함이 많은 저에게 훌륭한 곳에서 실습을 할 수 있도록 배려해 주셔서 감사드린다. 하루하루 지나가는 것이 아쉽다. 앞으로 남은 시간도 열심히 배우고, 대상자들과도 행복한 하루하루를 보내고 싶다.

출처: 상리종합사회복지관.

〈예시 28〉 실습 종결평가서 1

종 합 평 가 서

실습생명	○○○	학교 및 지도교수	○○대학교 ○○○ 교수
실습기간	2022. 6. 24. ~ 7. 19.	실습 지도자	○○○ 부장

1. 수행한 실습내용 및 역할의 요약

날짜	실습내용 및 역할
6월 24일	• 실습생 오리엔테이션 참여
6월 25일	• 실습공통교육에 참여 – 한글교실 참관, 재가복지 참여
6월 26일	• 실습공통교육에 참여 – 보물찾기 참관 및 보조, 장애인 주간보호 보조
6월 27일	• 보물찾기 보조 • 업무보조
6월 28일	• 건강관리자모임 참가 • 장애인 주간보호 캠프활동 참가 • 사례관리 교육받음
7월 1일~ 7월 3일	• ○○사회복지관협회 공동실습기간 (○○대학교 아트홀)
7월 4일	• 업무보조 • 노인대학 참관 • 지역아동센터 소개 및 이론교육 • 청소년복지이론 • 지사모새싹채소 보조
7월 5일	• 프로그램 개발과 평가 • 지역자활센터 • 업무보조 • 대상자 가정방문 참관
7월 8일	• 재가노인지원서비스 노일일자리 사업안내 • 장애인노인복지 • 업무보조, 대상자 가정방문

7월 9일	• 한글교실 참관 및 보조 • 대상자가정방문 • 스타쉐프 참가 보조 • 푸드마켓 참여
7월 10일	• 보물찾기 보조 참관 • 밑반찬 조리 및 배달 • 기타 업무보조
7월 11일	• 노인대학 참관 • 장애인주간보호센터 • 업무보조 • 지사모새싹채소 보조
7월 12일	• 중간평가 • 푸르뫼 참가 • 지역아동센터 • 주간보호센터 – 과제 1 제출
7월 15일	• 사회복지 관련 단체 초청 기관 소개 • 주간보호센터 • 지역아동센터
7월 16일	• 한글교실 참관 및 보조 • ㅇㅇ구 푸드마켓 동참 • ㅇㅇ누리누비 자원봉사단 홍보 준비 3 • 스타쉐프 참관 및 보조
7월 17일	• 장애활동보조 • 신나는 학교 보조 • 지역아동센터, 주간보호센터 – 과제 2 제출
7월 18일	• 푸드마켓 업무보조 • 대상자 가정방문 • 실습평가회준비
7월 19일	• 지역복지 행정업무 • 실습평가회 • 실습정리 및 종례

2. 실습을 통해 배운 점 및 실습목표 성취도에 대한 평가

1) 전문적 발달 측면

내용	실행 여부	점수(20점)
지역사회에 필요하다고 생각되는 프로그램 작성 제출	7월 12일 과제 1 제출하였음	9/10점
개별상담을 각각의 기록방법을 적용하여 제출	7월 17일 과제 2 제출하였음	9/10점
총점수 18		18/20점

→ 지역사회에 필요하다고 생각되는 프로그램을 작성하여 제출하였다. 노인들을 위한 심리치료 서비스로 푸드를 활용한 미술치료 프로그램을 만들어 제출하였다. 내가 만든 프로그램을 적용하여 실제 프로그램을 진행해 볼 수 있으면 좋겠다.

→ 개별상담 사례는 사티어 가족치료 모델을 적용하여 제출하고 아동, 가족, 성인을 대상으로 하여 기록방법을 제출하였다. 실제 개별상담 사례를 준비하면서 내담자를 상담해 볼 수 있는 기회가 주어지면 잘할지 걱정이 되기 시작했다.

2) 행정적 측면

내용	실행 여부	점수(20점)
기관의 역사, 주요 사업, 기관 구조를 이해하기 위해 기관 분석보고서를 작성한다.	7월 12일 기관분석 보고서를 제출하였음	20/20점
총점수		20/20점

→ 기관 분석보고서를 통해 기관의 역사, 주요 사업, 기관 구조를 이해할 수 있었으며, 나아가 기관의 목표와 사명, 역사에 대해 알 수 있었다.

3) 지역사회 · 정책적 측면

내용	실행 여부	점수(20점)
ㅇㅇ종합사회복지관이 속한 지역사회를 이해하기 위해 지역사회 내 청소년복지 서비스를 제공하는 기관을 조사한다.	지역사회 청소년복지 서비스 지도를 제출하였음	7/7점
ㅇㅇ종합사회복지관이 속한 지역사회를 이해하기 위해 지역사회 타 기관을 방문하여 주요 사업에 대해 이해한다.	기관방문 보고서를 제출하였음	7/7점
ㅇㅇ기독교 사회복지관이 속한 지역사회를 이해하기 위해 지역사회 분석보고서를 작성한다.	지역사회분석 보고서를 제출하였음	6/6점
총점수		20/20점

→ 지역사회를 ㅇㅇ복지관을 탐방하고 이를 바탕으로 지역사회 청소년 복지서비스 지도를 만들고, 지역사회 분석보고서를 작성함으로써 복지관 이용자의 가정환경이 다르고 빈부격차가 큼을 알 수 있었다. 보편적 복지서비스의 제공과 함께, 소외된 계층의 욕구를 충족시켜 주는 본래의 ㅇㅇ종합사회복지관의 역할을 함께 수행하기 위해 어떤 노력을 해야 하는지에 대해 고민해 보는 시간이 되었다.

4) 기본적 대인관계기술 측면

내용	실행 여부	점수(20점)
동료 실습생의 장점을 파악하기 위해 3회 이상 칭찬카드를 작성하여 전달한다.	총 4명에게 3회에 나누어 전달하였음	7.5/7.5점
타 학교 실습생과의 관계를 형성하기 위해 3회 이상 간담회에 참석한다.	총 3회 간담회에 참석하였음	7.5/7.5점
동료 실습생과 공동과제를 실시하기 위해 공동과제 역할 분담표를 작성하고 실행한다.	공동과제 역할 분담표를 작성하였으나, 과제 수행 여부를 평가하지 못하였음	5/5점
총점수		20/20점

→ 동료 실습생 간 장점 발견 슈퍼비전을 통해 서로 지지하였으며, 칭찬카드를 동료 실습생에게 3회에 나누어 전달하였다. 또한 간담회 3회와 다과회를 통해 타 분야 실습생과의 관계를 형성하였다. 또한 공동과제 역할 분담표를 작성하여 모든 실습생이 과제에 참여하였다.

5) CT체계 개입기술 측면

내용	실행 여부	점수(20점)
개별사례 개입을 통해 사례아동을 이해하기 위해 아동 관찰일지를 작성한다.	• 관찰일지를 총 3회 제출하였음	10/10점
집단 프로그램 운영기술 능력 향상 기회를 가지기 위해 집단 프로그램 계획서를 작성하고, 실행하고, 평가서를 작성한다.	• 집단 프로그램 계획서를 제출하였음 • 집단 프로그램 과정기록서를 제출하였음 • 집단 프로그램 평가서를 제출하였음	10/10점
총점수		20/20점

→ 지역아동센터의 개별학습 지도와 관찰을 통해 총 3회의 관찰일지를 제출하였고 이 과정을 통해 아동의 전반적 이해 및 심리적 특성, 욕구를 파악할 수 있었다. 또한 '노인미술치료' 집단 프로그램 4회기를 계획, 진행, 평가함으로써 집단 프로그램 운영기술 능력을 향상하는 기회를 가졌다.

3. 실습과정상 어려웠던 점

- 보물찾기 시간에 개별사례 관리를 해야 하는 것이 어려웠다. 아동들에게 다가가는 것은 쉬웠으나 아동들에게 개별지도를 하거나 전달하려고 했던 것들이 내 마음대로 잘 되지 않았다. 아동들이 고함지르기도 하고 친구들과 장난치기도 해 실습생의 말을 잘 듣지 않는 것 같아 속상하기도 하고 어려웠다.
- 밑반찬 조리해서 배달을 나갔는데 걸어 다닌다는 것이 생각보다 힘들었다. 차가 있으면 되는데 차를 타고 가더라도 골목길에 들어갈 수가 없어 힘들었다.

4. 기관에 대한 제언

실습에 대해 잘 지도해 주셔서 뭐라고 드릴 말씀이 없습니다. 다양한 분야에서 여러 복지사 선생님들이 도와주셨는데 실습기간이 짧아 제대로 배우지 못해 아쉽습니다.

5. 실습 지도자에게 하고 싶은 말

관장님 이하 여러 선생님께서 4주의 실습기간 동안 많은 관심 가져 주시고, 정성껏 지도해 주셔서 감사합니다. 실습을 통해 행정적 업무능력도 배우고 지역사회에서 복지관의 역할과 이념에 대해서도 다시 한 번 새로 느끼게 되었으며 사회복지사로서의 가치와 관점까지도 배울 수 있었습니다. 초보 실습생의 입장에서 잘 알려 주시고 살펴주셔서 너무 감사했습니다. 앞으로 계속해서 자원봉사라도 하면서 좋은 인연 이어 갔으면 좋겠습니다. 감사합니다.

○ ○ 종합사회복지관

출처: 상리종합사회복지관(2022).

〈예시 29〉 실습 종결평가서 2

실 습 종 결 평 가 서

* 본 평가서는 실습 지침서를 참고하여 실습생 본인이 작성합니다. 서술서식으로 작성한 뒤 실습 실습 지도자와 평가회를 갖도록 합니다.

실습생명	ㅇㅇ	학교명	ㅇㅇ대학교
학번	2ㅇㅇㅇㅇㅇㅇ	실습지도 교수	최ㅇㅇ 교수님
실습기관명	ㅇㅇ종합사회복지관	실습기간	2022년 6월 27일(월) ~ 7월 22일(금)
실습 지도자 (슈퍼바이저)	오ㅇㅇ 과장	종결평가일	2022년 7월 22일(금)

1. 실습일정에 대한 평가

주차	평가내용
1주차	ㅇㅇ종합복지관에서 진행되고 있는 사업들에 대한 전반적인 교육이 이루어졌다. 복지관 사정에 의해 교육시간대가 변경된 것이 있긴 하였으나, 대체적으로 실습일정표에 나와 있는 일정에 따라 진행되었다.
2주차	지역아동센터에서 실습을 하였는데, 아동에 대한 이해와 개별 사례관리 등을 하였다. 업무보조를 하면서 상담에 대한 기본자세도 배웠고 공동실습에도 참가하였다.
3주차	보물찾기 프로그램과 밑반찬조리 및 배달과 관련된 업무보조를 하였다. 다양한 프로그램에 대해 배우기 하는데 내 것이 되지 못하는 것 같아 아쉬웠다.
4주차	푸드마켓 업무보조를 하고 주간보호센터 실습을 하였다. 종합복지관이다 보니 다양한 프로그램이 있어 좋긴 하지만 실습시간이 짧다.

2. 실습내용 및 역할에 대한 평가

주차	평가내용
1주차	사회복지관의 개념, 역사, 현황, 향후방향 등에 대해 강의를 듣고 사회복지실천 전문가로서 현장에서 지녀야 할 실천 윤리에 대한 강의가 있었으며, 관장인사와 실습일정 및 내용소개, 실습일지 작성 요령, 직원소개, 기관 라운딩 등 실습과정에 대한 전반적인 설명, 사회복지관의 조직체계, 인사 및 총무관리 등에 대한 강의가 있었다.
2주차	복지관의 지역복지 현황 및 좋은마을네트워크 운동 등 지역연계 사업 등에 대하여 등에 대해 전반적으로 설명복지관 지역사회보호사업 총괄 설명을 듣고 실습하였다. 문서작성교육 및 슈퍼비전 복지관의 가정복지 현황 및 장애인 프로그램에 대해 기획 및 진행, 평가 등에 대해 전반적으로 설명, 문서수발 등 행정업무를 진행하였고 지역 욕구조사의 취지 및 코딩 입력 등을 지도, 윤리경영 등 전달교육을 받았다.

주차	평가내용
3주차	복지관의 청소년복지사업 현황 및 지역사회서비스 투자사업에 대해 기획 및 진행, 평가 등에 대해 전반적으로 설명과 재가노인지원서비스 및 노인일자리 사업에 대한 설명을 듣고 실습을 하였다. 노인들을 대상으로 집단 프로그램을 진행하기가 어려웠다.
4주차	푸드마켓 업무설명 및 업무보조 장애인주간보호센터 및 지역아동센터에 교차하여 진행 보조를 맡았다. 아동들을 사례관리하기가 힘들었다.

3. 실습목표에 대한 평가

구분	항목	내용	점수
구체적이고 적절한 목표설정 여부		실습 전에 작성한 목표설정은 종합복지관의 특성을 반영하지 못한 목표설정이었다. 이 후 중간평가 때, 목표를 다시 설정하였다. 다시 설정한 목표는 구체적으로 설정하려고 하였으며, 실습 전에 작성한 것보다 적절한 목표를 설정한 것 같다.	
목표의 달성 여부	목표	실습생, 실습 지도자와 유기적인 관계 맺기	85
	평가	실습생들과 다양한 프로그램에 참관하면서 많은 시간을 보냈다. 타 대학생들과 많은 이야기를 할 수 있었고 서로 알아갈 수 있는 시간이 되었다. 종합복지관이라 분야별로 실습지도하시는 선생님들이 계시고 중간 중간 체크해 주시고, 과제에 대한 피드백 시간을 가지면서 가까워질 수 있었다.	
	목표	복지관에서 부서별로 진행되는 프로그램 이해하기	80
	평가	첫 주에 부서별로 진행되는 프로그램 교육을 통해 복지관에서 진행되고 있는 프로그램들을 전반적으로 이해하였고, 분야별 실습에서 교육을 받으면서 좀 더 깊이 있는 내용을 배울 수 있었다.	
	목표	지역사회 내에서 복지관이 어떠한 역할과 서비스를 제공하고 있는지 파악하기	70
	평가	과제를 준비하면서 지역 내 복지관의 역할과 서비스에 대해 확실하게 알 수 있었다.	
	목표	사회복지사로서의 자질을 점검하기	80
	평가	실습을 통해 사회복지사는 다양한 분야의 재능을 골고루 갖추고 있어야 된다는 것을 느꼈다. 분야별 실습을 통해 내게 부족한 자질이 무엇인지 파악하는 시간이 되었다.	
	목표	CT에게 정서적 지지를 하고, 상담기술을 익히기	65
	평가	아동센터와 가정방문을 통해 대상자들과 시간을 함께하면서, 친해질 수 있는 기회가 되어 좋았다. 옆에서 이야기 들어 주고 친구가 되기는 쉬운데 전문적으로 상담하기엔 기술이 부족했다.	

4. 실습에 임하는 자세에 대한 평가

1) 업무관리

(1) 시간준수, 과제제출: 실습에 임하면서 과제를 시간 내에 제출하려고 노력하였으며, 모든 과제를 시간 내에 제출하였다.

(2) 주어진 일에 대한 업무조절능력: 주어진 일에 대하여 우선순위를 정해 놓고 업무를 처리하려고 노력하였다. 그러나 후반에 세대문화공연과 과제제출일이 겹치게 되면서, 업무를 조절하지 못하고 몰아서 하다 보니, 내용면에서 조금 부실하지 않았나 싶다.

2) 직원과의 관계(실습 지도자, 타 직원, 타 전문직 직원)

종합복지관이라 분야별 실습 때 교육을 받았다. 분야별 실습을 받으면서 많은 사회복지사선생님과 업무에 대한 얘기를 나누면서 가까워질 수 있었고, 분야가 많아 장애인 주간보호센터 선생님과는 교류가 없어 아쉬웠다.

3) 다른 실습생과의 관계

실습생들과 여름을 같이 보내고 1달여의 시간 동안 밥도 같이 먹고, 얘기도 하면서 많이 친해진 것 같다. 또한 실습을 처음 하였기 때문에 모르는 점도 많고, 궁금한 점도 많았는데 물어보면 언제나 친절하게 답해 주어 고마웠고, 이들에게 많이 의지하였던 것 같다.

4) 실습에 있어서의 적극성 및 자발성

실습을 할 때 모르는 점이 있을 때마다 적극적으로 질문하였고, 미리 준비하려고 노력하였다. 다음번에 무엇을 배울지 알아보기도 하고 적극적으로 수업에 참여하려고 노력하였다.

5. 전문적 태도에 대한 평가

1) 사회복지사로서 실습생 자신의 장·단점에 대한 인식

사회복지사로서 나의 장점은 다른 사람의 말을 경청한다는 점이다. 이러한 점은 아이들이나 어르신들과 대화할 때나 과제를 수행할 때 도움이 되었다. 사회복지사로서 나의 단점은 행정적이 서류가 잘 안 되는 것 같다. 사회복지사들은 대상자를 만나는 것도 중요하지만 행정적인 서류준비도 잘해야 될 것 같다.

2) 전문가로서 윤리 및 가치관의 이행

클라이언트의 정보에 대한 비밀보장의 원칙이 적용되어야 한다. 이에 따라 실습을 통해 보았던 클라이언트에 대한 자료는 비밀보장을 원칙으로 한다.

6. 기관 이해도에 대한 평가

1) 실습생의 과업(과제)과 관련된 이해

- 실습일지를 매일 작성함으로써 하루 일과에 대해 생각하고 정리할 수 있는 시간이 된다.
- 지역사회에 필요한 프로그램을 작성하면서 복지에 대해 많이 생각해 보게 되었다.
- 가정방문을 하면서 대상자들을 상담하는 방법과 친해지는 방법을 알았다.

2) 실습생으로서의 기관 내의 권한과 한계에 대한 인식

- 가정방문을 가면 사회복지사 선생님한테 말해야 할 것을 실습생인 나한테 말하기도 해서 어떻게 대답해 줘야 할지 막막했다.

7. 실습기간 중 가장 유익했던 내용

실습을 하면서 가장 유익했던 것은 스타쉐프 프로그램입니다. 스타쉐프는 장애청소년이 일반학교에 다니는 특급학교 학생들의 대상으로 하고 한식조리사 자격증 실시반이었습니다. 하지만 실질적으로 장애아동이 짧은 시간에 자격증을 따는 것은 어렵고 장시간으로 해야 한다고 하셨습니다. 장애청소년들이 일반학교에서 다니면서 일반청소년이 괴롭히는 것을 기억해 같은 장애를 가진 아이들에게 모방한다는 것을 들었습니다. 이 사실을 들었을 때 매우 놀랐습니다. 무조건 아이들은 그것을 다 기억하고 실천으로 옮긴다는 것을 알았습니다. 잘못된 것은 이유와 함께 설명해 주는 것이 필요하고, 말 한마디 행동 하나에도 생각하고 해야겠다고 생각했습니다.

8. 실습기간 중 가장 안 좋았던 내용

지역자원지도를 만들면서 내가 맞은 지역에 어떤 곳이고 어떤 자원들이 있는지 알게 되었고, 평소에는 가보지 못했던 곳에 가 보게 되어 좋았습니다. 그리고 두 번째로 간 지역은 큰 도로 쪽에 상가들이 있었고 골목으로 들어가면 다 주택가였습니다. 맨 처음에 지도를 만들어 보고 그때 어떻게 해야 빠르고 잘 찾을 수 있을지에 대해 조금은 알게 되어 이번에는 가기 전에 지도를 만들어서 갔기 때문에 길 찾는데 어려움이 없었고, 처음보다는 빠른 시간 내에 다 둘러 볼 수 있었습니다. 재가복지에 대해 배웠는데 노인분과 장애인 분들을 위한 프로그램이 많이 있었습니다. 그중 설, 추석 같은 명절에도 복지관에서 요보호대상자에게 물품을 지급하는데 이 사업은 정말 좋은 것 같습니다. 혼자 있으면 제일 외로운 게 명절 같은 날인데 복지관에서 이런 서비스를 제공하는 것이 정말 좋은 것 같습니다.

9. 실습기관, 실습 지도자, 대학에 대한 건의사항

- 실습기관에 대한 건의사항: 종합복지관 실습은 분야가 많기 때문에 120시간으로 부족한 것 같아 실습이 끝나고 난 뒤에도 좀 더 실습을 할 수 있으면 좋겠습니다.

10. 기타 하고 싶은 말

한 달 동안 많은 것을 보고, 느끼고, 알아갈 수 있는 시간이었습니다.
복지관 업무가 바쁘신 와중에도 교육해 여러 분야의 복지사 선생님들이 도와주셔서 감사합니다.

출처: 상리종합사회복지관.

〈예시 30〉 실습 종결평가서 3

실습생 종결평가서

실습생명: ○○○

실습 지도자명: ○○○ **부장**

실습기간: 6월 25일 ~ 7월 20일

1. 실습일정과 내용

- 6월 25일 ~ 6월 27일: 부산사회복지관협회 공동실습
- 실습 교육 내용: 복지관 OT, 사례관리 · 장애인주간보호 · 청소년복지 · 지역아동센터 · 지역자활센터, 노인복지센터 · 장애인 · 노인복지 · 가정 · 장애인복지 · 재가복지 · 장애활동보조사업
- 대상자 가정방문, 무료급식, 푸드마켓 후원처 개발을 위한 지역자원지도 제작, 영도구 푸드마켓 · 참터 · 노인대학 견학, 보물찾기 프로그램 참여, 노인복지센터 업무 보조, 신나는 학교 만들기 프로그램 진행, 주간보호센터 및 지역아동센터 내 프로그램 참여, 프로포절 작성(아동), 사례관리(인테이크, 사정점수표, 사례관리계획서) 작성

→ 실습일정과 내용이 체계적이고 구체적이었으며 활동내용 또한 다양하고 우수하였다.

2. 자신이 세운 실습목표가 어느 정도 달성되었는가?

- 실습목적: 사회복지현장실습을 통해 사회복지관의 사업과 사회복지사에 대한 이해를 바탕으로 진로선택의 계기를 마련한다.
- 실습목표

① 사회복지사의 역할을 이해한다.
노인복지센터 업무보조를 통하여 서류 등을 살펴보면서 보다 구체적이고 직접적인 업무방식을 배울 수 있었고, 각종 프로그램 참관 및 진행을 통하여 프로그램 진행흐름과 내용을 배울 수 있었다. 또한, 업무보조와 각종 프로그램 참관 및 진행 등을 통하여 교과에서 배운 사회복지사의 역할을 실무에 적용해 봄으로 사회복지사의 업무를 이해할 수 있었고, 사회복지사의 일과를 객관적으로 관찰할 수 있었다.

② 지역사회 내에서 사회복지관의 역할을 이해한다.
실습기간 중 재사정을 위한 사전 조사 및 도시락 배달 등을 통하여 지역주민 5명 이상과 지역사회와 사회복지기관에 대한 다양한 이야기를 나눔으로 주민의 욕구를 파악하고, 그에 맞는 사회복지관 사업 및 방향을 생각해 볼 수 있었다.

③ 실습에 충실히 임한다.

일지작성 및 과제수행에 충실하고 정해진 기한을 엄수하기 위해 노력하였다. 동료 실습생들과의 친밀한 관계는 형성하였으나, 사회복지사와의 친밀한 관계형성은 하지 못하였다. 실습기간 중 모든 것에 적극적인 자세로 탐구하려고 노력하였으나 부족한 부분이 있었다.

성취도(%): 75%

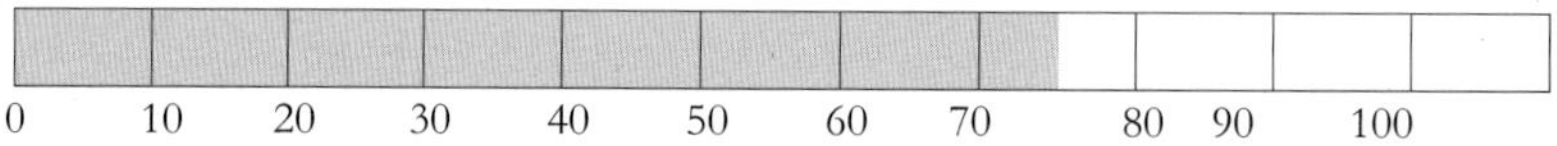

3. 종합평가

1) 행정적인 면에서 배운 점

실습일정표의 변경은 있었지만 실습일정표에 따라 업무수행이 이루어졌다. 기관의 규칙 중 하나는 기관에서 만나는 모든 사람에게 항상 밝은 미소로 인사를 하는 것으로, 사회복지사 선생님들 대부분은 잘 지키고 있었고, 사회복지에 있어 인사의 중요성을 다시 한 번 알게 되었다. 출근시간은 오전 9시까지로 오전 8시 50분 이전에는 항상 출근하였으며, 퇴근시간 오후 6시지만 슈퍼바이저께서 여유롭게 10~20분 정도 이른 퇴근을 하게 해 주셨다. 실습생들과의 실습을 함께 하면서 정보를 공유하면서 서로의 부족한 점을 보완하기도 하고, 프로그램 개발 시 혼자 생각하는 것보다 많은 아이디어, 더 좋은 아이디어가 나오면서 더 큰 성과를 얻을 수 있음을 다시 한 번 깨닫게 되었다. 또한 힘들 때 위로가 되고, 4주라는 긴 시간 동안 팀과 팀원들 간의 관계가 좋아야 실습기간을 더 재미있고, 알차게 보낸다는 것을 알게 되었다.

2) 교육적인 면에서 배운 점

복지관 내에서 진행되고 있는 다양한 프로그램에 참여하면서, 아동, 노인, 장애인 등 다양한 대상자들도 만나 보면서 다양한 경험을 쌓을 수 있었다. 그중 가장 좋았던 대상은 아동이었고, 주간보호센터와 보물찾기 등 장애인을 대상으로 하는 프로그램에 참여하면서 장애인에 대한 생각이 많이 변화되었다. 장애인들이 처음에 무서웠지만, 지금은 장애인들이 무섭지 않고 그들을 긍정적으로 바라보게 되었다. 프로포절을 기획하면서 대상자의 특성을 잘 파악하고, 그들에게 필요한 프로그램을 기획하는 것이 중요하고, 성과목표와 산출목표를 설정하는 것이 어려워 프로그램 개발 및 평가 책을 좀 더 공부해야겠다는 필요성을 느꼈다. ㅇㅇ초등학교에서 실시되고 있는 신나는 학교 만들기 프로그램을 1회 진행해 봄으로 아이들과 소통할 수 있었고, 프로그램을 진행하면서 내가 부족했던 점과 프로그램을 진행하면서 주 진행자와 보조 진행자의 역할이 명확해야 진행이 매끄럽다는 것을 배웠다.

3) 평가적인 면에서 배운 점

신나는 학교 만들기 프로그램 개발 및 진행, 프로포절, 지역자원지도 그리기, 사례관리의 과제를 수행하고 이 과제들에 대해 평가를 받음으로 부족한 부분은 피드백을 받으며 수정, 보완해 나갈 수 있었다. 또한, 과제를 평가받으면서 나에게 부족한 부분이 무엇인지 알 수 있었고, 그에 대한 공부의 필요성도 알게 되었다. 기술적인 면에 있어 교과에서 배운 기술을 상황에 따라 기술을 적용할 수 있는 능력이 필요하다는 것을 배웠다.

4. 전문성 개발

1) 이번 실습 경험은 앞으로 사회사업 실천에 활용될 수 있겠는가?

활용할 수 있다. 다양한 대상자를 접해 봄으로 대상마다 라포르를 형성하는 방법을 배울 수 있었고, 프로그램 기획에 대한 배움도 많이 얻었다. 또한, 사회사업의 반이라는 인사의 중요성도 배워 이번 실습 경험이 사회사업 실천에 활용될 것이라 생각된다.

2) 이번 실습으로 좀 더 사회사업 분야의 광범위한 측면은 인식할 수 있었는가?

인식할 수 있었다. 사회복지관에서 행정, 실천 등의 전반적인 업무를 보고, 배움으로 사회사업 분야의 광범위한 측면을 느낄 수 있었다.

3) 사회사업 선택에 대한 갈등은 없었는가?

갈등이 있었다. 실습을 통해 다양한 클라이언트와 다양한 업무를 접해보면서, 실제 사회복지사의 업무를 해 보았다. 사회복지사의 다양한 업무를 직접 경험해 보면서 사회복지사로서 나의 부족한 점을 발견하였고, 내가 사회복지사가 되면 잘 할 수 있을지 고민을 하였다. 이 고민을 통하여 나의 진로선택에 있어 진지하게 고민해 보는 시간이 되었다.

5. 실습과정상 좋았던 점과 어려웠던 점

이번 실습과정에서 다양한 대상과 다양한 프로그램을 경험할 수 있었던 점과 저의 부족한 점을 발견하고, 그 점을 개선하기 위해 어떤 노력을 해야 하는지 생각하는 시간을 갖게 되어 좋았다. 어려웠던 점은 크게 없었으나, 날씨가 좋지 않은 날에 지역자원조사를 나갔던 것이 힘들었다.

6. 실습 지도자에게 바라고 싶은 점(또는 하고 싶은 말)

그동안 저희 실습생들은 신경 써 주시고, 많이 가르쳐주기 위해 노력해 주셔서 감사합니다. 이번 실습을 통하여 사회복지사의 역할을 수행하면서 예비사회복지사로서 갖추어야 할 지식과 자질에 대해 배울 수 있어 좋았습니다.

7. 실습기관에 바라고 싶은 점(또는 하고 싶은 말)

이번 저희 실습생들이 그린 지역자원지도를 앞으로 가치 있게 사용해 주셨으면 좋겠습니다. 그리고 지속적인 후원처를 찾아 푸드마켓이 잘 운영되었으면 좋겠습니다.

출처: 상리종합사회복지관.

〈예시 31〉 사회복지현장실습 확인서(2021.04.15.개정)

<2021.04.15.개정>

사회복지 현장실습 확인서

(앞쪽)

실 습 생 인적사항	성 명		생년월일	※「주민등록번호」 앞자리 6자리를 기재 바랍니다
	휴대전화번호		학 교 명	※ 현재 소속중인 학교명을 기재 바랍니다.
실습기관 및 실습지도자	실습기관명		실습기관 관리번호	※ 실습기관 선정 시 부여된 등록번호 기재
	기관 주소	※「도로명 주소」로 기입해 주세요	전화번호	
	실습 지도자명	※ 실습생의 실습을 지도한 지도자명 기재	사회복지사자격번호 (취득일자)	제 - 호 (. . .)
실습기간	실습 기간	20 년 월 일 ~ 20 년 월 일		
	실습 시간	총 시간 (총 회, 1일 평균 시간)		

실습기관은「사회복지사업법 시행규칙」 제3조 [별표1]의 규정에 따라 자격요건을 갖춘 실습기관과 실습지도자에 의해 기관 실습을 진행하였으며, 상기 실습생이 위와 같이 기관실습을 하였음을 확인합니다.

20 년 월 일

기관실습 지도자 : (서명 또는 인) 기관실습 실시기관 : (직인)

교육기관 및 세미나교수	교육기관 유형	[ ]오프라인 / [ ]온라인	교육기관명	※ 실습세미나 교육기관명을 기재 바랍니다.
	실습세미나 교수명		학 과 명	
	실습세미나 교수 취득학위 (사회복지학 또는 사회사업학)	[ ]학사, [ ]석사, [ ]박사	교육기관 전화번호	
실습세미나	실습세미나 기간	20 년 월 일 ~ 20 년 월 일		
	실습세미나 횟수(시간)	총 회 (시간)	대면방식 세미나 횟수 (시간)	총 회 (시간)

교육기관은 「사회복지사업법 시행규칙」 제3조 [별표1]의 규정에 따라 자격요건을 갖춘 실습세미나 지도교수에 의해 실습세미나를 진행하였으며, 상기 실습생은 위와 같이 실습세미나를 이수하였음을 확인합니다.

20 년 월 일

실습세미나 교수 : (서명 또는 인) 학 과 장 : (직인)

한국사회복지사협회장 귀하

재발급 사유	※ 사회복지 현장실습 확인서 재발급 시 재발급 사유 기재 바랍니다.

[사회복지현장실습에 관한 기준] - 사회복지사업법 시행규칙[별표1] 사회복지관련 교과목 (제3조 관련)

① 기관실습 실시기관 : 보건복지부장관으로부터 선정된 사회복지사업을 수행하는 기관, 법인, 시설 또는 단체

② 기관실습 지도자 : 사회복지사 1급 자격증을 취득한 이후 3년 이상 또는 사회복지사 2급 자격증을 취득한 이후 5년 이상 사회복지사업의 실무경험이 있는 자로 기관실습이 실시되는 연도의 전년도에 8시간 이상의 보수교육을 받은 자

③ 기관실습 시간 : 160시간 이상으로 한다.(단, 시행일 2020.1.1. 기준일 2019.12.31. 사회복지학 전공교과목과 사회복지관련 교과목의 전부 또는 일부 이수하였거나 수강하고 있는 사람은 120시간 이상)

④ 실습세미나 : 1회당 2시간 이상의 실습세미나를 총 15회 이상 실시하며, 정보통신망을 이용한 온라인 교육을 실시하는 교육기관의 실습세미나에는 대면 방식의 세미나가 총 3회 이상 포함되어야 하며, 한 세미나에 참여하는 학생 수는 30명 이내일 것

⑤ 실습세미나 교수 : 학사, 석사 또 박사 학위 중 2개 이상의 학위를 사회복지학 또는 사회사업학 전공으로 취득한 사람으로서 3년 이상의 사회복지학 교육경험 또는 3년 이상의 사회복지사업 실무경험이 있는 교수가 지도할 것

※ 법령이 정한 상기 기준은 모두 충족해야 하며, 미충족시 사회복지사자격 증을 교부할 수 없습니다.

5. 사회복지사 자격증 발급

한국사회복지사협회 차세대 전산시스템개발에 따라, 기존의 사회복지사 자격증 발급 신청 방법(수기 작성→우편제출)은 온라인 작성(온라인 입력 뒤 출력→우편제출)으로 변경되었다.

자격증신청서는 온라인으로 작성 후 신청서를 출력하여 신청 구비서류와 함께 시도 사회복지사 협회로 등기 발송한다. 발급수수료 및 회비는 시·도사회복지사 협회로 계좌입금한다.

한국사회복지사협회자격관리센터(lic.welfare.net) 온라인 자격신청은 아래와 같다.[https://www.welfare.net/lic/oa/onap/selectOnapIntro.do?mi=1130]

1) 자격증 신청절차

[그림 5] 자격증 신청 절차

(1) 자격증 발급수수료 및 회원가입 안내

–사회복지사자격증 발급 수수료:1만원(근거: 『사회복지사업법』 제11조제4항 및 동법시행규칙 제4조 제4항)

–협회 회원증 발급 수수료 :1만원

–연회비: 5만원(근거:한국사회복지사협회 정관 제5조 회원규정)

–구비서류: ①사회복지사 자격증 발급신청서 1부(자격증신청서 온라인 입력)

② 6개월 이내 모자등을 쓰지 않고 촬영한 천연색 상반신 정면사진(3.5cm×4.5cm)을 이미지 파일 준비

③ 최종 학력증명서, 성적증명서

④ 사회복지현장실습 확인서(원본)

2) 사회복지사 자격증 접수처

구분	연락처	주소/계좌	홈페이지/대표메일
강원	Tel. 033)262-4254	(24209) 강원도 춘천시 동면 소양강로110, 402호	gw.welfare.net
	Fax. 033)253-4254	농협 301042-51-005884 / 예금주: 강원도사회복지사협회	gwwelfare@hanmail.net
경기	Tel. 031)252-7554	(16690) 경기도 수원시 영통구 덕영대로 1556번길 16 디지털엠파이어 B동 406호	kg.welfare.net
	Fax. 031)257-3323	국민 877001-01-444745 / 예금주: 경기도사회복지사협회	kgasw@hanmail.net
경남	Tel. 055)299-1518	(51352) 경남 창원시 마산회원구 팔용로 262 창신대학교 6호관 4층 6408호	gsw.or.kr
	Fax. 055)294-3020	경남은행 055-299-1518 / 예금주: 경남사회복지사협회	gsw1518@naver.com
경북	Tel. 053)814-8611	(38452) 경북 경산시 진량읍 대학로 1386, 2층	gbasw.or.kr
	Fax. 053)814-8619	농협 301-0095-9138-11 / 예금주: 경북사회복지사협회	gbasw@daum.net
광주	Tel. 062)524-7932	(61253) 광주광역시 북구 천변우로 40, 1층	gasw.or.kr
	Fax. 062)524-7930	광주은행 001-107-744472 / 예금주: 광주광역시사회복지사협회	kj-kasw@hanmail.net
대구	Tel. 053)986-9881	(41155)대구광역시 동구 동촌로16길 20 동촌신협 6층	welpia.org
	Fax. 053)986-9882	대구 040-10-000737 / 예금주: 대구광역시사회복지사협회	tasw1967_@naver.com
대전	Tel. 042)254-7109	(34917) 대전광역시 중구 보문로 246 대림빌딩 8층 806호	djasw.or.kr
	Fax. 042)254-7107	국민 480401-04-076644 / 예금주: 대전광역시사회복지사협회	djasw@hanmail.net
부산	Tel. 051)507-1285	(47511) 부산광역시 연제구 법원로12, 로윈타워 603호	basw.or.kr
	Fax. 051)507-1286	국민 939737-01-003007 / 예금주: 부산사회복지사협회	baswco@hanmail.net
서울	Tel. 02)783-2962	(07217) 서울특별시 영등포구 당산로 171 금강펜테리움 IT타워 206호	sasw.or.kr
	Fax. 02)786-2966	신한 140-012-290890 / 예금주: 서울특별시사회복지사협회	sasw@sasw.or.kr
세종	Tel. 044)715-7225	(30127) 세종특별자치시 한누리대로 249, 704호(나성동, 에스제이타워) 세종시사회복지사협회	sj.welfare.net
	Fax. 0505-182-5577	신협 131-017-073037 / 예금주: 세종특별자치시 사회복지사협회	
울산	Tel. 052)246-9561	(44421) 울산광역시 중구 성안로 148 보원빌딩 4층	ul.welfare.net
	Fax. 052)246-9562	경남 517-07-0163755 / 예금주: 울산광역시사회복지사협회	uasw@hanmail.net
인천	Tel. 032)886-5411	(21511) 인천광역시 남동구 용천로 208 인천사회복지회관 607호	iasw.or.kr
	Fax. 032)886-5410	신한 100-027-824823 / 예금주: 인천광역시사회복지사협회	iasw1975@kasw.or.kr
전남	Tel. 061)287-5659	(58565) 전남 무안군 삼향읍 오룡3길 22, 전남사회복지회관 2층	jnasw.or.kr
	Fax. 061)282-5651	우체국 503706-01-001391 / 예금주: 전남사회복지사협회	jaswko@hanmail.net
전북	Tel. 063)252-3994	(54932) 전북 전주시 덕진구 전주천동로 483 전북사회복지회관 4층	jb.welfare.net
	Fax. 063)252-3995	전북 539-23-0300006 / 예금주: 전북사회복지사협회	jbasw21@hanmail.net
제주	Tel. 064)726-2154	(63145) 제주특별자치도 제주시 연미2길 5(오라삼동)	jeju.welfare.net
	Fax. 064)722-8752	제주 15-01-183595 / 예금주: 제주특별자치도사회복지사협회	jasw90@naver.com
충남	Tel. 041)634-5598	(32254) 충남 홍성군 홍북읍 홍예공원로 20 2층 충남사회복지사협회	cnwelfare.net
	Fax. 041)634-5595	농협 301-0102-3336-31 / 예금주: 충청남도사회복지사협회	cnwelfare@hanmail.net
충북	Tel. 043)232-2213	(28583) 충북 청주시 흥덕구 공단로 87 충북종합사회복지센터 402호	cbasw.or.kr
	Fax. 043)232-4413	농협 1187-01-004075 / 예금주: 충청북도사회복지사협회	cbasw@hanmail.net

6. 사회복지사 1급 국가시험

1) 주요연혁

1) 1997.08.22. 사회복지사의 전문성을 제고하기 위해 사회복지사 1급 자격 기준을 학위제도에서 시험제도로 변경
2) 2003.04.27. 제1회 사회복지사 1급 자격시험 실시
3) 2008.10.23. 시험 관리기관 변경(협회 → 한국산업인력공단)
4) 2021.02.06. 제19회 사회복지사 1급 국가자격시험 실시

2) 시험 관리기관

가) 한국산업인력공단(보건복지부 고시 제2008-121호, '08.10.23.)

○ 다만, 사회복지사 1급 국가시험의 전문성을 고려하여 응시자격 서류접수 및 심사관련 업무는 한국사회복지사협회가 담당함

3) 응시자격(사회복지사업법 시행령 제4조)

1) 「고등교육법」에 따른 대학원에서 사회복지학 또는 사회사업학을 전공하고 석사학위 또는 박사학위를 취득한 자. 다만, 대학에서 사회복지학 또는 사회사업학을 전공하지 아니 하고 동 석사학위를 취득한 자는 보건복지부령이 정하는 **사회복지학 전공교과목과 사회복지 관련 교과목 중 사회복지현장실습을 포함한(2004.7.31 이후 입학생부터 해당)** 필수 과목 6과목이상(대학에서 이수한 교과목을 포함하되, 대학원에서 4과목 이상을 이수하여 야 한다)과 선택과목 2과목 이상을 각각 이수하여야 한다.
2) 「고등교육법」에 따른 대학에서 **보건복지부령이 정하는 사회복지학 전공교과목과 사회복지 관련 교과목을 이수하고 학사 학위를 취득한 자**

3) 법령에서 「고등교육법」에 따른 **대학을 졸업한 자와 동등 이상의 학력**이 있다고 인정하는자로서 **보건복지부령이 정하는 사회복지학 전공교과목과 사회복지 관련 교과목을 이수한 자**
4) 외국의 대학 또는 대학원에서 사회복지학 또는 사회사업학을 전공하고 학사학위 이상을 취득한 자로서 상기 **가호 및 나호**의 자격과 동등하다고 보건복지부장관이 인정하는 자
5) 다음 어느 하나에 해당하여 **사회복지사 2급 자격증을 취득한 자 중에서 그 자격증을 취득한 날부터 시험일까지의 기간 동안** 1년 이상 사회복지 사업의 실무경험이 있는자

○ 「고등교육법」에 따른 전문대학에서 보건복지부령이 정하는 사회복지학 전공교과목과 사회복지 관련 교과목을 이수하고 졸업한 자

○ 법령에서 「고등교육법」에 따른 전문대학을 졸업한 자와 동등 이상의 학력이 있다고인정하는 자로서 보건복지부령이 정하는 사회복지학 전공교과목과 사회복지 관련 교과목을 이수한 자

○ 「고등교육법」에 따른 대학을 졸업(이와 동등이상의 학력이 있는 경우 포함)한 이후보건복지부장관이 지정하는 교육훈련기관에서 12주 이상의 사회복지사업에 관한 교육훈련을 이수한 자

○ 종전의 「사회복지사업법」(법률 제14923호로 개정되기 전의 것을 말한다)에 따라 사회복지사 3급 자격증을 취득한 이후 3년 이상 사회복지사업의 실무경험이 있는 자

4) 시험구성 및 시험과목(배점)

(1) 시험 구성

시험과목수	문제수	배점	총점	문제형식
3과목(8영역)	200	1점/1문제	200	객관식 5지 선다형

(2) 시험 과목 및 배점

과 목	영역
사회복지기초(50점)	인간행동과 사회환경(25점), 사회복지조사론(25점)
사회복지실천(75점)	사회복지실천론(25점), 사회복지실천기술론(25점) 지역사회복지론(25점)
사회복지정책과제도(75점)	사회복지정책론(25점), 사회복지행정론(25점) 사회복지법제와 실천론(25점)

(3) 필기 시험합격 및 최종합격자 결정기준

○ 필기시험의 합격결정에 있어서는 매 과목 4할 이상, 전 과목 총점의 6할 이상을 득점한 자를 **합격예정자**로 결정

※ 매 과목 만점의 40%이상, 전 과목 총점의 60%이상 득점

○ 사회복지사 1급 국가시험 합격예정자에 대해서는 **한국사회복지사협회**에서 응시자격 서류심사를 실시하며, 심사결과 부적격 사유에 해당되거나, 응시자격서류를 정해진 기한 내에 제출하지 않은 경우 **최종 불합격 처리**

○ **최종합격자 발표 후**라도 제출된 서류 등의 기재사항이 사실과 다르거나 응시자격 부적격사유가 발견될 때는 합격을 취소함

5) 기타사항

(1) 응시수수료 : 25,000원

※ 응시료는 다소 변경될 수 있으며, 해당연도 국가시험 시행 공고문에서 확인 해야 함.

(2) 시험시기 : 매년 1~2월 중(연 1회)

(3) 시험일시, 시험장소, 시험과목, 응시원서의 제출기간 등 기타 필요한 사항은 시험 공고 시(시험일 전까지)에 발표

(4) 시험관리 기관은 합격자 성명 및 주소, 시험 합격번호 및 합격 연월일을 한국사회복지사협회에 통보

(5) 사회복지사 1급 심사와 자격증 발급 신청 시 제출하는 구비서류는 반환되지 않음

6) 사회복지사 1급 국가시험 시행 및 1급 자격증 발급 흐름도

구분	절차	주관
국가시험	1. 시험 시행공고 (시험일 90일 전 공고)	한국산업인력공단 주관
	↓ 2. 원서접수(인터넷)	
	↓ 3. 시험시행	
	↓ 4. 합격예정자 발표	
	↓ 5. 응시자격서류접수 (합격예정자에 한함) (합격예정자 발표일부터 2주간~3주간)	한국사회복지사협회 수행 ※ 지방협회가 수행하지 않음
	↓ 6. 서류심사 (서류접수 시작일부터 3주간~4주간)	
	↓ 7. 최종합격자 발표	한국산업인력공단 주관
자격증 신청 · 접수 및 발급	↓ 8. 자격증 발급 신청 (합격예정자 발표일부터~)	최종합격자가 지방사회복지사협회로 개별 신청
	↓ 9. 심사 및 발급	한국사회복지사협회 수행 ※ 지방협회가 수행하지 않음

[그림 6] 사회복지사 1급 국가시험 및 1급 자격증 발급 흐름도

c·h·a·p·t·e·r

04 사회복지현장실습 관련 참고사항

한국사회복지사협회에서는 사회복지현장실습 내실화를 위해 사회복지실습기관 및 실습 지도자에 대한 사회복지현장실습기관 선정 기준을 마련하고 보건복지부장관의 선정을 받아 사회복지현장실습기관을 선정하고 있다. 사회복지현장실습 표준화를 위해 분야별 「표준실습교육매뉴얼」로 종합사회복지관, 노인이용시설용을 발간하였으며 「2014 표준실습교육매뉴얼」(장애인복지관, 생활시설) 분야별 매뉴얼이 개발되었다. 2017년, 2021년 사회복지사 자격관리지침을 마련하고 있다. 아래 내용은 2021년 사회복지사 자격관리지침을 참고한 내용이다.

1. 사회복지현장실습 기관실습 실시기관 선정

한국사회복지사협회는 기관실습 실시기관의 지속적인 질 관리를 통해 사회복지현장에서 요구하는 사회복지사를 양성할 수 있는 체계 구축을 위하여 실습기관을 선정하고 있다.

「사회복지사업법 시행규칙」 제3조제2항('19개정, '20.1.1.시행), 기관실습 실시기관 선정 및 선정취소 등 사회복지현장실습 운영에 관한 고시('19.11.14.시행)에 근거를 두고 있다.

1) 사회복지현장실습 운영 선정기관 선정요건

사회복지현장실습 운영을 위해서는 아래 선정요건을 갖춘 후 보건복지부장관의 선정을 받아야 한다.

– 사회복지사업을 수행하는 기관, 법인, 시설 또는 단체일 것
– 실습 지도자 자격을 가진 사회복지사가 2명 이상 상근할 것
* 1급 사회복지사 자격증 취득 후 3년 이상 또는 2급 사회복지사 자격증 취득 후 5년 이상의 사회복지사업 실무경험이 있어야 하며, 전년도 8시간 이상의 보수교육을 이수하여야 한다.

2) 선정기준 및 제출서류

재선정기준 및 신규 선정 제출서류 조건은 동일하다.

(1) 기관실습 실시기관 선정 기준

– 실습기관
① 아래 각 항목 중 하나에 해당하는 기관
• 「사회복지사업법」 제2조제1호 각목의 법률에 따른 사회복지사업을 위해 설립된 법인·시설, 기관 및 단체(사회복지법인 또는 사회복지시설)
• 상기 외에 사회복지사업을 수행하는 기관, 법인, 시설 또는 단체
② 실습 지도자 자격을 가진 사회복지사가 2명 이상 상근

(2) 실습 지도자의 기준

① 사회복지사 1급 자격증을 취득한 이후 3년 이상 또는 사회복지사 2급 자격증을 취득한 이후 5년 이상 사회복지 실무경험이 있는 자
② 전년도에 법 제13조에 따른 보수교육을 이수한 자
③ 실습기간 중 실습기관에 재직하는 사람으로서 상근하는 자
※ 2개 이상의 시설에서 상근하는 경우 1개 기관의 실습 지도자로만 등록이 가능

(3) 제출서류

구분	사회복지법인 또는 사회복지시설	비영리법인, 비영리민간단체, 공공기관 등 (사회복지법인 및 사회복지시설 제외)
공통	**① 기관실습 실시기관 선정 신청서** [별지 제1호서식] ⇒ 온라인 신청서 대체	**① 기관실습 실시기관 선정 신청서** [별지 제1호서식] ⇒ 온라인 신청서 대체
실습기관	**② 사업자등록증**(또는 고유번호증) 1부 **③ 기관확인서류(아래 중 택 1)** • 사회복지시설 신고증 • 사회복지법인은 설립허가증	**② 사업자등록증**(또는 고유번호증) 1부 **③ 기관확인서류(아래 중 택 1)** • 법인설립허가증 & 정관 • 비영리민간단체등록증 & 정관 • 사회복지사업 위수탁 확인서 • 기타 기관설립 근거 서류 **③-1 사회복지사업 수행 사실 확인서** [별지 제3호서식]
실습지도자	**〈개인별 1부씩〉** **④ 사회복지사업 실무 경험확인서** 1부 [별지 제2호서식] **⑤ 상근확인서류**(아래 중 택 1부) • 건강보험자격득실 확인서(국민건강보험공단 발급) • 국민연금 가입자 가입증명서(국민연금공단 발급) • 갑종근로소득에 대한 소득세납세증명원(국세청 발급) • 근로소득원천징수 영수증(재직기관 발급) **⑥ 사회복지사 보수교육 이수증(19, 20, 21년도)**	**〈개인별 1부씩〉** **④ 사회복지사업 실무 경험확인서** 1부 [별지 제2호서식] **⑤ 상근확인서류**(아래 중 택 1부) • 건강보험자격득실 확인서(국민건강보험공단 발급) • 국민연금 가입자 가입증명서(국민연금공단 발급) • 갑종근로소득에 대한 소득세납세증명원(국세청 발급) • 근로소득원천징수 영수증(재직기관 발급) **⑥ 사회복지사 보수교육 이수증(19, 20, 21년도)**
실습내용	⑦ 기관실습비 세부항목 ⑧ 기관실습 운영계획서	⑦ 기관실습비 세부항목 ⑧ 기관실습 운영계획서

※ 접수된 서류는 선정 여부와 관계없이 반환하지 않음

(4) 제출서류 별 상세내용

① 기관실습 실시기관 선정 신청서(별지 제1호서식, 온라인 신청)

- 기관실습 실시기관 선정 신청서는 온라인 신청서 입력으로 대체

② 사업자등록증 또는 고유번호증

- 사업자등록증과 고유번호증 모두 있는 경우, 사업자등록증만 제출

③ 기관확인서류

- 사회복지시설 신고증(사회복지법인은 법인설립허가증)
  - 상위 운영법인의 허가증을 제출하거나 시설신고증이 아닌 고유번호증 혹은 사업자등록증을 제출하는 경우 인정 불가
- 비영리법인설립허가증 또는 비영리민간단체등록증 등 신청기관의 설립 근거를 확인할 수 있는 서류
  - 사회복지업무를 국가 또는 지방자치단체로부터 위·수탁받은 경우에는 위수탁협약서로 대체 가능함
- 정관
  - 정관이 있는 경우: 정관 전문 첨부
  - 정관이 없는 경우: 운영 규정 첨부(주민자치센터나 보건소는 업무분장표 첨부 가능)
  - 정관, 운영 규정 등 모두 없는 경우: 사회복지사업을 운영하는 증빙서류 첨부 (조례, 사업계획서 등 기관의 사회복지사업 수행 사실 근거가 될 수 있는 서류 일체)

③-1 사회복지사업 수행 사실 확인서(별지 제3호서식)

- 사회복지사업 수행 사실 확인서 중 결산 내역은 2019~2021년 실적으로 작성
- 제출일 현재 설립기간이 3년 경과하지 아니한 경우에는 (i)제출가능한 사업연도의 결산서, (ii)2022년도 예산서, (iii)신청하는 날이 속하는 달의 직전월까지의 월별 수입지출 내역서를 제출

④ 실습 지도자 사회복지사업 실무 경험확인서(별지 제2호서식)

- 사회복지사 자격증 발급일 이후의 실무경험으로 사회복지사로 근무한 사실을 확인할 수 있어야 함
- 근무기관별 경력 합산이 필요한 경우 과거 근무기관에서 각각 서류를 발급받아 제출해야 함
- 실습 지도자 사회복지사업 실무 경험확인서 상 경력기간은 상근 확인서류 상(건강보험자격득실 확인서 등)의 취득·상실기간과 일치해야 함

※ 현재 재직 중인 소속기관의 사회복지사업 실무 경험확인서는 반드시 제출하여야 함

※ 직종 란에 분야, 직위를 기재하지 않도록 유의

⑤ 상근확인서류(하단 서류 중 택1)

- 건강보험자격득실 확인서(국민건강보험공단 발급)
- 국민연금 가입자 가입증명서(국민연금공단 발급)
- 근로소득원천징수 영수증(재직기관 발급) 또는 소득금액증명원(국세청)
- 고용보험 피보험자 자격내용서(고용지원센터 발급)

※ 과거 근무경력을 합산하여야 할 경우, 해당 근무경력 이력까지 모두 확인되도록 출력하여 제출

※ 근로소득원천징수 영수증에는 반드시 신청기관의 내역이 기재되어야 하며 기관직인이 날인되어야 함

⑥ 사회복지사 보수교육 이수증

- 실습 지도자의 2019년도 사회복지사 보수교육 이수증
- 실습 지도자의 2020년도 사회복지사 보수교육 이수증
- 실습 지도자의 2021년도 사회복지사 보수교육 이수증

⑦ 기관실습비 세부항목서(온라인 신청)

- 기관실습비는 실습교육 운영에 따른 직접비용으로 구성, 세부 항목 별 산출내역을 포함하여 상세히 작성
- 온라인 신청서 입력으로 대체

※ 실습생 1인당 기관실습비는 10만원 내외로 권고(실습생 식비는 별도 부과 가능하나, 실습비 이외의 '후원금', '실습 이외의 교육비' 등 추가비용 요구해서는 안됨)

⑧ 기관실습 운영계획서(온라인 신청)

- 기관에서 진행할 사회복지현장실습 교육과정의 전반적인 내용을 포함하여 일자별로 충실히 작성
- 실습 지도자의 근로시간 내, 하루 최소 4시간 이상 최대 8시간 이하로 계획하여야 함

3) 선정 후 유의사항

(1) 사회복지현장실습의 운영

- 교육기관은 사회복지현장실습 교과목 운영을 위한 행정총괄 및 실시기관과의 연락을 지원
- 실습세미나 교수는 기관실습 지도자와 협력하여 사회복지현장실습기관 선정 현황과 실시기관별 사회복지현장실습 운영계획서에 따라 실습이 운영되도록 교과목을 총괄 운영하고 최종 평가
- 실시기관은 사회복지현장실습에 다음 각 호의 내용을 포함

① 기관, 지역사회, 클라이언트에 대한 이해

② 기관과 관련된 정책 및 제도(지침), 자원 네트워킹에 대한 이해

③ 기관의 사회복지실천(또는 정책 및 행정 분야)에 대한 직간접적인 경험

④ 기관의 행정 및 기록에 대한 교육

⑤ 사회복지사로서의 윤리적 실천 및 가치, 안전지침에 대한 교육

⑥ 실습내용에 대한 피드백 및 정기적인 슈퍼비전 제공, 실습 중간평가 진행 및 평가내용의 반영, 종결평가 진행 및 실습평가서 작성

※ 반드시 등록된 실습 지도자에 의해서만 실습 지도가 가능함 (미등록 실습 지도자에 의한 실습 진행 시 실습이 불인정 될 수 있음)

※ 실습 지도자는 기관실습이 실시되는 연도의 전년도 보수교육을 매년 이수하여야 함 (보수교육 이수증이 나온 시점부터 실습지도 가능하며, 보수교육 미이수 시 현장실습 미인정, 실습기관 취소로 이어질 수 있음)

(2) 선정 기간 중 선정내용 변경 시 보고

- 사회복지현장실습기관은 선정 후 당초 제출한 신청서의 내용(실습기관명, 실습지도자, 실습비 등)이 변경되었을 경우에는 관련 증빙 자료를 첨부하여 한국사회복지사협회에 변경 사실을 반드시 보고하여야 함
- 신청서 내용의 변경요청을 받은 한국사회복지사협회장은 변경 사실에 대한 서류를 검토한 후, 이상이 없다고 판단되는 경우 협회 홈페이지 등을 통하여 변경 사실을 공지
  ※ 실습 지도자가 변경되었을 시 변경 신청 없이 실습을 지도하거나 사전 등록되지 않은 실습 지도자가 실습을 진행할 경우 해당 실습이 인정되지 않을 수 있으며, 실습기관 선정에서 취소될 수 있으므로 반드시 변경 신청해야 함
  ※ 실습비 변경 신청 없이 공고된 금액보다 초과한 실습비를 받은 기관은 실습생에게 차액을 환불해야 하며, 유효기간 동안 실습비 변경 신청이 불가함. 초과 실습비 요구는 실습기관 선정취소의 사유가 될 수 있으므로, 반드시 실습비 변경 신청 승인 후 진행해야 함.

(3) 선정취소

- 거짓이나 그 밖의 부정한 방법으로 사회복지현장실습기관으로 선정 받은 경우
- 규칙 제3조 [별표1] 제2호가목2)의 선정기준을 갖추지 못하게 된 경우
- 기관 실습교육의 수행능력이 현저히 부족하다 인정되는 경우
  ※ 위 사유에 따라 선정 유효기간 종료일 이전에 선정이 취소될 수 있음
  ※ 단 기관 변경 및 실습 지도자 퇴사 등 선정 기준을 충족하지 못 할 경우 30일 이내 해당 기준을 충족해야 함

– 허위실습에 따른 조치 사항
- 「사회복지사업법」 제11조의3 제1항 제1호에 따라 거짓이나 그 밖의 부정한 방법으로 자격을 취득한 경우 그 자격이 취소되며, 2년 이내에 자격증을 재교부 할 수 없음(강행규정)
- 현장실습을 하지 않고 '실습확인서'를 발급하는 대학 또는 기관의 관계자는 관련 법령에 의거하여 처벌을 받을 수 있음

〈예시 32〉

신청서 작성 체크리스트

구 분	신청기관 자체점검란	심사기관 확인란
가. 신청서 기재사항이 충실히 입력되어 있을 것	[ ] 여 [ ] 부	[ ] 충족 [ ] 보완
나. 별지 제2호 서식의 실습 지도자 사회복지사업 실무경험 확인서	[ ] 여 [ ] 부	[ ] 충족 [ ] 보완
다. 19, 20, 21년도 보수교육 이수확인서(8시간 이상 보수교육 이수 확인)	[ ] 여 [ ] 부	[ ] 충족 [ ] 보완
라. 사업자등록증 또는 고유번호증	[ ] 여 [ ] 부	[ ] 충족 [ ] 보완
마. 사회복지법인 또는 비영리법인 설립허가증, 사회복지시설 신고증, 비영리민간단체등록증 등 설립근거 서류	[ ] 여 [ ] 부	[ ] 충족 [ ] 보완
바. 정관(사회복지법인 및 사회복지시설은 제외)	[ ] 여 [ ] 부	[ ] 충족 [ ] 보완
사. 별지 제3호 서식의 사회복지사업 수행 사실 확인서(사회복지법인 및 사회복지시설은 제외)	[ ] 여 [ ] 부	[ ] 충족 [ ] 보완

4) 실습생 모집 게시판 이용

사회복지사협회 https://www.welfare.net → 현장실습 → 사회복지현장 실습기관 선정신청 → 실습생모집 게시판 이용

[그림 7] 실습생 모집 게시판 이용

- 실습기관 정보, 실습정보, 실습 지도자 정보 등을 입력하여 실습생 모집 공고 게시→ 실습생 및 교육기관(학교)에서 활용

5) 기대효과

사회복지현장 실습생들에게 믿을 수 있는 실습기관 및 실습 지도자 정보를 제공하고 사회복지현장실습 허위 이수 등으로 인한 자격제도 문제점을 개선할 수 있다. 표준화된 실습교육을 통한 사회복지사 자격의 질적 수준 향상을 기대할 수 있다.

2. 다양한 사회복지현장실습 관련 참고사항

1) 실습생들이 실습과정에서 부딪히는 문제

실습 진행 동안 실습생들이 부딪히는 문제는 다양하다. 실습생의 개인적 문제, 실습기관과, 실습 지도자와의 관계 문제, 사회복지실천 전문 영역에 대한 문제 등이 있을 수 있다. 이외에도 전문직으로서 사회복지사 역할에 대한 갈등, 기관에 적응하는 문제, 동료 실습생과의 문제, 클라이언트와의 관계 문제, 다른 전문직과의 역할 갈등문제, 사회복지실천과정에서의 윤리적 딜레마 등이 보고되고 있다. 이러한 문제들은 실습과정 중에 발생해 실습생의 학습경험을 방해하기도 하나 문제해결에 따라 값진 학습경험이 되기도 한다. 문제 상황은 실습생, 실습기관, 교육기관

(학교)의 특성에 따라 매우 다양하게 나타날 수 있으므로 발생 가능성이 있는 문제 상황에 대해 사전에 준비하여 실습에서 발생할 수 있는 갈등을 최소화하고 적절한 학습경험이 될 수 있도록 해야 한다(오혜경 외, 2010; 한국사회복시사협회, 2013). 사회복지현장 실습 중 발생 가능한 문제들은 다음과 같다.

- 실습생의 지각결석
- 실습시간의 조정
- 실습내용
- 슈퍼비전의 부재
- 실습 취소
- 클라이언트의 비밀 보장
- 클라이언트에게 실습생임을 알리는 문제
- 실습생의 위치
- 클라이언트의 문제나 상황이 악화되었을 때
- 실습기관에서의 실수
- 실습생 자신의 정서문제
- 클라이언트와의 사적인 이성 관계
- 클라이언트로부터의 답례
- 성희롱 문제
- 폭력의 위험이 있는 클라이언트를 만났을 때
- 실습생의 개인정보를 클라이언트에게 알려 주는 문제
- 실습 지도자가 사적 만남을 요청했을 때
- 사회복지 가치 딜레마에 빠지게 되었을 때

2) 실습생의 권리

실습기관에서 실습생을 대상으로 실습교육을 한다는 것을 실습기관에서 부담으로 인식하고 실습생을 받지 않으려고 하는 사회복지기관들도 있을 수 있어 약자의 입장인 실습생 인권에 대해 요청한다는 것이 어려운 현실이지만 한국사회복지사협회(2010)는 실습생의 인권, 실습생의 학습권에 대해 다음과 같이 언급하고 있다(한국사회복시사협회, 2010).

- 실습생의 인권
  - 실습교육기관에서 실습생의 신분은 학생임
  - 실습생은 사회복지실천의 현장을 학습하기 위해 나와 있는 것임
  - 실천의 업무를 담당하거나 실습 지도자의 업무를 보조하기 위한 것이 아님
    →실습 지도자와 실습교육기관에서는 이를 이해하고 있어야 함

- 실습생의 학습권
  - 전문가로서의 실습 지도자에 의해 교육될 권리
  - 전문지식과 기술을 교육받을 권리
  - 실천현장에서만 학습할 수 있는 업무나 사례를 제공받을 권리
  - 쾌적한 환경에서 학습할 권리
  - 안전한 환경에서 학습하고 활동할 권리
  - 인간적인 대우를 받을 권리
  - 윤리적인 대우를 받을 권리
  - 성추행이나 성폭력으로부터 자유로울 권리

3) 실습시기 및 상황의 다양성

사회복지현장실습은 하루 8시간 이내 120(160)시간 동안 실습을 종료해야 하기 때문에 실습생의 여건에 따라 방학 중 실습, 학기 중 실습 등 다양하게 선택하여

실시할 수 있다.

방학 중 실습은 학업이 없는 시기 동안 실습에 전념할 수 있다는 장점을 가지고 있어 실습기관에서도 선호하는 경향이 있고, 일부 사회복지실습기관에서는 이 시기가 아니면 실습생을 받지 않는 경우도 있다. 하지만 방학 중 실습은 실습기관에서의 슈퍼비전은 가능하지만, 방학 중인 관계로 교육기관(학교)에서 지도교수로부터의 슈퍼비전이 정기적으로 이루어질 수 없다는 단점이 있다. 그리고 실습기간 동안 같은 기관에서 실습하는 다른 학생들과의 교류는 이루어지지만, 다른 사회복지관에서 실습하는 학생들과 정보를 교류할 수 없다는 단점을 가지고 있다.

학기 중 실습은 학교수업과 병행하여 실시할 수 있으며, 기관에 따라 다소 차이가 있으나 대체로 학기가 시작되면서 실습을 병행하기 때문에 학기가 끝나면 실습도 종료된다. 학기 중 실습은 일반적으로 1주 1회씩 총 16주 동안 실시하며, 중간 및 기말고사 기간은 16주에 포함하고 있다. 현재 학기 중 실습은 학교마다 조금씩 차이가 있지만 대개 매주 화요일에 실시하고 있다. 단, 대학원생은 보다 심도 있는 실습을 위하여 주 2회 실습을 하기도 하며, 의료 및 정신의료 분야에서는 학부 학생에게도 주 2회 실습을 권장하기도 한다.

학기 중 실습은 실습과 세미나가 동시에 이루어지기 때문에 매주 실습한 경험을 다른 실습기관에서 실습을 한 학생들과 나눌 수 있으며, 실습과 관련된 문제를 토의하고 슈퍼비전을 받을 수 있는 장점이 있다. 또한 실습기관에서 어려움에 처했을 때는 이를 실습지도 교수와 즉각적으로 의논하여 해결해 나갈 수 있다. 이런 장점 때문에 첫 실습은 가능하면 학기 중 실습을 권장하기도 한다. 하지만 학업과 병행해야 하기 때문에 실습에 전념하지 못한다는 어려움이 있으며, 실습을 주 1회씩 하는 관계로 업무가 단절되어서 지속적인 업무를 수행할 수 없다는 단점도 있다 (오혜경 외, 2010; 한국사회복지사협회, 2013).

요즘은 학점은행제로 사회복지사 자격증을 취득하고자 하는 학생들도 많기 때문에 직장출근이나 출석 수업이 없는 주말이나 야간 실습도 하고 있어 실습생들의 실습 기간, 시간이 다르다. 실습생들이 실습하는 시간, 기간이 달라 실습기관의 업무나 행사를 연관성 있게 경험해 보지 못하는 단점이 있을 수 있다.

4) 실습기관의 실습 지도자의 역할 및 업무

실습 지도자는 실습기관의 정책과 실습지도방침에 따라 실습생의 실습업무가 효율적으로 이루어지도록 책임지고, 실습생이 학교에서 배운 전문지식과 기술을 활용하고 실습 슈퍼비전을 통해 습득한 새로운 지식과 기술을 클라이언트에게 적용해 볼 수 있게 하고, 질 높은 서비스를 전달할 수 있도록 지도해야 된다.

그리고 실습생이 자신의 능력과 한계에 대해 이해하고 클라이언트를 원조하며 전문인으로서 성장할 수 있도록 지도한다.

실습 지도자의 역할은 다양할 수 있으나 실습 지도자의 주요 역할 중 하나는 실습생의 역할모델이 되는 것이다. 실습생은 실습 지도자를 모델로 하여 사회복지의 가치, 윤리, 지식, 기술을 배우게 된다. 따라서 실습생은 실습 지도자의 실습생, 동료, 클라이언트 등 타인과의 교류방식, 전문적인 행동과 태도 등을 관찰함으로써 이론과 기술을 어떻게 실무에서 활용해야 하는지 배울 수 있다. 실습 지도자의 역할 모델이 향후 훌륭한 사회복지사가 되는 지름길이 될 것이다.

5) 슈퍼비전의 유형과 활용

(1) 슈퍼비전의 유형

실습기관에서 주로 실시하게 되는 슈퍼비전의 유형을 크게 개별적인 수준과 상황에 맞는 개별 슈퍼비전과 집단 슈퍼비전인 교육적행정적 슈퍼비전으로 나눌 수 있다.

실습지도에 있어서 실습 지도자는 실습생의 개별적인 수준과 상황에 맞는 개별 슈퍼비전의 제공이 필요하고, 이때 실습생들이 가지고 있는 문제와 고민에 대해서 해결을 위한 방법제시가 가능하며, 집단 슈퍼비전에서 이루어지기 어려운 실습지도가 가능할 것이다.

개별 슈퍼비전은 슈퍼비전의 기본적인 형태로 지속적으로 일정 기간 간격을 두고, 1~2주일에 1회 정도 진행된다. 개별 슈퍼비전 시 실습 지도자와 실습생 간의 관계는 전이와 역전이의 관계가 되기 쉬우므로 대화를 통해 직업적 문제와 사적인 문제를 분리시켜야 한다. 실습생 자신의 개인적 인식방법에 대한 통찰력이 생긴 후 자신의 경험을 관찰하고 실습 지도자의 해석을 객관적으로 받아들일 수 있게 되기 때문이다.

실습지도에 있어서 실습 지도자들은 대체로 집단 슈퍼비전을 통해서 실습생들에게 슈퍼비전을 제공하며, 이때 주된 내용은 교육적행정적 슈퍼비전이 제공된다.

집단 슈퍼비전은 슈퍼비전의 경제성과 관련해서 발전된 형태이지만, 또 다른 학습가능성의 측면에서 나름대로 가치를 갖는다. 집단은 한 명의 실습 지도자와 5~7명의 실습생으로 구성되며, 집단 슈퍼비전의 의의는 자신 및 타인에 대한 이해를 훈련하고 협동의 능력을 발전시키는 데 있다. 집단 슈퍼비전은 개별 슈퍼비전을 대체하여 사용되기보다는 보완적인 것으로써 사용된다.

(2) 슈퍼비전의 활용

기관의 슈퍼비전은 실습교육의 일환으로 이루어진다. 실습생은 기관의 실습 지도자로부터 다양한 업무에 대한 지도와 평가를 받음으로써 본인에게 주어진 실습 업무를 효과적으로

수행할 수 있도록 도움을 받게 되며 이를 적극적으로 활용함으로써 실습 목표를 달성할 수 있다.

또한, 학교에서 이루어지는 슈퍼비전은 학교 실습교육의 중요한 부분으로 실습 담당교수는 실습기관에서 충족시키지 못한 학생들의 욕구를 채워 주는 역할을 할 수 있다. 학생들은 실습지도 교수와의 슈퍼비전 시간을 통해 기관에서 배운 새로운 지식과 기술을 구체화시킬 수 있다.

3. 사회복지사 자격증 관련 자주하는 질문

한국사회복지사협회(2021)에서 제시한 사회복지현장실습 중 실습과 관련된 많은 질문 중 사회복지현장실습, 사회복지사 자격증 신청, 사회복지사 2, 1급 자격증에 관한 질문이다.

〈표 21〉 사회복지현장실습

<table>
<tr><th>연번</th><th colspan="2">내용</th></tr>
<tr><td rowspan="3">1</td><td rowspan="2">Q</td><td>사회복지현장실습 적용에 대한 법적 기준</td></tr>
<tr><td>사회복지현장실습 대상은 어떻게 되나요?</td></tr>
<tr><td>A</td><td>■ 대학원, 대학교, 전문대학의 경우 2010년 입학생부터 적용되며 시간제 등 학점은행제 학습자는 사회복지 관련 교과목을 2010년 이전부터 이수 중이거나 2010년부터 이수한 경우에 적용됩니다</td></tr>
<tr><td rowspan="3">2</td><td rowspan="2">Q</td><td>사회복지현장실습 기관</td></tr>
<tr><td>사회복지현장실습이 가능한 기관은 어디인가요?</td></tr>
<tr><td>A</td><td>■ 2020년 입학생인 경우 보건복지부 장관이 선정 고시한 기관에서 실습
■ 2019.12.31. 까지 사회복지현장실습을 제외하고 사회복지학 전공교과목과 사회복지 관련 교과목의 전부 또는 일부를 이수했거나 수강하고 있는 사람의 경우 보건복지부 장관이 선정 고시한 기관에서 실습
■ 2019.12.31. 까지 사회복지현장실습을 받았거나 받고 있는 사람의 경우 2010.3.19. 개정 사회복지사업법 시행규칙 [별표 1], 2. 필수 과목 중 사회복지현장실습에 관한 기준의 실습기관 및 실습 지도자 법적기준을 충족하는 사회복지사업을 수행하는 기관, 법인, 시설 또는 단체에서 실습</td></tr>
<tr><td rowspan="3">3</td><td rowspan="2">Q</td><td>해외실습 인정 여부 (해외 기관방문 또는 자원봉사 포함)</td></tr>
<tr><td>해외에서 사회복지현장실습 인정 여부? (해외 기관방문 또는 자원봉사 포함)</td></tr>
<tr><td>A</td><td>■ 해외에서의 실습은 인정되지 않습니다. (사회복지사업법 시행규칙 제3조 [별표1] 2호 사회복지현장실습 기준 적용 불가)
(단, 복지부장관이 선정 고시한 기관실습 실시기관에서 해외 원조사업 등을 진행하여 해외원조 실습을 시행한 경우 사회복지현장실습으로 인정 가능합니다.)</td></tr>
<tr><td rowspan="3">4</td><td rowspan="2">Q</td><td>실습 지도자 자격기준 (사회복지사업 실무경험 인정 시점)</td></tr>
<tr><td>실습 지도자 자격 기준의 사회복지사업 실무경험 인정 시점은 어떻게 되나요?</td></tr>
<tr><td>A</td><td>■ 1급 자격증 취득 후 취득일로부터 3년 이상의 사회복지사업 실무경험이 있는 경우 또는 2급자격증 취득 후 취득일로부터 5년 이상의 사회복지사업 실무경험이 있는 경우 인정됩니다</td></tr>
</table>

연번		내용
5	Q	실습 지도자 실무경험 기간 (2급 자격 취득 이후 1급으로 승급된 경우)
		사회복지사 2급 자격 취득 이후 1급으로 승급된 경우 실무경험 기간 문의
	A	■ 2급 자격 이력과 1급 자격이 있는 경우 실무경험 충족시점은 2급 자격증 취득 이후 5년, 1급 자격증 취득 이후 3년이 되는 시점을 각각 계산하여 이 둘 중 더 빠르게 실무경험 충족되는 급수로 지도자 자격을 확인하면 됩니다. 예 사회복지사 2급 자격증을 발급 받은 후 5년 사회복지사업 실무경험이 있고 1급으로 승급후 1년 사회복지사업 실무경험이 있는 경우, 실습 지도자 실무경험이 충족되는 2급 기준으로 지도자 자격 확인 예 사회복지사 2급 자격증을 발급 받은 후 4년 사회복지 실무경험이 있고, 1급으로 승급 후 3년 이상의 사회복지사업 실무경험이 있는 경우, 실습 지도자 실무경험이 충족되는 1급 기준으로 지도자 자격 확인
6	Q	실습 지도자 자격기준 (3급 자격증 소지자의 경우)
		양성교육과정을 통해 3급을 취득하였습니다. 3급 취득 후, 몇 년의 경력이 있으면 실습 지도자 기준이 될 수 있나요?
	A	■ 사회복지사 3급은 실습지도를 할 수 없습니다. 이에 3급 소지자는 자격증 취득 후 3년 이상 실무경험이 있으면 2급으로 승급 가능하므로, 2급 승급 후 5년 이상 실무경험이 있으면 실습 지도자의 기준에 해당됩니다.
7	Q	자격증 발급 심사 시 실습 과목 이수 확인 방법
		사회복지현장실습 과목 이수 확인은 어떤 방법으로 하게 되나요?
	A	■ 성적증명서 상 '사회복지현장실습' 과목 이수 및 '사회복지현장실습 확인서'상 기재된 실습기관 및 지도자의 자격 등을 확인합니다.
8	Q	사회복지현장실습 확인서 제출 여부
		'09년도 정규대학(교) 입학생 또는 '09년도 시간제 이수 후 학점등록 완료한 경우에도 사회복지현장실습 확인서를 제출해야 하나요?
	A	■ 아니오, 제출하지 않으셔도 됩니다. 사회복지현장실습 확인서는 2010년도 정규대학(교) 입학생 또는 2010년도 부터 시간제 등 학점은행제를 통해 사회복지 관련 교과목을 이수한 학습자들이 제출해야 하는 서류입니다.

출처: 한국사회복지사협회(2021).

〈표 22〉 사회복지사 자격증 신청

<table>
<tr><th>연번</th><th colspan="2">내용</th></tr>
<tr><td rowspan="3">1</td><td rowspan="2">Q</td><td>발급 신청 절차</td></tr>
<tr><td>자격증 발급 신청 절차가 어떻게 되나요?</td></tr>
<tr><td>A</td><td>① 지방협회 접수(서류 제출 및 수수료 납부)
② 한국사회복지사협회 서류도착
③ 결격사유 조회 및 서류심사
④ 자격판정(불합격일 경우 반려처리)
⑤ 합격자 자격증 제작
⑥ 자격증 발송</td></tr>
<tr><td rowspan="3">2</td><td rowspan="2">Q</td><td>발급 신청 서류 접수기관</td></tr>
<tr><td>자격증 발급 신청 서류를 중앙협회(한국사회복지사협회)로 제출 해도 되나요?</td></tr>
<tr><td>A</td><td>■ 아니오, 자격증 발급 신청은 접수처인 17개 지방협회로 해야 하며, 중앙협회는 자격신청서류심사 및 자격증 발급 업무를 하고 있습니다.</td></tr>
<tr><td rowspan="3">3</td><td rowspan="2">Q</td><td>자격신청 서류심사</td></tr>
<tr><td>자격증 발급 신청 구비서류를 사본으로 제출해도 하나요?</td></tr>
<tr><td>A</td><td>■ 불가합니다. 모든 서류는 원본으로 제출해야 합니다.
※ 관공서 팩스민원은 최근 6개월 이내 발급받은 서류일 경우 원본으로 인정하며, 수입증지 및 교부기관 처리인(관공서 발급 관련 정보)이 있어야 합니다.
※ 인터넷으로 발급 받은 증명서는 최근 90일 이내 발급받은 서류 인정</td></tr>
<tr><td rowspan="3">4</td><td rowspan="2">Q</td><td>발급 신청 제출 서류 (전자파일 pdf)</td></tr>
<tr><td>졸업증명서, 성적증명서를 전자파일(PDF 등)으로 받았습니다. 출력하여 제출해도 인정 가능한가요?</td></tr>
<tr><td>A</td><td>■ 인정 불가합니다. 전자파일로 받은 서류 출력 시 사본으로 처리됩니다. 즉, 학교 사이트 등에서 모니터로 서류 확인 후 바로 출력하면 원본이지만, 컴퓨터에 파일로 저장 후 출력하면 사본으로 처리되니 유의하시기 바랍니다.</td></tr>
<tr><td rowspan="3">5</td><td rowspan="2">Q</td><td>발급 신청 제출 서류 (시간제 등 학점은행제 이수자)</td></tr>
<tr><td>시간제로 교과목 이수 후 학점등록을 마쳤습니다. 국가평생교육진흥원에서 발급되는 학점인정증명서, 시간제 이수 교육기관 성적증명서를 제출해도 되나요?</td></tr>
<tr><td>A</td><td>■ 아니오, 시간제 및 학점은행제를 통해 사회복지 관련 교과목을 이수한 경우, 반드시 국가평생교육진흥원에 학점등록 완료 후 발급되는 성적증명서를 제출해야 합니다. 따라서 학점인정증명서, 시간제 이수 교육기관의 성적증명서는 인정되지 않습니다.</td></tr>
</table>

<table>
<tr><th>연번</th><th colspan="2">내용</th></tr>
<tr><td rowspan="3">6</td><td rowspan="2">Q</td><td>발급 수수료</td></tr>
<tr><td>자격증 발급 수수료는 얼마인가요?</td></tr>
<tr><td>A</td><td>■ 자격증 발급수수료 1만원
– 관련근거: 사회복지사업법 제11조제5항 및 동법 시행규칙 제4조제5항
■ 회원증 발급수수료 1만원, 연회비 5만원
– 관련근거: 협회 정관(회원규정) 제10조(회원증 교부 수수료 및 회원 회비)
※ 회원가입 및 회원가입에 따른 연회비 납부는 강제사항은 아니지만 협회 회원에게 제공되는 서비스 부분에 제한을 받을 수 있습니다. 연회비는 매년 납부해야 합니다.</td></tr>
<tr><td rowspan="3">7</td><td rowspan="2">Q</td><td>발급 서류 및 수수료 오발송</td></tr>
<tr><td>실수로 발급신청서류 및 수수료를 중앙협회로 잘못 보냈습니다. 어떻게 하나요?</td></tr>
<tr><td>A</td><td>■ 한국사회복지사협회로 잘못 발송한 경우 일정한 절차에 의거 반환됩니다. 수수료의 경우 「우편환법」에 근거하여 수수료에서 등기발송료 및 우편환 수수료를 제한 나머지 금액을 우편환 형태로 서류와 함께 반환하니 주의하시기 바랍니다.</td></tr>
<tr><td rowspan="3">8</td><td rowspan="2">Q</td><td>발급 신청 서류 제출 기간</td></tr>
<tr><td>사회복지사 자격증 발급 신청 기간이 별도로 정해져 있나요?</td></tr>
<tr><td>A</td><td>■ 사회복지사 자격증 발급 신청 기간은 별도로 정해져 있지 않습니다.
자격 취득 요건이 갖추어진 이후 발급 신청하시기 바랍니다.</td></tr>
<tr><td rowspan="3">9</td><td rowspan="2">Q</td><td>발급 신청 기간 (졸업 후 장기간 신청 못한 경우)</td></tr>
<tr><td>대학을 졸업하고, 한참 후에 자격증을 신청해도 되나요?</td></tr>
<tr><td>A</td><td>■ 신청 기한은 별도로 정해져 있지 않으므로, 자격 취득 요건이 갖추어진 이후에 언제든 신청 가능합니다.
자격번호 및 자격취득 일자는 심사 이후 발급되므로 취득 요건이 충족되면 바로 신청하실 것을 권합니다.</td></tr>
<tr><td rowspan="3">10</td><td rowspan="2">Q</td><td>발급 신청 처리 기간</td></tr>
<tr><td>발급 신청 처리 기간은 얼마나 되나요?</td></tr>
<tr><td>A</td><td>■ 사회복지사의 결격사유 조회 기간 미포함하여 업무일 기준으로 약 14일 정도 소요됩니다.
다만, 신청자별 심사 현황 및 교부 기간에 따라 상이할 수 있으며, 졸업 시기(2~3월, 8~9월)는 자격증 집중 발급 기간으로 약 3–4주 정도 소요됩니다.
※ 「사회복지사업법」제11조의2(사회복지사의 결격사유)
※ 「사회복지사업법」시행규칙 제4조 [별지 제1호 서식]
※ 「민원사무처리에 관한 법률」에 의거 업무일 기준으로 산정함</td></tr>
</table>

<table>
<tr><th>연번</th><th colspan="2">내용</th></tr>
<tr><td rowspan="3">11</td><td rowspan="2">Q</td><td>자격증 수령 방법</td></tr>
<tr><td>자격증 발급 후 수령 방법은 어떻게 되나요?</td></tr>
<tr><td>A</td><td>■ 사회복지사자격증 발급 신청서에 기재한 우편물 수령지로 등기 발송되며, 선택에 의해 중앙협회로 직접 방문하여 수령할 수도 있습니다.
※ 직접수령하고자 할 경우, 직접수령 안내문자 수신 후 한국사회복지사협회(서울 영등포구 문래동 소재)로 내방 해야 함
※ '코로나바이러스감염증-19'로 인해 방문 수령은 최대한 지양</td></tr>
<tr><td rowspan="3">12</td><td rowspan="2">Q</td><td>불합격시 처리 방안</td></tr>
<tr><td>자격증 신청 후 불합격 통보를 받았습니다. 제출한 서류와 수수료는 반환 가능한가요?</td></tr>
<tr><td>A</td><td>■ 네, 불합격자의 자격증 발급신청 구비서류 및 수수료 일체는 서류를 제출한 지방협회를 통해서 각 개인에게 반환됩니다.(불합격 처리 후 약 2~3주 소요)</td></tr>
<tr><td rowspan="3">13</td><td rowspan="2">Q</td><td>재발급 신청 방법</td></tr>
<tr><td>자격증을 분실했습니다. 재발급 신청은 어떻게 해야 하나요?</td></tr>
<tr><td>A</td><td>■ 가까운 지방협회로 등기우편 또는 직접 방문하여 서류 제출
※ '코로나바이러스감염증-19'로 인해 방문 수령은 최대한 지양
■ 공통서류
- 사회복지사자격증 재발급 신청서
(자격관리센터 홈페이지 열린광장→서식모음)
- 반명함 사진 2매 (회원증도 함께 재발급 시 3매)
※ 사진 1매는 자격증 재발급 신청서에 부착하고 다른 1매 또는 2매는 우편 제출 시 동봉필요
■ 별도구비서류
- 개명으로 인한 재발급 신청 시 기본증명서(상세) 원본 1부
- 주민등록번호 변경으로 인한 재발급 신청 시 주민등록표초본 원본 1부
- 사회복지사 자격증 원본 1부(분실자의 경우 제출하지 않음)</td></tr>
<tr><td rowspan="3">14</td><td rowspan="2">Q</td><td>외국인 발급 신청 가능 여부</td></tr>
<tr><td>외국인이 자격증 발급 신청할 수 있나요?</td></tr>
<tr><td>A</td><td>■ 예, 외국인도 자격증 발급 신청이 가능하며, 내국인과 동일하게 등급별 자격기준에 해당되어야 합니다.
※ 단, 외국인의 경우 외국인 거주 확인 사실 증명서(외국인등록 사실 증명서 또는 재외국민국내 거소신고증)를 제출해야 하고, 결격사유조회 서류 원본과 해당 서류를 우리말로 번역공증한 서류 원본을 제출해야 함</td></tr>
</table>

출처: 한국사회복지사협회(2021).

〈표 23〉 사회복지사 2급

연번	구분	상담 내용
1	Q	2급 자격기준
		2급을 취득하기 위한 자격기준은 어떻게 되나요?
	A	■대학원(박사) - 교과목 관계없이 대학원에서 사회복지학(또는 사회사업학) 박사 학위를 취득한 자 ■대학원(석사) - 사회복지학(또는 사회사업학) 석사학위를(사회복지전공) 취득한 자로 사회복지 관련 교과목 중 필수 6과목(사회복지현장실습 포함), 선택 2과목을 이수한 자 ■학사 또는 전문학사-전공 관계없이 대학(또는 전문대학)을 졸업한 자로 사회복지 관련 교과목 필수 10과목, 선택 7과목 이상 이수한 자 ※ 2020년 이전 사회복지전공 교과목 및 사회복지 관련 교과목을 1개 과목이라도 이수했거나 수강하고 있는 자는 필수 10과목, 선택 4과목 이상 이수하여야 함(2019.12.31.까지 사회복지학 전공교과목과 사회복지 관련 교과목의 전부 또는 일부를 이수했거나 수강하고 있는 사람 해당) ■종전의 「사회복지사업법」(법률 제14923호로 개정되기 전의 것을 말함)에 따라 사회복지사 3급 자격증 취득한 이후 3년 이상 사회복지사업의 실무경험이 있는 자 ※ 「사회복지사업법시행령」제2조제1항관련 [별표 1] '사회복지사 2급란'참고 ※ 사회복지사업 실무경험에 대한 부분은 '사회복지사 자격관리 지침' 53쪽 참고
2	Q	사회복지 관련 교과목 이수 과목명
		2급 자격증 취득을 위한 사회복지 관련 교과목 이수 과목명은 어떻게 되나요?
	A	■자격관리센터 홈페이지 '사회복지사 자격증' - '이수과목안내'를 참고하시기 바랍니다. ※ 근거법령:「사회복지사업법 시행규칙」제3조관련 [별표1]
3	Q	사회복지 관련 교과목 이수 방법
		2급 자격증 취득을 위한 사회복지 관련 교과목 이수 방법은 어떻게 되나요?
	A	■대학 입학, 편입학 등을 통해 교과목을 이수하고 졸업하는 방법 ■시간제와 학점은행제를 통해 교과목만 수강하고 국가평생교육진흥원에 학점 등록하는 방법 등 ※ 시간제 및 학점은행제를 통해 교과목을 이수하는 경우 반드시 국가평생교육진흥원에 학점등록을 완료해야 하며, 학점 등록 가능한 기관은 국가평생교육진흥원 www.cb.or.kr(1600-0400)으로 문의

연번	구분	상담 내용
4	Q	사회복지 관련 교과목 이수 방법(시간제 및 학점은행제 교육기관 문의)
		시간제 및 학점은행제를 통해 사회복지 관련 교과목 이수 가능한 교육기관은 어디인가요?
	A	■ 한국사회복지사협회는「사회복지사업법시행령」제25조 제3항에 따라 보건복지부 장관으로부터 자격증 발급 업무를 위탁받아 수행하는 기관으로, 교과목 이수를 위한 교육기관 안내는 불가합니다. ■ 시간제 및 학점은행제를 통해 교과목을 이수하는 경우, 반드시 학점등록을 완료해야 하므로, 학점등록 가능한 기관에서 이수하시기 바라며, 이에 대한 안내는 국가평생교육진흥원 www.cb.or.kr(1600-0400)으로 문의하시기 바랍니다.
5	Q	사회복지 관련 교과목 이수 방법 (학점은행제 대행업체)
		학점은행제 대행업체를 통해 사회복지 관련 교과목을 이수해도 되나요?
	A	■ 아니오, 교육부는 원격대학이 학점대행업체를 통해 학생을 모집, 선발하는 행위를 엄격히 금지하고 있습니다. 학점대행업체는 사회복지사 자격증에 대한 과대 광고로 사회복지사 자격증의 공신력을 훼손하고 있으며, 잘못된 안내로 인해 신청인에게 피해를 주고 있는 만큼 각별한 주의를 당부합니다
6	Q	시간제 및 학점은행제 이수자의 경우 학점등록을 완료해야 하는 이유
		시간제 및 학점은행제를 통해 사회복지 관련 교과목을 이수한 경우, 반드시 학점등록을 해야하는 이유는 무엇인가요?
	A	■ 시간제 및 학점은행제의 경우 교과목을 이수한 후 「학점인정 등에 관한법률」에 따라 국가평생교육진흥원장의 인정 절차를 거쳐야 비로소 학점 및 학력이 인정되므로, 반드시 국가평생교육진흥원에 학점 등록을 완료해야 합니다.
7	Q	사회복지 관련 교과목 이수 구분 (필수·선택 구분)
		사회복지 관련 법정 교과목에는 필수 과목으로 되어 있으나, 이수하려는 학교의 커리큘럼에는 이수 구분이 선택으로 되어 있습니다. 사회복지 관련 교과목으로 인정 가능한가요?
	A	■ 네, 학교 측 규정에 의해 법정 필수 과목의 이수 구분이 선택과목으로 되어 있더라도, 교과목명만 일치하면 이수 구분 관계없이 사회복지 관련 교과목으로 인정 가능합니다.

연번	구분	상담 내용
8	Q	대학원에서 사회복지학을 복수 전공할 경우 2급 자격 취득 가능 여부
		대학원에서 사회복지학 또는 사회사업학을 복수 전공할 경우 사회복지사 2급 자격 취득이 가능한가요?
	A	■ 네, 대학원에서 사회복지학 또는 사회사업학을 복수전공할 경우 사회복지사 2급 자격 취득이 가능합니다. ※ 단, 부전공, 이중전공으로 사회복지학 전공한 경우 인정불가
9	Q	사회복지학 또는 사회사업학 전공 기준
		대학원의 전공이 아동복지학입니다. 대학원 관련 교과목 이수 기준은 동일한가요?
	A	■ 학위증명서(졸업증명서) 상 전공명 또는 학과명, 학위명 중 하나가 '사회복지학' 또는 '사회사업학'으로 표기되는 경우 사회복지학 전공 인정 ※ 기독교사회복지학, 불교사회복지학, 복지상담학, 복지경영학 등 OO복지학, 복지OO학 등은 인정되지 않음 ※ 청소년복지학(사회복지학)처럼 괄호 표기도 불인정 ※ 학위 취득여부에 따라 [복수전공] 인정, [부전공] 불인정 ■ 위와 같이 표기된 학위증명서(졸업증명서) 제출 시 해당 대학원에서 보건복지부령이 정하는 사회복지학 전공교과목과 사회복지 관련 교과목 중 필수 6과목(사회복지현장실습 과목 포함), 선택 2과목 이상을 이수하는 것으로 기준 인정
10	Q	사회복지학 석사 학위를 취득했으나, 교과목 미이수인 경우
		사회복지학 석사 학위를 취득했으나, 사회복지 관련 교과목 필수 6과목, 선택 2과목 중, 필수 1과목을 미이수한 경우 자격증 취득 가능한가요?
11	Q	사회복지학 석사 학위 취득, 학부에서 일부 과목을 이수한 경우
		사회복지학 석사 학위를 취득하는 과정에서 필수 4과목을 이수했고 학부에서 필수 2과목, 선택 2과목을 이수한 경우, 사회복지학 석사 기준 과목 이수 인정 가능한가요?
	A	■ 네, 인정가능하며, 학부에서 이수한 교과목이 있을 경우, 필수 2과목, 선택 2과목 이수까지 인정됩니다. ※ 대학원 입학 전 「고등교육법」에 의거한 정규대학에서 이수한 교과목만 인정 가능하며 석사과정 중 또는 석사 졸업 후 시간제 또는 학점은행제를 통해서 이수한 교과목은 석사학위 기준 교과목으로 인정 불가

연번	구분	상담 내용
12	Q	사회복지전공 대학원에서 수료나, 자퇴할 경우
		사회복지전공 대학원에서 수료(자퇴)한 경우, 2급 자격증 취득이 가능한가요?
	A	■사회복지사업법 시행령 제2조제1항관련 [별표1]의 '다'목에 적용하여 대학원에서 이수한 과목을 포함하여 필수 10과목, 선택 7과목을 이수하시면 2급 취득 가능합니다. ※ 2020년 이전 사회복지전공 교과목 및 사회복지 관련 교과목을 1개 과목이라도 이수했거나 수강하고 있는 자는 필수 10과목, 선택 4과목 이상 이수하여야 함(2019.12.31.까지 사회복지학 전공교과목과 사회복지 관련 교과목의 전부 또는 일부를 이수했거나 수강하고 있는 사람 해당) ※ 시간제 등을 통해 이수한 교과목은 「학점인정 등에 관한법률」에 따라 국가평생교육진흥원에 학점등록을 마쳐야 함.
13	Q	사회복지전공 대학원 수료자의 사회복지 관련 교과목 인정 여부
		사회복지전공 대학원 수료자로, 대학원에서 6과목 이수 후 나머지 8과목을 시간제로 이수하여 학점등록 하였으나, 대학원에서 이수한 교과목은 학점등록을 하지 못했습니다. 이러한 경우 대학원에서 이수한 교과목도 인정가능 한가요?
	A	■최근 일부 대학원에서 재학 연한을 폐지함에 따라 영구 수료 증명이 불가하여 대학원에서 수료한 교과목에 대해 국가평생교육진흥원에 학점인정을 받을 수 없는 사례가 발생하였습니다. 따라서 대학원 수료자가 사회복지사 자격증 취득을 위해 사회복지사업법 시행규칙 [별표1] 사회복지학전공 교과목과 사회복지 관련 교과목을 대학원에서 이수하고 수료한 경우, 별도의 학점 등록 절차 없이 대학원 성적증명서를 통해 교과목 이수를 인정합니다. ※ 2020년 입학자 또는 2020년에 사회복지전공 교과목 및 사회복지 관련 교과목 수업을 시작한자는 필수 10과목, 선택 7과목 이수해야 함 ※ 단, 대학원 수료인 경우, 석사 학력은 인정되지 않으며 교과목만 인정
14	Q	대학에서 필수 10과목, 선택 7과목을 이수하지 못하고 졸업한 경우 ※ 2020년 이전 사회복지전공 교과목 및 사회복지 관련 교과목을 1개 과목이라도 이수했거나 수강하고 있는 자는 필수 10과목, 선택 4과목 이상 이수하여야 함(2019.12.31.까지 사회복지학 전공교과목과 사회복지 관련 교과목의 전부 또는 일부를 이수했거나 수강하고 있는 사람 해당)
		대학에서 사회복지 관련 교과목 중 일부를 이수하지 못하고 졸업한 경우, 자격증 신청이 가능한가요?
	A	■아니오, 현재는 자격기준에 충족되지 못하므로 자격증 신청이 불가합니다. 단, 미이수한 교과목을 시간제 및 학점은행제를 통해 이수하고 국가평생교육진흥원에 학점등록을 마칠 경우, 신청가능합니다.

연번	구분	상담 내용
15	Q	편입 전 대학에서 사회복지 관련 교과목을 이수한 경우
		편입 전 대학에서 사회복지 관련 교과목을 일부 이수한 경우, 인정가능한가요?
	A	■ 편입 전 대학의 성적증명서를 통해 확인 가능할 경우에 인정가능하며, 자격증 신청 시 편입전 대학의 성적증명서를 제출해야 합니다.
16	Q	'고등교육법에 의한 전문대학대학을 졸업한 자와 동등 이상의 학력이 인정되는 자'의 법령해석
		고등교육법에 의한 전문대학·대학을 졸업한 자와 동등 이상의 학력이 인정되는 자'의 범위가 어떻게 되나요?
	A	■ 학력인정학교(각종학교) 졸업자 – 단, 각 학력인정 학교별로 학력인정 년도 이전 입학생은 동등이상 학력 인정 불가 ■ 고등교육법에 의한 전문학사·학사학위 취득자 ■「학점인정 등에 관한 법률」에 의한 전문학사·학사학위 취득자 ■「독학에 의한 학위 취득에 관한 법률」에 의한 전문학사·학사학위 취득자(검정고시) ■ 기타 법령에 의하여 전문대학·대학졸업자와 동등한 학력을 인정받는 자
17	Q	전문대학 이상 학력의 사회복지 비전공자의 자격증 취득 가능 여부
		전문대학 이상 학력의 타전공자가 사회복지사 자격증 취득이 가능한가요?
	A	■ 네, 사회복지사 2급 자격증 취득을 위해서는 전공과 관계없이 전문학사(전문대졸) 이상의 학력이 있어야 하며 반드시 사회복지사 자격취득에 필요한 사회복지 관련 교과목을 이수해야 합니다.
18	Q	외국 대학·대학원 사회복지전공 학위 기준
		외국 대학·대학원에서 학위를 취득한 경우, 자격증 신청 가능한가요?
	A	■ 네, 외국의 대학·대학원에서 사회복지학 또는 사회사업학을 전공하고(졸업증명서상 전공명칭이 Master(또는 Bachelor) of Social work인 경우 인정), 학사학위 이상의 학위를 취득한 자로서 등급별 자격기준과 동등한 학력이 있다고 보건복지부장관이 인정하는 경우에는 당해 등급의 사회복지사 자격증을 발급할 수 있습니다. ※ 근거법령: 사회복지사업법시행령 제2조1항관련 [별표1] ※ 단, 외국대학의 사회복지학을 국내에서 '통신과정'으로 이수한 자는 사회복지사 자격기준에 해당하지 않음 ※ 외국의 전문대학에서의 사회복지학 전공자는 심의 불가

연번	구분	상담 내용
19	Q	외국대학 사회복지전공 적용기준
		외국대학에 대한 적용기준은 어떻게 되나요?
	A	■ 졸업증명서상 전공명칭이 Master(또는 Bachelor) of Social work이어야 함 ■ 해당국 교육관련 법규에 의하여 설치된 대학 또는 대학원이어야 함 ■ 외국대학의 국내 분교일 경우 교육부의 인가를 받은 학교이어야 함 ■ 우리나라의 사회복지사제도와 같은 사회복지전문가 양성을 목적으로 하는 사회복지학 또는 사회복지 관련학을 전공해야 함 ■ 사회복지사업법 시행
20	Q	외국대학에서 타전공 학위를 취득한 경우
		외국에서 타전공으로 전문학사 이상의 학위를 취득하고, 학점은행제 등으로 사회복지 관련 교과목을 이수한 경우 2급 자격증 발급이 되나요?
	A	■ 전공에 관계없이 전문학사 이상의 학력을 취득하고 국가평생교육진흥원에 사회복지사 자격취득에 필요한 사회복지 관련 교과목을 학점등록 완료하여 성적증명서를 제출할 수 있으면 2급 자격증 발급 신청 가능합니다.
21	Q	타학과 학위로 대학원, 외국대학 학위를 취득한 경우
		사회복지학 또는 사회사업학이 아닌, 타학과로 국내·외 대학원, 대학교 졸업 후 학위 취득 시사회복지사 2급 자격증 취득하려면 몇 과목을 이수해야 되나요?
	A	■ 타학과 학위로 국내·외 대학원 또는 대학교 졸업 시 사회복지사 2급 자격증 취득을 위해 사회복지사업법 시행규칙 [별표1]의 사회복지학 전공교과목과 사회복지 관련 교과목을 필수 10과목, 선택 7과목을 이수해야 합니다. ※ 2020년 이전 사회복지전공 교과목 및 사회복지 관련 교과목을 1개 과목이라도 이수했거나 수강하고 있는 자는 필수 10과목, 선택 4과목 이수해야 함
22	Q	'98년 법 개정 이전 2급 발급 기준('98년 이전 전문대 사회복지학과 졸업 시 3급 발급 받은 후, 현재 2급 신청 가능 여부)
		'98년 이전 전문대학 사회복지과를 졸업했을 당시 3급을 취득했었는데, 현재 2급으로 승급가능한가요?
	A	■ 네, '98년 사회복지사업법이 개정됨에 따라 고등교육법에 의한 전문대학 졸업자는 기존의 3급에서 2급으로 승급 가능합니다.

〈표 24〉 사회복지사 1급

<table>
<tr><th>연번</th><th>구분</th><th>상담 내용</th></tr>
<tr><td rowspan="3">1</td><td rowspan="2">Q</td><td>1급 자격증 발급 기준</td></tr>
<tr><td>1급 자격을 취득하기 위한 기준은 어떻게 되나요?</td></tr>
<tr><td>A</td><td>■「사회복지사업법」 제11조제3항의 규정에 따라, 국가시험 최종합격자에 한해 사회복지사 1급자격증 발급이 가능합니다.</td></tr>
<tr><td rowspan="3">2</td><td rowspan="2">Q</td><td>박사·석사·학사 학위 소지자의 1급 국가시험 응시자격</td></tr>
<tr><td>최종 학력이 학사학위(4년제 대학) 이상인 경우, 1급 국가시험에 응시하려면 어떻게 해야 하나요?</td></tr>
<tr><td>A</td><td>■2급 자격취득 대상이 된 이후, 바로 1급 국가시험에 응시 가능합니다.
〈 2급 자격취득 대상 〉
*박사학위 소지자 – 사회복지학 또는 사회사업학 박사학위
*사회복지학 석사학위 소지자 – 필수 6과목(실습포함), 선택 2과목
※ 반드시 사회복지학 (또는 사회사업학) 석사학위이어야 함
*전공무관 학사학위 소지자 – 필수 10과목, 선택 7과목
※ 2019.12.31. 이전에 사회복지 관련 교과목을 1과목이라도 이수를 했거나 수강하고 있는 자는 필수 10과목, 선택 4과목 이수</td></tr>
<tr><td rowspan="3">3</td><td rowspan="2">Q</td><td>외국대학 사회복지전공 졸업자의 1급 국가시험 응시자격</td></tr>
<tr><td>외국대학에서 사회복지전공으로 졸업한 경우, 1급 국가시험에 응시하려면 어떻게 해야 하나요?</td></tr>
<tr><td>A</td><td>■외국의 대학 또는 대학원에서 사회복지학 또는 사회사업학을 전공하고 학사학위 이상을 취득해야 하며, 등급별 자격기준과 동등한 학력이 있다고 보건복지부장관이 인정하는 경우에는 해당 등급의 사회복지사 자격증을 발급 할 수 있습니다.
※ 외국대학의 사회복지학을 국내에서 '통신과정'으로 이수한 자는 사회복지사 자격기준에 해당하지 않음
※ 외국의 전문대학에서의 사회복지학 전공자는 심의 불가</td></tr>
<tr><td rowspan="3">4</td><td rowspan="2">Q</td><td>전문학사 소지자의 1급 국가시험 응시자격</td></tr>
<tr><td>최종 학력이 전문학사인 경우, 1급 국가시험에 응시하려면 어떻게 해야 하나요?</td></tr>
<tr><td>A</td><td>■2급 자격 취득 후 시험일까지의 기간 동안 1년 이상 사회복지사업의 실무경험이 있을 경우1급 국가시험에 응시 가능합니다.
※ 사회복지사업 실무경험에 대한 부분은 '사회복지사 자격관리 지침' 53쪽 참고</td></tr>
</table>

<table>
<tr><th>연번</th><th>구분</th><th>상담 내용</th></tr>
<tr><td rowspan="3">5</td><td rowspan="2">Q</td><td>전문학사로 2급 취득 후 학사학위를 취득한 자의 1급 국가시험 응시자격</td></tr>
<tr><td>전문학사로 사회복지사 2급 자격 취득 후 학사학위를 취득했을 경우, 사회복지 실무경험 없이 응시 가능한가요?</td></tr>
<tr><td>A</td><td>■ 이와 같은 경우 최종 학력이 4년제 학사학위 소지자이므로 사회복지 실무경험 없이 바로 국가시험에 응시 가능합니다.</td></tr>
<tr><td rowspan="3">6</td><td rowspan="2">Q</td><td>전문대학 졸업 후 동 전문대학 학사학위 전공심화과정에 입학하여 졸업한 자의 1급 국가시험 응시자격</td></tr>
<tr><td>전문대학 졸업 후(전문학사학위) 동 전문대학 학사학위 전공심화과정에 입학하고 졸업하여 학사학위를 취득했을 경우, 1급 국가시험 응시가능한가요?</td></tr>
<tr><td>A</td><td>■ 네, 전공심화과정에 의해서 학사학위를 취득한 경우, 자격취득에 필요한 사회복지학 전공교과목과 사회복지 관련 교과목을 이수하면 사회복지사 1급 국가시험에 응시 가능합니다.
※ 참고:「고등교육법」제49조(전공심화과정) 및 제50조의2(전공심화과정에 대한 학위수여)</td></tr>
<tr><td rowspan="3">7</td><td rowspan="2">Q</td><td>1급 국가시험 시험 과목</td></tr>
<tr><td>1급 국가시험 시험 과목에 대해서 알고 싶습니다.</td></tr>
<tr><td>A</td><td>■「사회복지사업법」시행령 제3조제4항관련 [별표2] '사회복지사 국가시험과목'을 참고하시기 바랍니다.
■ 국가시험은 3과목 8영역으로 구성되어 있습니다.
- 사회복지기초 과목: 인간행동과 사회환경, 사회복지조사론 영역
- 사회복지실천 과목: 사회복지실천론, 사회복지실천기술론, 지역사회복지론 영역
- 사회복지정책과 제도 과목: 사회복지정책론, 사회복지행정론, 사회복지법제와 실천론 영역</td></tr>
<tr><td rowspan="3">8</td><td rowspan="2">Q</td><td>1급 국가시험 합격기준</td></tr>
<tr><td>1급 국가시험 합격기준은 어떻게 되나요?</td></tr>
<tr><td>A</td><td>■ 매 과목 만점의 40%이상, 전 과목 총점의 60%이상 득점할 경우 필기시험에 합격하여 합격예정자가 되며(각 영역별 25점 만점이며, 총 만점은 200점입니다.)
■ 합격예정자 대상 응시자격 서류심사에 합격하여야 최종적으로 합격합니다.
※ 단, 최종합격자 발표 후라도 제출된 서류 등의 기재사항이 사실과 다르거나 응시자격 부적격사유가 발견될 때는 합격을 취소합니다.
※ 사회복지사 1급 응시자격 증빙서류와 자격증 발급 신청 시 제출하는 구비서류는 반환되지 않음</td></tr>
</table>

연번	구분	상담 내용
9	Q	1급 국가시험 시행 시기
		1급 국가시험은 언제 시행되나요?
	A	■시험일자, 응시자격, 구비서류, 시험장소 등 국가시험 시행관련 자세한 내용은 국가시험 관리기관인 한국산업인력공단(www.q-net.or.kr)에서 매년 하반기에 발표하는 국가시험 공고문을 참조하시기 바랍니다. ※ 매년 국가시험 일정이 변경될 수 있으므로, 반드시 해당 회차 공고문을 확인하시기 바랍니다.
10	Q	1급 국가시험 합격 후 자격증 발급일자
		사회복지사 1급 국가시험 합격 후 자격증 발급일자는 어떻게 정해지나요?
	A	■사회복지사 자격증 발급 일자는 국가시험 합격 일자가 아닌, 자격증 발급 신청 이후 자격번호가 발급되는 일자를 말합니다. ※ 근거법령: 「사회복지사업법시행규칙」 제4조 (사회복지사자격증의 발급 신청등)
11	Q	1급 최종 합격과 2급 자격증 발급 여부
		1급 국가시험(필기시험)에 합격했으나, 2급 자격증을 발급받은 상태가 아닐 경우, 최종 합격에 영향이 있나요?
	A	■최종 학력이 전문대학 졸업자의 경우, 2급 자격 취득 이후 시험일까지 사회복지사업 실무경험1년 이상이 있어야 합격되므로 2급 자격증이 있어야 합니다. ※ 사회복지사업 실무경험에 대한 부분은 '사회복지사 자격관리 지침' 53쪽 참고 ■최종 학력이 4년제 대학 졸업자의 경우, 2급 자격증 발급 여부와 관계없이 국가시험 응시자격을 충족하면 국가시험에 최종합격 됩니다.
12	Q	(국내 4년제 대학교 또는 대학원 졸업자) 2급 자격증 소지자의 1급 국가시험 응시자격 증빙서류
		사회복지사 2급 자격증 소지자의 경우 1급 국가시험(필기시험) 예비합격 시 어떤 서류를 제출해야 하나요?
	A	■4년제 대학교 또는 대학원을 졸업한 사회복지사 2급 자격증 소지자가 1급 국가시험 예비합격시 최종합격을 위해 제출해야 할 서류는 '응시자격 서류심사 신청서 1부, 대학원 또는 대학교 학위증명서'입니다. ※ 해당 서류는 1급 국가시험 해당 회차의 공고문에 명시된 응시자격 서류제출 기간 내 제출필요 ※ 외국대학 4년제 대학교 또는 대학원 졸업자는 위 내용이 적용되지 않음 ※ 2년제 또는 3년제 전문학사 졸업자의 경우 위 내용이 적용되지 않음
13	Q	1급 국가시험 최종 합격 후 자격증 발급 방법
		국가시험에 최종 합격했는데 자격증은 신청을 별도로 해야 하나요?
	A	■네, 국가시험 최종 합격 후 자격증을 별도로 신청해야 하며, 신청 방법은 자격관리 홈페이지에 안내되어 있으니 참고하시기 바랍니다. ※ 자격관리 홈페이지 '사회복지사자격증'-'자격증신청방법' 참고

〈표 25〉 사회복지사업 실무경험

연번	구분	상담 내용
1	Q	사회복지시설의 정의
		자격증 취득을 위한 경력인정 관련, 사회복지시설의 뜻은 무엇인가요?
	A	■ 사회복지시설이란 「사회복지사업법」 제2조제1호 각목의 법률에 따라 "사회복지사업"을 행할 목적으로 신고된 시설을 의미합니다. ※ 법인격 여부는 시설운영자의 주관적인 목적이 아니라 법 제2조제1호에 근거하여 설치되었는지에 따라 판단
2	Q	사회복지사업 실무경험 인정 기준
		사회복지사업 실무경험 인정 기준은 어떤 건가요?
	A	■ 「사회복지사업법」 제2조제1호 각 목의 법률에 따라 "사회복지사업법"을 행할 목적으로 신고된 시설에서 사회복지사 직종으로 근무한 경력을 인정합니다. 동법에 따라 신고된 시설이 아닌 곳에서 근무할 경우, 경력증명서 상 직종이 '사회복지사'이거나 또는 채용 시 사회복지사 자격증이 필수 자격이어야 합니다.
3	Q	사회복지사업 실무경험 확인 방법
		사회복지사업 실무경험 인정은 어떻게 확인하나요?
	A	■ 사회복지시설의 실무경험 인정 여부는 시설신고증(법인의 경우 설립근거가 되는 정관 등의서류), 근무직종 확인할 수 있는 경력(재직)증명서, 업무분장표, 건강보험자격득실 확인서 등을 통해 확인합니다.
4	Q	사회복지사업 실무경험 인정 직종(사회복지시설)
		사회복지사업 실무경험 인정 직종여부 확인은 어떻게 하나요?
	A	■ 사회복지사업법 제2조제1호의 법령에 의해 시설신고(법인설립허가)된 곳의 경우 해당 법에 따른 각 시설의 인력 자격기준이 '사회복지사업법에 따른 사회복지사 자격증 소지자'로 되어 있는 직종은 실무경험으로 인정
5	Q	사회복지시설의 경력인정 불가 분야
		사회복지 실무경험이 인정되지 않는 분야는 무엇인가요?
	A	■ 간호사, 시설관리, 운전직, 영양사, 조리원, 위생원 등 기능직종의 경력 ■ 특수교사(특수학교), 특수교육보조원, 방과후교사(교육투자우선지역 지원사업) 등 ■ 직장체험연수
6	Q	사회복지사업 실무경험 확인 관련 제출 서류 미비 (시설신고증)
		사회복지사업 실무경험 인정 관련 제출 서류 중, 시설의 폐지 등으로 인해 시설신고증을 제출하지 못할 경우에 어떻게 해야 하나요?
	A	■시설 신고증을 제출하지 못하는 경우, 시설 소재지 해당 관공서에서 발급한 해당 시설 폐지신고 확인서류 등을 제출해야 합니다.

<table>
<tr><th>연번</th><th>구분</th><th>상담 내용</th></tr>
<tr><td rowspan="3">7</td><td rowspan="2">Q</td><td>조건부시설의 경력 산정 방법</td></tr>
<tr><td>조건부시설에서 사회복지사업 실무경험을 쌓은 경우, 경력일은 어떻게 산정되나요?</td></tr>
<tr><td>A</td><td>■ 조건부 시설신고증에 표기된 2002년 이후의 일자부터 2005년 7월 31일까지의 근무경력만 인정됩니다.
※ 참고: 2021년 사회복지시설 관리안내, 보건복지부</td></tr>
<tr><td rowspan="3">8</td><td rowspan="2">Q</td><td>최종 학력이 전문학사로 국가시험 응시를 위한 경력인정 시점</td></tr>
<tr><td>사회복지사 2급 자격 취득 이전에 사회복지 실무경험이 있습니다. 이런 경우 1급 시험의 사회복지사업 실무경험으로 인정되는가요?</td></tr>
<tr><td>A</td><td>■ 아니오, 사회복지사 2급 자격 취득 이전의 사회복지 실무경험은 인정 불가합니다. 사회복지 실무경험은 자격증 취득 이후의 경력을 의미합니다. 최종 학력이 전문학사 학위 취득자인 경우 사회복지사 2급 자격증을 취득한 날부터 시험일까지의 기간 동안 1년 이상 사회복지사업의 실무경험이 있어야 합니다.</td></tr>
<tr><td rowspan="3">9</td><td rowspan="2">Q</td><td>3급 → 2급 경력 승급 시 경력일 산정 기준</td></tr>
<tr><td>3급 취득 후 사회복지사업 실무경험 3년을 쌓은 경우, 2급 승급 신청 가능일은 언제인가요?</td></tr>
<tr><td>A</td><td>■ 경력 승급 시 해당 자격증 발급 일자를 기준으로 경력 일자를 산정합니다. 예를 들어, 2007년 5월 1일 3급 자격증을 발급 받은 시점부터 사회복지 실무경험을 쌓은 경우, 2010년 5월 1일 이후 2급 승급 신청 가능합니다.</td></tr>
</table>

c·h·a·p·t·e·r

05 사회복지현장실습의 기초지식

1. 사회복지실천의 정의

사회복지실천(social work practice)은 개인, 가족, 집단, 조직, 그리고 지역사회가 필요한 사회적 기능을 회복하거나 향상시키는 활동이며, 이들에게 사회조건을 만들어 발전해 나가도록 돕는 전문적 활동이다. 사회복지사는 클라이언트의 고통을 감소시키면서 불평등 요소를 바로잡으며 복지를 증진시키고자 한다. 따라서 사회복지실천은 사회적경제적문화적인 과정이나 구조에서 소외된 사람들을 위하여 특별한 관심을 기울인다(오정수 외, 2011).

사회복지실천의 목적은 전 국민의 삶의 질을 향상시키고, 바람직한 개인과 사회의 상호작용을 증진시키거나 회복시키는 것이며, 클라이언트의 문제해결을 위한 직접적인 개입활동뿐만 아니라 개인의 능력과 기회, 그리고 삶의 질이 제도적으로 보장이 되도록 사회구조의 효과성을 증진시키는 데에도 관심을 기울이는 데 있다.

그리하여 사회복지실천 활동은 개인과 가족, 지역사회의 문제해결과 적응능력을 향상시키고, 자원, 서비스, 기회를 제공하는 다양한 채널과 연결시켜 자원이나 서비스 제공 체계들의 기능을 증진시키고 결국 사회정책의 개발과 개선에 기여하는 활동들이다. 그 활동의 중심이 사회복지사들이다.

사회복지실천 활동을 통해 개인, 가족, 집단, 조직, 그리고 지역사회 사람들의 삶의 질을 개선하고 지역사회와의 네트워크 구성과 인간과 환경의 상호 개선과 인간의 존엄, 개별화 및 자기 결정의 가치 등 인도주의 이념을 전제로 하고 있다.

2. 사회복지실천의 기록

실습생의 기록은 자신의 역할수행과 자기 성장에 대한 자기반성적 고찰의 근거가 되고, 실습 지도자와 실습지도 교수에게는 슈퍼비전과 평가의 근거자료가 된다. 뿐만 아니라 사회복지실천에 있어서 기록은 사회복지사의 책무성을 평가하는 데 있어서도 매우 주요한 요소로 인식되어, 사회복지서비스의 책무성 측면이 강조되면서 기록의 중요성 또한 강조되고 있다. 그러므로 실습생은 예비사회복지사로서 기록하는 방법을 숙지하여 클라이언트와 기관, 사회에 대해 윤리적법적 책임을 갖고 서비스를 기록하고 평가할 수 있어야 하며, 기록에 대한 공식적 지침이나 서식을 숙지하고, 보다 효과적이고 효율적으로 보관하거나 전달할 수 있는 방안을 모색하여야 한다.

1) 사회복지실천 기록의 목적

- 사회복지실천활동의 문서화
- 효과적인 서비스를 위한 모니터
- 사례의 지속성 유지
- 전문가 간의 의사소통의 활성화
- 슈퍼비전의 활성화
- 클라이언트와 정보 공유
- 행정적 과업을 위한 자료 제공
- 연구조사를 위한 자료 제공

2) 사회사업기록의 활용과 내용

사회사업기록은 클라이언트와 상황 그리고 그 관계에서 이루어지는 서비스의 특징을 중심으로 이루어진다. 이는 사회복지실천과정 전반에 대해, 특히 각 사례에 대한 사회복지사의 독특한 접근방법을 반영한다. 따라서 사회복지사의 실천방법이나 그가 속한 기관의 특성, 서비스의 전달체계, 클라이언트의 특성 등에 따라 여러 가지 형식의 기록이 존재할 수 있다. 사회사업기록은 매우 다양하며 그 내용을 일반화하는 데에는 한계가 있다.

3) 과정기록과 유의점

- 과정기록은 서비스 수행과정에서 일어나는 모든 것을 기록해야 하므로 빠른 시간 내에 작성하도록 한다.
- 면접의 목적을 고려하여 중요한 내용과 활동을 중심으로 기록한다.
- 자신의 면접장면에 대해 정직하게 기록한다. 자신이 잘했다고 생각하는 면만 기록할 경우, 실습 지도자의 슈퍼비전을 통해 성장할 수 있는 기회를 놓치게 되는 것이다.
- 클라이언트의 비밀보장을 유지하도록 최선을 다한다. 가명을 사용하고 기록 보관에 유의한다.
- 과정기록을 위해 면접 시 필기를 할 경우, 클라이언트가 불편해할 수 있으므로 면접 시 필기를 최소한으로 줄인다.

3. 사회복지실천의 과정

1) 접수 및 관계형성

접수단계에서 사회복지사는 클라이언트의 문제가 무엇인지를 파악하고, 기관에서 클라이언트에게 서비스를 제공할지 여부를 결정한다. 사회복지사는 클라이언트와 그 가족에게 기관의 성격 및 서비스에 대해 정보를 제공하고, 기관의 서비스 내용이 클라이언트에게 적절하지 않거나 더 전문적 서비스를 제공할 수 있는 기관이 존재할 경우 클라이언트를 다른 기관으로 의뢰한다. 초기면접에서 클라이언트는 대부분 불안과 저항을 가질 수 있다. 이는 비자발적으로 기관에 오게 된 클라이언트는 물론, 타인의 권유나 자발적인 의사에 따라 기관을 찾은 경우에도 마찬가지이다. 클라이언트들 중 장기간 어려운 상황 속에서 무기력과 절망감을 가지고 있는 경우도 많다. 따라서 초기 사회복지사와 클라이언트 간의 상호 간 관계형성이 중요하다. 관계형성을 통해 사회복지사에 대한 클라이언트의 신뢰를 형성하며, 클라이언트의 불안과 저항을 감소시키고 동기를 극대화하여 안정된 상태에서 자신의 어려움과 욕구에 대해 편하게 이야기할 수 있도록 도울 수 있다. 또한 사회복지사는 클라이언트에 대한 존중을 바탕으로 경청과 관찰을 통해 필요한 정보를 수집한다. Biesteak이 제시한 관계의 원칙에는 개별화, 의도적 감정표현, 통제된 정서적 관여, 수용, 비심판적 태도, 크라이언트의 자기결정, 비밀보장의 원칙 등 7가지가 있다.

2) 자료수집(조사)

사회복지사가 클라이언트의 문제해결 및 욕구충족을 위해 개입할 때에는 '환경 내 개인'의 관점에서 자료수집과 사정을 실시한다. 이 과정은 클라이언트의 문제를 정의하는 사정 또는 진단에 필요한 기본 자료를 수집하는 것을 의미한다. 자료수집 방법에는 자료의 정확성과 객관성이 정확한 사정의 기반이 된다. 자료수집

방법은 어느 것이나 한계를 갖고 있기 때문에 사회복지사는 가능한 한 한 가지 이상의 방법을 활용해야 한다. 다양한 방법을 활용하여 자료를 수집할 때 사정의 정확성 또한 기대할 수 있다.

3) 사정평가과정(assessment)

사정평가과정은 사회복지사가 클라이언트의 문제를 이해하기 위해 수집한 자료를 사회복지이론을 적용하여 분석하는 사고과정으로, 그 결과를 바탕으로 문제해결을 위한 계획을 수립하게 된다. 사정평가를 통해서 사회복지사는 클라이언트의 문제 혹은 관심사에 대해 파악하고, 이 중 변화될 필요가 있는 것과 그러한 변화를 이끄는 방법들을 도출해 내어야 한다. 변화과정의 모든 단계에서와 같이 클라이언트는 사정평가과정에 적극적으로 참여할 수 있어야 한다. 사정평가과정에 참여함으로써 클라이언트는 자신의 문제에 대해 바로 알고 사회복지사를 신뢰하며 변화에 대한 희망을 가져, 변화 노력에 대한 동기를 높일 수 있다. 클라이언트와 사회복지사 모두 자료의 의미나 문제의 원인에 대하여 끝없는 억측과 이론을 내세우거나 클라이언트의 문제를 특정 이론이나 진단적 범주에 맞추려고 시도해서는 안 된다. 사정에서 도출되는 개입계획의 성공 여부에 따라서 사정평가의 가치는 평가된다.

4) 계획과 계약

클라이언트와 사회복지사가 사정의 결과에 동의하면, 행동계획을 수립하고 계획을 함께 실행하는 방식에 대해 공식적 혹은 비공식적인 계약을 맺는다. 이 단계에서 사회복지사와 클라이언트는 개입의 목적과 목표에 합의하고 이를 달성하기 위한 계획을 수립하는데, 이때 개입에서 역점을 두어야 할 문제나 관심사, 개입의 목표와 기대효과, 개입기간 내의 사회복지사와 클라이언트의 과업, 일정에 대해 구체적으로 논의한다. 개입의 목표는 구체적이며 측정 가능한 것이어야 한다. 목적과 목표가 세워지고 나면, 클라이언트와 사회복지사는 이를 달성하기 위해 여러 가지 전략을 고려해야 한다. 계획수립에 있어서 사회복지사와 클라이언트는 시간,

기술, 윤리, 기관의 기능 및 비용 등을 고려하여 계획을 설정한다. 또한 개입계획을 수립할 때 변화를 위한 다양한 전략을 검토한 후, 사회복지사와 클라이언트는 자신들이 따라야 하는 계획의 세부사항을 선택하고 개발해야 한다. 다음으로 계약의 목적은 사회복지사와 클라이언트의 역할과 책임을 분명히 하고 오해를 예방하는 것이다. Barker는 사회복지실천 계약을 '클라이언트와 사회복지사 사이에 개입과정 동안 수행해야 하는 목적, 방법, 시간, 상호 의무에 대하여 서면으로, 구두로, 암묵적으로 하는 합의'라고 정의하였다. 어떤 경우에는 서면계약을 활용하는 것이 유리하다. 서면계약은 사회복지사와 클라이언트 사이에 일치하는 것과 일치하지 않는 점을 분명히 하며, 클라이언트나 기관이 책임감을 갖게 하는 데 기초가 되고, 다른 사회복지사에게 사례를 의뢰할 때에도 기본 자료가 되므로 중요하다.

5) 개입

개입단계는 정해진 목표와 계획에 따라 실천과정을 진행하는 것이다. 이 시점에서 사회복지사와 클라이언트는 합의된 각각의 역할과 과업을 수행하고, 상황에 영향을 주는 데 필요한 자원을 개발활용하고, 실천과정을 점검한다. 사회복지사는 클라이언트와 그가 속한 환경에서 발생한 긍정적인 성장과 변화를 유지하도록 돕는 책임을 가진다. 개입단계에서 사회복지사는 중개자, 가능케 하는 자, 교사, 옹호자, 사례관리자, 상담자, 중재자, 자문가, 조사자, 평가자 등의 역할을 한다.

6) 평가와 종결

변화과정의 마지막 단계는 클라이언트에게 제공하는 서비스를 종결하고, 개입 전반에 대한 최종평가를 진행하는 것이다. 목표달성에 대한 평가와 더불어 사회복지사의 개입과정 및 방법 그리고 사회복지사와 클라이언트의 역할수행 전반에 대해 점검한다. 이는 추후기관의 사업 및 조직운영과 실천방법, 사회복지사의 역할수행 등의 질적 향상을 위한 기초 자료로 활용된다.

4. 사례관리에 대한 이해

1) 사례관리의 개념과 목적

(1) 사례관리 개념

NASW(전미사회복지사협회)에서는 사례관리를 '복잡한 여러 가지 문제와 장애를 가지고 있는 클라이언트가 적합한 형태로, 적당한 시기에, 그들이 필요로 하고 있는 모든 서비스를 받을 수 있도록 보장하는 것이며, 따라서 이것은 '포괄적 서비스를 제공하기 위한 방법'으로 정의하였다. 사례관리란 현대 산업사회에서 등장하는 복잡하고 다양한 문제나 욕구를 가진 클라이언트가 개별적인 기관이나 전문가 등의 지역사회 내의 서비스 제공자들을 일일이 찾아다니지 않고, 사례관리자로부터 필요한 서비스를 보다 용이하고 효과적으로 받아들일 수 있도록 필요한 자원을 활용하여 클라이언트로 하여금 지역사회 내에서 독립적인 생활을 할 수 있게 도와주는 통합적인 서비스 전달방법이라고 할 수 있다(곽미정·송희석, 2016).

사례관리는 개인이나 가족을 대상으로 서비스를 제공한다는 측면에서 전통적인 사회복지실천방법론의 하나인 개별사회사업과 아주 유사하지만, 좀 더 넓은 개념으로 확대되고 있으며 구체적인 사례관리의 특징은 다음과 같다(이은영 외, 2020).

가. 지역사회에서의 서비스 활동과 연계를 강조하는 지역사회 중심의 접근법이다.
나. 치료보다는 보호의 개념을 강조하며, 만성적이며 복합적인 문제를 가진 클라이언트를 지속적으로 관리해야 한다.
다. 사례관리자와 개인 클라이언트와의 긴밀한 상호관계를 기초로 클라이언트 중심의 개별화된 접근을 해야 한다.
라. 클라이언트의 변화를 위한 개별지도 중심의 직접적 개입으로부터 자원의 조정을 포함하는 환경적 개입까지 사회복지실천의 개입역할을 확대해야 한다.

즉, 사례관리는 개별 사회복지대상자가 가진 복합적인 문제를 해결하기 위하여, 개별지도는 물론 다양한 기관과 프로그램 및 지역사회 자원을 통하여, 장·단기적으로 개입하는 전문적 사회복지실천 기술이라고 정의할 수 있다(박용순 외, 2016).

(2) 사례관리 목적

사례관리가 추구하는 사회복지적 실천의 목적은 다음과 같다(이은영 외, 2011; 박용순 외 2016; 정성배 외, 2021)

① 외부환경에 유연하게 적응할 수 있는 클라이언트의 잠재력을 최대화한다

사례관리의 궁극적인 목적은 클라이언트가 타인의 도움 없이도 자신이 원하는 삶을 살 수 있도록 하는 것이다. 클라이언트의 잠재력을 최대화하는 것은 클라이언트가 자신이 원하는 자원을 얻을 수 있는 힘을 갖추는 것으로서, 자신의 강점과 역량을 키우는 것을 의미한다.

② 서비스 제공의 연속성을 적극적으로 보장한다

사례관리는 장기적인 욕구와 문제를 호소하는 클라이언트를 대상으로 하기 때문에 서비스 제공의 연속성은 매우 중요하다. 서비스 연속성이란 서비스 제공자나 제공기관이 클라이언트의 욕구를 충족시키기 위해 필요로 하는 서비스를 끊어짐 없이 지속적으로 제공하는 것이다. 서비스의 연속성은 횡단적 연속성과 종단적 연속성이 있다. 횡단적 서비스의 연속성은 주어진 시점에서 클라이언트의 다양한 욕구를 충족시킬 수 있는 포괄적이고 조정된 서비스를 제공하는 것이다. 반면, 종단적 연속성은 시간의 경과에 따라 변화하는 클라이언트의 욕구를 충족시키기 위해 지속적으로 서비스를 제공하는 것이다.

③ 서비스의 통합성을 추구한다

사례관리는 서비스를 연결, 조정하는 단순한 기술적인 접근 그 이상의 의미와 목적을 가지며 사회복지적인 접근이나 실천 모델인 접촉, 상담, 사정, 개입, 평가 등을 포함하는 모델이라 할 수 있다. 복합적이고 다양한 클라이언트의 욕구를 해결하기 위해서는 지역사회의 다양한 기관들의 서비스와 자원이 연계되고 조정될 수 있는 서비스 통합성이 확보되어야 한다. 이를 통해 서비스의 단편화와 중복을 감소시키고, 서비스의 상호작용을 촉진시킬 수 있게 된다.

④ 서비스 접근성을 증진한다

정보의 부족이나 서비스 제공의 복잡성 등으로 인해 클라이언트가 지역사회 내의 서비스에 접근하는 데 장해를 갖게 되는 경우가 있다. 서비스 접근성을 증진시키는 것은 클라이언트의 적격성, 기준, 정책, 규정, 절차 등과 관련된 서비스의 접근에 대한 장해물을 극복하고 그들이 필요한 서비스에 쉽게 접근할 수 있도록 하는 것이다. 욕구가 있는 클라이언트에게 인종, 종교, 사회경제적 지위, 장애 정도 등과 상관없이 서비스에 접근할 수 있는 기회가 보장되어야 한다.

⑤ 사회적 책임을 증진한다

사례관리는 클라이언트의 욕구에 적합한 서비스에 대해 한정된 자원으로 최적의 효과를 거두는 것이 필요하다. 따라서 서비스가 클라이언트의 욕구에 적합하고, 적당한 시기에 적절한 방식으로 제공되고, 서비스가 중복되지 않도록 관리하는 것이 중요하다. 사례관리의 효과성과 효율성을 담보하기 위해서는 높은 전문성과 높은 수준의 보호 등 사회적 책임이 요구된다.

⑥ 성과관리를 제고한다

성과(outcome)는 사례관리의 목적과 연관성이 있다. 사례관리에 있어 성과는 결과뿐만 아니라 과정에 대한 평가와 과정의 질에 대한 평가도 중시되어야 한다. 사례관리가 클라이언트에게 적절하게 제공되고 있는지의 여부, 서비스의 통합, 클라이언트의 만족, 서비스 성과의 질 등이 평가되어야 한다.

2) 사례관리의 원칙 및 실천 원리

(1) 사례관리의 원칙

사례관리가 추구하는 본연의 목적을 달성하기 위한 사례관리의 원칙은 다음과 같다(박용순 외, 2016; 이은영 외 2021; 정성배 외, 2021).

① 서비스의 개별성

클라이언트의 신체, 정서, 사회적 여건과 환경에 따라 각 클라이언트의 확인된 욕구에 맞게 각기 구체적으로 개발되거나 도안되어 서비스가 제공되어야 한다.

② 서비스의 포괄성

지역사회에서 클라이언트의 다양한 욕구를 충족시키기 위해 필요한 광범위한 지지를 연결하고 조정하며 점검하는 서비스이다. 서비스의 포괄성은 지역사회의 클라이언트들에게 충족되지 않은 욕구가 없도록 원조함에 중점을 둔다.

③ 규모 있는 서비스

서비스의 중복을 피함으로써 서비스 비용의 낭비를 방지할 수 있어야 한다. 잘 조정되지 못한 서비스들은 특정 욕구에 대해 중복되기도 하고, 이로 인해 충족되어야 할 다른 욕구들이 충족되지 못하는 경우를 초래할 수 있다.

④ 클라이언트의 자율성 증대

클라이언트의 자유와 과보호를 지양하고 자율성과 자기결정권을 가능한 한 보장한다.

⑤ 서비스의 지속성

사례관리자는 클라이언트의 욕구와 생활현장에서 잘 적응할 수 있도록 서비스를 지속적으로 제공해야 한다. 사례관리의 실천에 있어 클라이언트와 사례관리자는 관계형성과 신뢰를 바탕으로 위기의 클라이언트에게 상황 속의 인간이라는 관점을 적용하여 다양한 서비스의 연속성을 가진다는 것이다.

⑥ 서비스의 연계성

복잡하고 분리되어 있는 서비스 전달체계를 연결하는 것을 의미한다. 다양한 서비스의 연계성에서 사례관리자는 중개자 혹은 권익옹호자의 역할을 한다.

(2) 사례관리의 실천원리

사례관리의 대상자와 공급자 및 이해관계자에게 적용하는 기본적인 실천원리는 다음과 같다(박용순 외, 2016)

① 맞춤형 서비스 및 욕구 기반: 서비스 전달은 개별적인 욕구에 기반한다.

② 개별화되고 소비자 중심의 계획: 소비자와 보호자는 사례개입 계획수립에 참여해야 한다.

③ 소비자들은 자신이 사용하는 서비스를 선택하고, 서비스 제공자를 선택할 수 있는 기회를 제공받는다.

④ 보호 계획은 객관성과 책임성하에 세분화되어야 하고, 계약에 입각하여 진행하여야 한다.

⑤ 개인이 요구한 서비스는 서비스 제공자에 의해 특별한 요구에 부응하는 방식으로 제공되어야 한다.

⑥ 소비자의 욕구를 충족시키기 위해 필요한 곳에서 서비스가 개발되어야 한다.

⑦ 성과는 명확하게 제시되어야 하고, 서비스 구매자나 소비자는 그 성과를 모니터할 수 있어야 한다.

⑧ 사례관리자는 제공되는 서비스를 점검해야 하고, 변화하는 환경에 잘 반응해야 한다.

⑨ 사례관리자는 비공식적인 자원과 공식적인 서비스에 기반을 두어 돈이 가장 가치 있게 사용될 수 있도록 서비스 패키지를 제공해야 한다.

⑩ 서비스 제공은 클라이언트의 요구와 서비스 계약의 성과와 관련된 보호의 연속성을 보장하는 타임 테이블을 명확하게 해야 한다.

⑪ 클라이언트가 서비스 체계와 함께함으로써 얻게 되는 지식은 개인적이고 체계적 수준에서 변화를 옹호하는 데 사용된다.

(3) 사례관리의 가치

사회사업실천의 가장 중요한 분야 중 하나로 인정되고 있는 사례관리는 다음과 같은 궁극적인 가치를 추구한다(박용순 외, 2016; 이은영 외, 2020).

① 정상화

Wolfensberger(1972)는 정상화의 가치를 실현하기 위한 주요 과업으로 사회적 역할의 안정화를 제안하였다. 이는 장애인을 위한 가치 있는 역할을 먼저 창출함으로써 그들 스스로 자부심을 가질 수 있도록 해주고, 나아가 그들 스스로 자신의 능력과 기술을 충분히 개발할 수 있도록 원조해 주는 것을 의미한다(이은영 외, 2020).

가. 사람들은 격리된 지역에서가 아닌 지역사회 안에서 다양한 정상적인 활동을 경험할 권리가 있다.

나. 지역사회의 사람과 다양한 관계를 형성하고, 다양한 영역에서 사람들과 함께 다양한 관계를 맺고 살아갈 권리가 있다.

다. 서비스 선택의 기회가 폭넓게 확대되어야 한다.

라. 사람들은 그들이 점유하고 있는 정상적인 지역사회 환경에서 기능적이고도 의미 있는 방식으로 그들 자신의 강점, 기술, 이익을 발달시킬 기회를 가져야 한다.

마. 서비스는 클라이언트의 명예를 고양시키고, 긍정적인 이미지를 표현함으로써 시민의식을 증대시키는 데 기여해야 한다.

② 자기결정권

클라이언트의 자기결정권은 사례관리의 기본적인 가치이다. 따라서 사례관리자는 클라이언트의 권한과 참여의 원칙에 전념하여 클라이언트가 자신 스스로를 돌볼 수 있도록 하여야 한다. 또한 클라이언트는 과정에 최대한 참여해야 하며, 치료계획도 클라이언트의 선택과 자조를 촉진시키는 것이어야 한다.

사회복지실천 현장에서는 클라이언트의 자기결정권이 우선적이지 못한 경우가 많다. 예를 들면, 클라이언트가 선호하는 것이 다른 클라이언트나 전문가들을 방해한다든지, 클라이언트가 결정을 내리기엔 정신적으로 문제가 있다든지 하는 경우로 이러한 경우, 사례관리자는 왜 선택권이 제한을 받는지에 대한 확실한 개념이 있어야만 한다.

가. 클라이언트가 자기결정을 강화하기 위한 점검사항

㉠ 클라이언트의 현재 상황, 클라이언트의 관점을 이해하는가?
㉡ 클라이언트의 상태는 어떠한가? 올바른 결정을 할 수 있는 상태인가?
㉢ 클라이언트는 무엇을 원하는가?
㉣ 클라이언트의 소망에 방해가 되는 요소들은 무엇인가?
㉤ 이러한 장애물은 극복될 수 있는가?
㉥ 클라이언트의 결정을 따를 경우 위험요소는 무엇인가?
㉦ 팀의 조언은 어떠한가?
㉧ 사례관리자는 어떻게 클라이언트의 가치를 보호할 것인가?

나. 클라이언트의 선호

클라이언트의 선호에 관한 문제가 발생하였을 때 사례관리자가 고려해야 할 지침은 다음과 같다.

㉠ 사례관리자는 클라이언트의 욕구를 잘 알아야만 한다. 클라이언트의 관점은 이러한 욕구를 파악하는 데 중요하다
㉡ 클라이언트가 왜 그런 서비스와 도움을 원하는지 정확히 파악한다. 그렇

게 하면 클라이언트와 사례관리자는 각각의 요구가 왜 중요한지를 이해하게 된다. 이 과정에서 클라이언트의 과거 및 문화적 배경도 고려되어야 한다.

ⓒ 클라이언트의 욕구가 모두 언급되었는가?: 클라이언트의 욕구가 모두 언급되지 않았을 경우도 있다. 자원이 제한된 경우 사례관리자는 어떤 서비스가 가능한지 알려 주어야 한다.

ⓔ 클라이언트의 요구는 어떻게 충족되어질 수 있는가?: 클라이언트의 결정권을 존중한다는 것은 사례관리자가 클라이언트의 선호를 충족시키고 노력한다는 것을 의미한다. 창조적인 방법을 고안하면서 클라이언트의 욕구를 충족시킬 수 있는 방법을 찾아보아야 한다. 이러한 과정 속에서 신뢰형성과 관계를 돈독히 할 수 있으며 클라이언트는 보다 자신이 선호하는 것을 표현할 수 있다.

ⓜ 클라이언트가 원하는 것이 합법적이지 않을 경우는?: 사례관리자는 기관의 규칙에 따를 책임이 있다.

다. 비밀보장

비밀보장은 클라이언트와의 관계를 발전시키는 기초이며, 클라이언트가 털어놓는 이야기가 비밀보장이 된다고 확신될 때 클라이언트는 주저함 없이 이야기하게 된다. 클라이언트와의 신뢰형성을 위한 필수 요건으로서, 비밀보장의 원칙은 다음과 같다.

ⓐ 클라이언트의 비밀보장(예외: 자타에게 해가 되는 정보)

ⓑ 같은 팀 동료와 클라이언트 정보공유 가능—사전 동의가 필수 이며, 클라이언트에게 누가 팀 동료인지, 어떤 정보를 줄 것인지 미리 알려야 한다.

ⓒ 클라이언트의 가족과 친구에게 정보제공 가능—사전 동의 필수

ⓔ 법정에서는 클라이언트의 비밀보장이 보장되지 않는다. 즉, 클라이언트와의 대화 내용은 법적으로 보호받지 못하여 나중에 법정에서 클라이언트가 말한 것을 사례관리자는 증언하도록 강요당할 수도 있다.

3) 사례관리의 기능과 역할

(1) 사례관리의 기능

사례관리는 클라이언트의 가치있는 삶, 즉 삶의 질을 발견하고 향상하는 데 그 목적을 두며 세부적인 기능은 다음과 같다(곽미정·홍희석, 2016).

① 클라이언트의 발견

클라이언트의 발견이란 사례관리서비스가 필요한 집단과 개인을 발견해서 대상화하는 것을 말한다. 클라이언트 자신이 필요한 치료나 서비스를 찾아서 올 수도 있고 그 가족이 클라이언트를 위해 서비스를 요청할 수도 있지만 주로 사례관리자가 지역사회나 주변 환경으로 클라이언트를 적극적으로 찾아 나서는 아웃리치를 통해서도 이루어진다. 그런 경우 클라이언트와 긴밀한 원조 및 치료관계로 발전하는 데 수년씩 걸릴 수도 있으므로 사례관리자의 꾸준함이 요구된다.

② 사정

사정 기능은 클라이언트 욕구, 생활상태, 자원 등에 대한 정보를 수집하고 이를 바탕으로 구체적으로 욕구를 평가하며 이와 관련된 서비스, 기회 및 혜택 등을 확인하는 과정이다. 현재 클라이언트의 심리적·사회적 기능수준을 판단하는 데는 주로 표준화된 임상면접 기술들이 이용되며, 클라이언트가 현재 갖추고 있는 공식적·비공식적 사회지지체계, 이에 대한 과거의 사실, 그리고 이러한 지지체계에 대한 장래의 전망 또한 사정에서 다루어져야 한다. 그리고 이러한 사정과정에 클라이언트를 참여시키는 것은 매우 중요하다.

③ 서비스 계획의 수립

사정 단계에서 얻어진 정보를 기초로 해서 종합적인 서비스 계획을 전개한다. 사정에서와 마찬가지로 이 단계에서도 클라이언트를 참여시키면서 앞으로의 현실적이고 구체적인 계획에 대한 동의 절차를 가지는 것이 중요하다. 서비스 계획의 수립은 사례관리의 목적을 정하고 통합적인 개입계획을 세우기 위해 전문가와 프로그램 대표, 클라이언트와 그의 가족, 의미 있는 관계를 맺고 있는 타인들 간의 회의를 열고 의사결정과정을 이끌어 내기 위해 반드시 필요한 과정이다. 이를 위해 사례관리자는 지역사회 내의 이용 가능한 서비스에 대한 것을 인식하여야 하고, 또 그 서비스의 절차나 규칙에 대한 것도 알고 있어야 한다. 대체로 서비스 계획은 클라이언트와의 초기 접촉에서부터 시작하는 것이 보통이며 클라이언트의 변화하는 욕구에 따라 필요하면 언제든지 서비스 계획을 수정하고 보완해야 한다.

④ 서비스의 연결 및 조정

서비스의 연결 및 조정은 가장 잘 알려진 사례관리기법의 기능이다. 하지만 이 과정은 클라이언트와 휴먼서비스 체계들과의 연결 혹은 공식적 서비스와 비공식적 지지망과의 연결에서 사례관리의 핵심적 요소임에는 분명하지만, 적절하고 지속적인 사정과 서비스 계획, 그리고 모니터링이 없이는 단순한 위탁의 기능 정도밖에 될 수 없다는 위험도 안고 있다. 또한 이 과정에서 단순한 연결을 통해 위탁하기에 앞서 우선 클라이언트에게 필요한 서비스의 정도를 결정해야 하고, 클라이언트가 서비스를 받을 수 있도록 하여야 하며, 필요한 모든 노력을 기울여야 한다. 이러한 의미에서 사례관리자는 단순한 중개자 이상의 활동을 하게 된다. 이를 위해 사례관리자는 클라이언트 및 여러 전문체계들과 긍정적 관계를 수립하고 효과적인 의사소통을 확보하며, 욕구사정, 분석, 계획 등에 필요한 다양한 기술들을 포괄적으로 구사할 수 있어야 한다. 또한 서비스 조정과정은 서비스 제공자와 클라이언트를 연결하는 것뿐만 아니라, 서비스 제공자들 간의 연결도 포함한다. 클라이언트에게 최선의 서비스가 제공될 수 있도록 하기 위해 클라이언트와 서비스 제공자 간 또는 서비스 프로그램 간 중개자로서의 역할도 충실히 해야 한다.

⑤ 모니터링

모니터링은 서비스의 제공 및 이용을 확인 혹은 감독하는 기능이다. 필요한 서비스가 실제로 사용되고 클라이언트에 의해 적절히 활용되고 있는가를 확인하기 위해 사례관리자는 클라이언트와 서비스 제공자 간의 사회관리 차원의 접촉을 한다. 이를 통해 사례관리자는 서비스 계획에 명시된 목적과 목표를 향해 클라이언트에게 얼마나 진보가 있었는지를 평가하게 된다. 이러한 사후관리 접촉은 긴밀하고 지속적으로 이루어져야 하므로 복잡한 서비스체계 아래에서 이 기능을 수행하기란 그리 쉽지 않다. 그럼에도 불구하고 이러한 모니터링을 통해 사례관리자는 클라이언트에 대한 서비스 계획을 재평가하고 변경조치를 취할 수 있으므로 모니터링은 반드시 수행하여야 할 것이다.

⑥ 권익옹호

사례관리에 있어 권익옹호는 두 가지 차원, 즉 클라이언트 차원과 서비스체계 차원에서 이루어진다. 우선 클라이언트 차원에서 사회복지사는 클라이언트 개인의 욕구 충족과 최선의 이익을 위해 옹호하게 된다. 권익옹호는 클라이언트에게 제공되어야 할 서비스나 자원이 제공되지 않을 경우 문제를 바로 잡는 데 필요한 조치들을 취하기도 하며, 현존하는 자원들이 최대한으로 활용될 수 있도록 원조하되, 필요한 서비스나 자원의 부재 시에는 이를 직접 개발해야 할 책임을 가지기도 한다. 다른 한편으로는 사례관리자와 서비스체계 혹은 특정 기관과 프로그램 간에 발생하는 긴장상태를 조정하는 기능을 함으로써 궁극적으로 클라이언트의 옹호를 도모한다. 이러한 점에서 권익옹호의 기능도 매우 중요하지만 기관 상호 간의 협동을 유지하도록 기술적으로 수행하는 것도 사례관리에서는 필수 불가결한 요건이라고 할 수 있다.

그 중요성에도 불구하고 권익옹호의 기능은 아직 종종 간과되거나 행하기 어렵다고 여겨지고 있는 것이 현실이다. 앞으로 사례관리기법이 더 확고한 실천방법으로 발전해 가기 위해서는 더욱 적극적인 권익옹호에 노력을 기울여야 할 것이다.

(2) 사례관리의 역할

개입대상의 체계수준과 사례관리자가 수행하는 기능에 따라 사례관리자의 역할을 세부적으로 분류하면 다음과 같다(이금진·홍선미, 2004)

① 미시적 차원

가. 조력자(enabler)

조력자의 역할은 클라이언트 개인이나 가족이 자신의 욕구를 파악하고 미해결된 욕구에 대한 문제를 명확히 규명하며 해결방안의 탐색과 전략을 선택하여, 보다 효과적인 문제해결 능력을 개발하거나 향상시키도록 돕는 역할로서 개인이나 가족을 원조하는 과정에서 사례관리자가 가장 빈번히 수행하는 역할이다.

사례관리자는 클라이언트와의 전문적 관계의 중요성이 강조되는 사례관리에서 격려나 지지 등을 통해 클라이언트가 문제해결 과정에 주체적으로 참여하여 문제를 해결할 수 있는 능력을 향상시키고 발휘할 수 있도록 도와줄 수 있는 능력과 기술을 갖추어야 한다. 특정 사례관리 모델에서는 개인상담이나 집단상담을 통해 클라이언트의 특정행동 선택이 변화할 수 있도록 돕기 위한 임상적 지식, 경험, 기술 등을 요구하기도 한다.

나. 중개자(broker)

중개자의 역할은 사례관리자가 클라이언트 차원에서 직접적인 개입이나 의뢰를 통해 그들을 대신하여 접근 가능한 자원과 서비스를 찾고 연결을 도와주는 역할이다. 이 역할은 클라이언트를 적절한 서비스와 자원에 연결하는 것을 주요기능으로 하는 사례관리의 핵심적 역할이다. 이를 위해 사례관리자는 클라이언트를 적절한 지역사회의 자원과 연결시키는 데 필요한 지식과 기술을 갖추어야 하며, 이용 가능한 서비스를 파악하고 적절한 서비스를 제공하도록 하여야 한다.

다. 옹호자(advocate)

옹호자의 역할에서 사례관리자는 클라이언트에게 필요한 자원이나 서비스의 확보를 위해 지역사회에 있는 클라이언트 개인이나 가족의 권리를 옹호하며 정책적인 변화를 모색하기 위한 활동을 수행한다. 사례관리자는 지역사회 내의 자원을 찾거나 이러한 자원의 확보에 어려움을 겪는 사람을 위해 개입할 수 있는 능력이 필요하다. 또한 서비스기관이 클라이언트의 욕구에 적절히 반응하지 않거나 서비스를 받지 못하는 일부 클라이언트 집단이 적절한 서비스를 받을 수 있도록 도움을 제공하거나, 서비스가 필요한 사람에게 적절한 서비스가 제공될 수 있도록 서비스의 적용범위를 확대시키는 노력뿐만 아니라, 서비스를 필요로 하는 클라이언트를 서비스로부터 차단시키는 서비스 체계의 다양한 장애요인들에 대해서도 민감하게 반응해야 한다.

라. 교사(teacher)

교사의 역할은 클라이언트 차원에서 예방이나 문제해결 능력을 향상시키는 데 도움이 되는 적절한 정보를 제공하며 적응적 기술을 익히도록 클라이언트를 가르치는 역할이다. 사례관리자가 효과적인 교사로서의 역할을 수행하기 위해서는 많은 지식과 정보를 알고 있어야 하며, 전달해야 할 내용을 클라이언트에게 명확히 이해시키고 전달하기 위한 의사소통기술을 갖고 있어야 한다.

② 중범위 차원

가. 촉진자(facilitator)

촉진자의 역할은 조직이나 기관의 차원에서 조직의 기능이나 상호작용, 구성원들 간의 협조나 지지, 조직에서의 정보교환을 촉진시키며 조직 간의 연결망을 강화시키는 역할이다.

나. 중재자(mediator)

중재자의 역할은 조직이나 기관 차원에서 자원개발을 위해 관계망 내의 집단이나 조직을 모으며, 공동의 목표나 문제해결을 위해 기관 내 또는 기관 간 의사소통의 갈등이나 의견의 차이를 조정하는 역할이다. 중재자로서 사례관리자는 다양한 주체들 사이의 분쟁에 개입하여 협상과 타협을 이룰 수 있도록 돕기 위해 중립적인 입장에서 서로의 입장을 명확히 밝히고 의사소통의 문제를 인식하도록 함으로써 서로를 이해할 수 있도록 한다. 클라이언트에게 필요한 자원이나 서비스를 확보하기 위해 기관 간의 연계와 조정업무를 담당하는 사례관리자에게는 지역사회 내의 중복 또는 누락된 서비스를 파악하고 통합된 서비스 체계를 이루기 위한 중재자로서의 역할이 필수 적이다. 이 과정에서 사례관리자는 클라이언트에게 제공되는 서비스와 관련된 다양한 기관들과의 연계업무에 장애요인이 될 수 있으므로 타 분야의 전문가의 의견을 취합하거나 타 기관의 워커들과의 협력기술이 요구된다.

다. 훈련가(trainer)

훈련가의 역할은 조직이나 기관의 차원에서 전문가적 계발을 위한 직원오리엔테이션, 워크숍, 세미나, 사례발표 등의 활동에 참여하여 전문가의 교육이나 훈련을 담당하는 역할이다.

③ 거시적 차원

가. 계획가(planner)

계획가의 역할은 거시적인 차원에서 지역사회나 사회구조에 관심을 갖고 지역사회의 주민 전체 욕구를 파악하며, 목표·정책을 수립하고 프로그램을 개발하는 역할이다.

나. 행동가(activist)

행동가의 역할은 거시적 차원에서 클라이언트의 이익이나 권리를 저해하는 지역사회 내 사회적 불평등이나 문제점을 인식하고, 인간으로서의 기본적 권리를 행사할 수 있는 지역사회로의 변화를 위한 활동에 참여하는 역할이다. 행동가로서의 사례관리자는 사회정의와 평등에 관심을 가지며, 소외된 집단을 위한 제도적 변화를 위한 역할을 수행한다. 클라이언트들의 욕구에 보다 적절히 반응할 수 있는 사회적 환경으로 변화시키기 위해 사례관리자는 보다 적극적이며 행동 중심의 방법을 선택할 필요가 있다. 지역사회의 욕구조사, 욕구분석, 그리고 욕구를 기반으로 한 개입활동들을 조직하는 것 이외에 지역사회 주민의 이해와 지원을 활성화시키기 위한 노력들을 한다.

다. 아웃리치(outreach)

아웃리치의 역할은 거시적인 차원에서 이루어지는 활동으로서, 지역사회의 문제나 지역사회에 필요한 서비스의 홍보활동을 통해 지역주민을 교육시킴으로써, 문제를 예방하거나 심각성을 인식시켜 주고 필요한 서비스에 접근이 용이하도록 돕는 역할이다. 아웃리치 역할은 미시적 수준에서 재가방문 등의 서비스를 통해 대상자를 발굴하는 사례관리자의 소극적인 수준을 넘어 보다 적극적인 문제인식과 교육을 통한 거시적 수준에서의 활동이 요구된다.

4) 사례관리 구성요소

전문적인 사례관리가 전개되기 위해서는 다음과 같은 4가지의 구성요소가 필요하다(박용순 외, 2016).

(1) 대상자

사례관리의 대상이 되는 클라이언트는 다양한 욕구를 가지고 있으면서도 신체적·사회적·기능상의 여러 가지 문제로 인해 스스로 욕구를 충족하기 어려운 사람들이다. 이런 클라이언트의 일반적인 특성은 첫째, 복합적인 욕구를 충족할 수 있는 사회자원의 존재를 모르거나, 사회자원과의 연결에 어려움을 가지고 있거나 사회자원의 이용방법을 알지 못한다.

둘째, 만성질환을 가지고 있으며 신체적·정신적으로 심하게 손상되어 있다.

셋째, 자신들을 보호해 줄 가족이 없거나 가족이 있어도 그들을 적절하게 보호하지 못하고 있다.

넷째, 공적 서비스뿐만 아니라 비공식 지원체계의 보호를 필요로 한다.

다섯째, 자기보호능력이 상실되어 있으며 개별적인 옹호가 필요하다는 것 등을 들 수 있다.

이러한 특성으로 인해 클라이언트는 신체적·심리적 손상으로 인해 만성질환을 가지는 경우가 많다. 따라서 이들의 사회적 욕구를 해결하기 위해 사례관리자는 지역사회 내 다양한 공식 혹은 비공식적 서비스와 자원을 제공하고, 지역사회 내 자원에 대한 연계와 보호를 필요로 한다. 사례관리에서 클라이언트는 자기보호능력이 약할 수 있거나 상실되어, 개별적인 옹호가 필요한 상황에 있는 사람들이라고 할 수 있다.

(2) 사회자원

사례관리는 클라이언트의 문제를 해결하기 위해 공식적 체계와 비공식적 체계를 조정하고 통합하여 필요한 서비스를 제공하기 위해 사회적 자원을 동원한다. 클라이언트의 복합적인 욕구를 충족하기 위한 사회자원은 인적·물적 서비스를 제공하고 지원하는 다양한 차원의 공급주체를 의미하며 공급주체에 따라 비공식적 자원과 공식적 자원으로 나눌 수 있다.

사회자원을 잘 활용하기 위해서는 지역사회 내 자원에 대해 가능한 한 충분히 인식하고, 지역사회 내 이용 가능한 자원, 이용 가능한 시간대, 자원의 위치, 자원으로 도울 수 있는 정도 등에 관한 지식을 갖추고, 이를 쉽게 접근 가능한 형태로 정보파일을 만들어야 한다. 한편 지역사회 자원을 잘 파악하고 있다 하더라도 자원 또는 기관들과의 연계가 저절로 쉽게 이루어지지는 않는다.

(3) 사례관리자

사례관리자는 사례관리체계를 구성하는 가장 핵심적인 요소로서, 클라이언트와 서비스 체계를 연결할 뿐만 아니라 다른 서비스 제공자들과 협력하여 클라이언트에게 보호의 연속성을 보장해 주는 역할을 수행한다. 사례관리자는 개인이 될 수도 있고 전문가로 이루어진 팀이 될 수도 있으나, 형태와 관계없이, 클라이언트의 포괄적인 욕구에 대해 충분하게 이해하고, 클라이언트의 욕구에 대해 적절한 서비스를 지원하기 위해 다양한 체계를 연결하고 조정할 수 있어야 한다. 또한 사례관리자는 클라이언트에게 제공되는 서비스를 지속적으로 점검하는 역할을 수행한다. 따라서 사례관리자의 역할은 계획자, 조정자, 중개자, 점검자, 평가자, 지도감독자, 교사, 행정가, 상담자, 자원개발자, 분쟁조정자, 문제해결자 및 옹호자의 역할을 수행해야 한다. 하지만 사례관리자 혼자서 이러한 모든 역할을 담당하는 것은 아니고, 자신이 소속된 기관과 활동분야에 따라 다소 다른 역할을 담당하며, 일반적으로 여러 가지의 역할을 동시에 수행한다.

(4) 사례관리기관

사례관리기관은 지역사회에서 권위를 가지고 일정한 표적인구 집단에게 서비스의 체계적인 통합을 보장하는 조직이나 기관을 말한다. 사례관리기관은 서비스 제공자들을 결속시키는 공식적인 계약이나 협력 및 법률을 바탕으로 클라이언트에 대한 서비스의 통합과 조정을 행사한다. 사례관리업무에 대한 기관의 지지는 기관 내에서 사례관리업무의 위치를 의미하고, 사례관리에 대한 기관의 지지는 조직의 행정적 지지와 지도감독자의 지지가 필요하다.

6) 사례관리 이론

(1) 생태체계적 관점

사회복지 실천에서의 체계론적 관점은 1970년대 초부터 시작되었다. 이 관점은 인간을 환경과 유리된 존재가 아니라 사회적·물리적인 외부 환경과 상호작용을 하는 개방체계로 보았다. 그 결과, 개인에게서 발생하는 문제의 원인을 개인뿐만 아니라 환경에도 있는 것으로 보고 개인과 환경에 동시에 개입하는 접근법이 개발되었다. 생태체계이론은 일반체계 이론의 기본요소에 생태학적 관점이 결합된 이론으로 유기체가 환경 속에서 어떻게 역학적인 평형 상태를 유지하고 성장해 가는지에 관심을 두고 있다. 생태체계 관점은 실천모델이라기보다는 이론적인 배경으로서 개인의 상황을 보는 눈을 확대시켜 주는 관점이라고 볼 수 있다. 생태체계를 미시체계(microsystem), 중간체계(mesosystem), 거시체계(macrosystem)의 세 가지 수준으로 정의하고 있다(이은영 외, 2020 재인용).

첫째, 미시체계는 개인의 성장 단계에 따라 달라진다. 집의 크기, 공원의 시설물, 지역 도서관의 도서와 같은 물리적 특성으로 구성되며, 가족, 친구, 이웃, 동료등의 직접적인 상호작용이 이 체계에서 이루어진다.

둘째, 중간체계는 개인에게 다양하게 중복되어 상호작용하는 미시체계 간의 관계망으로 구성된 가족과 학교 간의 관계, 지역교육기관과 직장 간의 관계, 이웃·친구와의 관계 각각에 존재한다.

셋째, 외체계는 중간체계가 확장된 것으로서 개인에게 직접 영향을 미치는 환경은 아니지만, 개인의 삶에 영향을 미치는 환경을 의미한다. 부모의 환경, 근무 조건, 이웃, 사회복지기관, 지역위원회, 대중매체, 취업지원, 정부기관, 사회적 관계망이 있다.

넷째, 거시체계는 개인이 소속한 문화와 그 하위문화로, 개인에게 간접적 영향을 미치는 교육적·사회적·경제적·법적·종교적 체계를 의미한다. 관습과 일상생활 습관으로 표현되는 이데올로기로 비록 간접적이기는 하나 매우 강력한 영향력을 발휘한다.

다섯째, 시간체계(chronosystem)는 시간에 따라 일어나는 변화의 사회역사적인 환경을 의미하며, 그 예로 가족제도의 변화, 결혼관의 변화, 직업관의 변화를 들 수 있다. 시간체계는 발달적 변화에서 촉발되는 외부 환경(입학, 이혼, 입사, 퇴사, 복권 당첨 등)의 개인 변화(사춘기, 갱년기, 만성질병 등)의 경험을 통해 관계의 변화를 가져온다.

(2) 임파워먼트 관점

임파워먼트에 관한 이론은 타인에게 힘을 주는 것에 초점을 두는 것과 자기 자신의 내부 힘을 키우는 데 초점을 두는 이론으로 구분할 수 있다. 타인에게 힘을 주는 것에 초점을 두는 임파워먼트는 자원과 기회가 부족한 사람에게 자원 연결, 기회 제공 등 그들의 환경을 변화시켜 그들이 상실한 자원과 기회를 다시 회복하고 통제하고 변화시킬 수 있도록 하는 것이다.

대인관계 임파워먼트는 집단 내 상호작용과 역동 안에서 개인의 능력에 대한 믿음을 의미한다. 다른 이들과 조화롭게 살아가고, 도와주고, 대인관계를 형성할 수 있는 능력에 대한 믿음이 여기에 속한다. 임파워먼트는 대화 단계로 시작하여 역량강화 관계를 개발하는 것을 돕는다. 대화 단계의 의미로 사례관리자는 클라이언트와 함께 그들의 현 상황과 목적 및 강점에 대한 지속적인 대화를 요한다. 이런 대화는 클라이언트와의 관계를 통하여 상호지지적인 역할을 담당하게 되며 클라이언트와 실천가 모두가 공헌할 협력적 파트너십이 구축된다. 임파워먼트 모델은 사례관리자와 클라이언트가 그들 관계의 목적을 명확히 하고 협력적인 작업을 통한 예비 초점을 규정하는 것이 중요하다. 대화 단계의 주요 내용은 수용, 존중, 신뢰에 기반한 파트너십 수립이 중요하며 클라이언트와 실천가 각각의 역할을 규정하여 클라이언트의 경험과 도전되는 상황을 토의를 통하여 협력 작업의 목적을 규정한다. 또한, 변화를 위하여 클라이언트의 동기를 촉진하여 위기에 대처할 수 있는 힘을 기른다. 대화 단계의 주요 과제는 파트너십 형성 즉, 동반자 관계의 형성으로 사례관리자와 클라이언트 체계가 사회복지의 거시적 목적과 윤리규칙의 규범을 반영하는 여러 가지 방식에 따라 그들의 관계를 규정하는 일련의 과정이다(이은영 외, 2020).

(3) 강점 관점

강점 관점 개념의 기본적 핵심은 우리가 우리의 일에 대해, 그리고 함께 일하는 사람들에 대해 다른 태도를 갖자는 것이다. 즉, 개인, 가족, 지역사회를 바라봄에 있어 다른 시각을 가지고 바라보는 것이다. 여기서 다른 시각은 가능성, 재능, 능숙함, 능력, 비전, 가치, 희망 등의 긍정적 시각을 의미한다.

강점 관점(Strength Perspective)이란 클라이언트를 독특한 존재로서 다양성을 인정하고 존중하면서 클라이언트의 결점보다는 강점에 초점을 두어 가능한 모든 자원을 활용하여 역량을 실천해 나가도록 돕고자 하는 것이다. 이러한 시각에 기초한 강점 관점은 문제 자체에 대한 관심보다는 해결점을 발견하고 강점을 강화시키는 데 주요 초점을 둔다.

모든 클라이언트는 장점을 가지고 있으므로 사회복지사는 원조과정에서 클라이언트의 장점, 능력, 재능, 자원과 열망 등에 대한 깊은 이해와 존중이 우선적으로 이루어져야 한다고 하였다. 이는 모든 개인과 집단이 능력, 에너지, 용기, 저항력, 통합능력 그리고 다른 많은 강점을 가지고 있다는 것을 간과하지 않아야 한다는 것이다. 인간의 존엄성, 가치, 자기결정을 증진시키고자 하는 사회복지의 가치는 클라이언트의 내재된 잠재력, 능력, 강점을 인지하여 이를 발견한다. 이러한 시각에서 강점 관점은 문제 자체에 대한 관심보다는 해결점을 발견하고 강점을 강화시키는 데 주요 초점이 있으며, 강점을 찾기 위해 사회복지사는 진정으로 클라이언트의 삶의 이야기와 설명에 관심을 갖고 존중해야만 한다.

클라이언트의 강점, 관심, 열망에 초점을 두고 성장과 변화의 잠재력을 가진 클라이언트와의 협력적인 관계를 유지하여 문제를 해결하는 데 주변에 많은 자원을 활용할 수 있는 힘을 키워 주는 것에 관심을 두고 있는 강점모델은 다음과 같이 몇 가지 전제로 이루어진다(박용순 외, 2016).

첫째, 강점 관점에서는 클라이언트의 강점, 관심과 열망, 욕구에 초점을 둔다. 강점 관점에서는 무엇보다도 클라이언트의 긍정적인 면과 능력, 재능과 자원, 욕구와 열망, 더 나아가서는 그들의 삶의 이야기에 귀 기울이고 존중하는 것이 필요하다.

둘째, 강점 관점은 클라이언트를 배우고 성장하며 변화할 수 있는 잠재력을 갖고 있는 존재로 인식한다. 클라이언트는 자신의 문제로 인해 꿈과 희망을 잃은 것은 아니며, 그들에 의해 보여지는 목표 도달에 대한 긍정적인 기대를 존중한다. 강점을 지향하는 사회복지사는 클라이언트가 자신의 미래에 대해 희망과 계획을 세우도록 도우며 정상적인 인간발달에 대한 믿음은 그들과 함께 일을 할 때 부딪치는 여러 어려움를 제거해 준다고 본다.

7) 사례관리 과정

사례관리 과정은 사례발굴과 접수, 사정, 계획, 실행, 실행에 대한 점검, 평가, 사례종결의 과정으로 진행되며, 구체적인 과정에 대한 설명은 다음과 같다(이은영 외, 2011 재인용; 이은영 외 2020 재인용).

(1) 사례발굴과 접수

사례발견은 복합적인 문제나 욕구를 갖는 대상자를 찾아내는 작업을 의미하며 사례관리 대상자는 대부분 복합적인 문제가 만성화되어 의욕이 없는 상태에 있는 경우가 많으므로 자발적으로 기관에 접근하는 경우는 매우 드물다. 따라서 사례발견을 위하여 아웃리치, 타 기관으로부터 의뢰, 지역사회 주요 정보 제공자의 활용 그리고 기관의 홍보활동 등을 통하여 사례를 발굴한다.

사례관리의 접수 시 확보되어야 하는 일반적인 정보는 중요하다. 클라이언트의 성명, 나이, 주소, 가족관계, 주거상황, 소득 문제나 욕구 영역의 정도 등 인적사항을 중심으로 하는 기본적인 정보가 필요하다. 사례를 발견하는 과정에서 접수, 관계 형성, 문제 확인, 욕구 및 기대 파악, 서비스의 정보 제공, 서비스의 수혜 여부 결정, 원조 과정의 안내, 의뢰 및 사전검사 등의 과정도 필요하다. 이 과정에서 사례관리자는 클라이언트의 장애나 욕구를 대략적으로 파악하고, 사례관리를 통해 클라이언트에게 제공해 줄 수 있는 원조의 내용을 클라이언트가인지할 수 있도록 상세히 설명하여 클라이언트의 선택이 가능하도록 해야 한다.

(2) 사정

사정(assessment)은 대상자의 문제와 상황을 검토하기 위한 절차인 동시에 시작과 마지막까지의 단계에 대한 점검의 과정이기도 하다. 사정의 목적은 대상자와 사회 및 물리적인 환경의 욕구와 강점을 정확히 평가하는 것에 그 목적이 있다. 이

단계에서는 대상자의 문제와 욕구에 대한 내용, 강점 및 자원 등을 파악하여 서비스의 내용과 수준 등을 결정하게 된다.

사정 영역은 사례관리 대상자의 욕구와 능력의 사정, 지원체계에 대한 능력, 지원체계에 대한 사정 등이 있을 수 있다. 사정 방법으로는 자료 수집을 효과적으로 하기 위해 통상적으로 가계도, 생태도, 성격유형검사, 지능검사, 진단검사등 각종 심리검사를 실시하기도 한다. 이때 사정은 서비스 계획을 위한 자료와 정보를 체계화하는 과정이므로 클라이언트에 따라 개별화되어야 하며, 무엇보다 클라이언트의 자발적이며 적극적인 참여를 바탕으로 정확하게 이루어지는 것이 바람직하다.

(3) 계획

계획의 과정은 사정에서 수집한 정보를 대상자의 욕구충족을 위한 일련의 서비스 활동으로 전환하는 과정이며 수립의 과정에서 클라이언트의 동의를 얻는다. 이와 같이 사례계획은 클라이언트와의 협조 하에 이루어져야 하며 다음의 항목이 점검되어야 한다.

첫째, 필요한 서비스에 대하여 우선순위의 영역을 명확히 설정하는 것이 중요하다.

둘째, 이러한 목적의 영역 내에서 달성하기 위한 목표와 클라이언트의 진행과정을 평가하기 위해 사용될 수 있는 구체적 측정목표를 정하는 것이 바람직하며 이는 단기와 장기로 구분하여 구체화되어야 한다.

셋째, 목표를 성취하기 위한 개입기술 혹은 개입전략기술에 대한 계획을 세운다.

넷째, 클라이언트가 의뢰되는 기관이나 기관 내에서 접촉하게 되는 구체적인 개인을 설정한다.

다섯째, 활동을 완결할 수 있는 실질적인 시간계획을 점검한다.

여섯째, 서비스 활용과 전달에 잠정적인 방해물을 확인하고 이에 대하여 가능한 해결책을 점검한다.

일곱째, 사정의 전반적인 사항에 대하여 클라이언트의 동의를 구한다.

(4) 실행

서비스 계획을 실행하는 단계로 이전 단계에서 수립한 서비스 계획을 복합적이고 지속적인 대상자의 욕구에 부응하고 원활하게 이루어지게 하기 위해서는 사례관리를 통하여 지역사회 내 다양한 자원 간의 연계 시스템 구축이 필요하며, 다양한 자원의 접근방식에 대한 이해가 전제되어야 한다. 실행을 위한 공급주체는 클라이언트의 주변환경을 활용하여 가족, 친척, 친구, 이웃, 자원봉사자 등과 같은 비공식적인 지지체계와 행정, 사회복지법인, 제도화된 단체, 지역의 서비스 제공단체 등의 공식 서비스 체계로 구분될 수 있다.

서비스 계획을 실행하는 데 있어 사례관리자는 다양한 유형의 자원과 지역사회 기관, 그리고 클라이언트를 연결하여 클라이언트에 대한 서비스와 지원계획을 실행해 갈 수 있도록 원조하는 역할을 담당하게 된다.

(5) 실행에 대한 점검

제공된 서비스의 단계별 점검은 서비스 계획과 지원계획이 잘 이루어지고 있는가 모니터링하는 것으로 서비스 이행 계획의 수행 정도와 성취 정도를 파악하는 것이 목적이다. 따라서 점검은 클라이언트의 수립된 실행계획에 따른 서비스의 전달 과정을 점검한다. 따라서 점검 단계에서 달성하고자 하는 목적은 서비스와 자원이 적절하게 달성되고 있는지, 서비스나 자원계획이 적절한지, 대상자의 욕구에 변화가 있는지 등을 점검하며 이때 클라이언트와 함께 점검하는 것도 바람직하다.

(6) 평가

서비스의 종결을 결정하기 전 단계에서 사례관리의 애초 설정한 목적과 목표가 어느 정도 달성되었는지에 관한 여부를 판단하는 평가 작업이 진행된다. 평가와 점검은 개념이 구별된다. 점검이 정해진 활동을 계획대로 잘 이루어지고 있는가를 중점적으로 보는 것이라면, 평가는 사례관리 과정과 사례관리자의 활동이 궁극적으로 대상자의 삶에 어떠한 변화를 가져왔는지 목적의 달성 정도를 판단하는 과정이다. 따라서 사례관리의 평가는 다음의 영역에서 이루어져야 한다. 먼저 대상자에 대한 서비스와 자원계획에 대한 평가가 필요하다. 그리고 목적달성에 대한 평가가 필요하며 그 밖에 사례관리 서비스의 전반적인 효과성에 대한 평가와 대상자의 만족에 대한 평가 등 다각적으로 평가될 필요가 있다. 이러한 평가는 다음의 유사사례에 적용될 수 있으므로 중요한 과정이다.

(7) 사례종결

사례의 종결은 마지막 단계로서 사례가 완전히 종결되거나, 다른 프로그램에 의뢰하거나 새로운 서비스 계획을 의미하기도 하나, 간혹 클라이언트의 요구에 의하여 종결되기도 한다. 그러나 종결의 개념은 무엇을 끝마친다는 개념보다는 지역사회와 개선과 성숙을 가져오는 다른 자원으로 클라이언트를 이동시키는 개념으로 이해하는 것이 바람직하다.

① 종결 단계의 과제

종결과 시기를 결정하기, 클라이언트의 정서적 반응 해결하기, 목표달성 정도를 평가하기, 결과에 따른 성과를 유지하고 발전할 수 있도록 사후관리를 계획하기 등이 있다.

② 종결의 방법

종결도 시작만큼 중요한 과정이며 따라서 그에 따른 감정처리가 중요하다. 특히 클라이언트가 사례관리자와의 관계에서 긴밀한 관계나 의지를 하고 있는 경우 급격한 변화가 일어나면 일시적 불신, 분노, 퇴행 등의 감정적 변화가 일어날 수 있으므로 클라이언트가 스스로의 애착 등의 감정을 정리하고 독립해 나갈 수 있도록 하는 과정이 필요하게 된다. 또한, 타 기관의 의뢰 등이 필요한 경우에는 사례관리자는 클라이언트를 다른 도움이 되는 기관에 연결시키는 것에 대한 충분한 이유를 설명하고 위임되는 기관에도 클라이언트의 동의하에 정보 등을 넘겨 주어야 한다. 그 외에 정상적이며 성공적인 종결인 경우에도 점진적으로 사후지도 계획을 세워 실행하는 것이 필요하다. 종결을 결정할 때에는 클라이언트의 욕구 충족을 시키는 데 필요한 능력의 강화 정도 및 독립성 향상의 정도 그리고 클라이언트의 원조망의 효과적인 활용 정도 등을 점검하는 것이 중요하다. 또한, 평가는 종결과 함께 꼭 필요한 과정이다. 변화를 위한 활동을 끝내는 시점에서 원만하고 만족스러운 종결로 이어질 수 있도록 하여야 하며 효과적인 실천에 있어서 핵심요소이다. 어느 경우에나 종결은 적절한 시간에 긍정적인 결과와 함께 부정정인 결과에 대해서도 투명하게 이루어져야 한다.

사례관리 계획서

실습생명 : 김 복 지

클라이언트명	이 ○ ○	성 별	女	조사일	2022.6.2.
주 소	경기도 이천시 **	전화번호	031.***.***	작성일	2022.6.3.
직 업	서비스직(바리스타)	학 력	특수학교 전공과 卒	연령	만 22세
의뢰경위	복지관 슈퍼바이저	경제상태	ㅁ 일반 ㅁ 저소득 ㅁ 수급자		

1. 일반적인 사항
- 가족상황 : 부모님(지적장애과 여동생1, 경제상황 : 수급자, 건강상황 : 비만)
- 일상생활 및 주거상황 : 개인 신변처리 가능 및 지역사회이용 가능, 의사소통 가능

2. 클라이언트에 관한 사항
- 지적장애 3급으로 인지적 지원 지원 필요
- 비만으로 인해 식생활 개선 및 운동 필요
- 활발하며 직업생활에 대한 의욕 강함

3. 욕구진술
- 비만으로 인한 신체적 생활 개선 필요

4. 개입계획

욕구	결과목표	세부목표	표적체계	개입전략 및 수행방법	비고 (역할분담 등)
비만개선	건강한 여가생활	여가생활 계획	클라이언트 및 가족	주말여가지원 (지역사회팀)	• 근무일이 평일을 제외한 주말 활용하여 여가지원 프로그램 진행
	건강한 식생활	식생활계획	클라이언트 및 가족	재가서비스 지원 (가족지원팀)	• 밑반찬 재가서비스를 통한 가족의 식습관 개선 계획 – 부모님이 모두 지적장애로 인해 건강한 식생활 지원 필요

5. 서비스 일정표

날짜	담당	서비스 목표	서비스 내용	준비물	비고
6.11. 6.25. 7.9. 7.23.	지역사회팀	여가지원프로그램	직장인 트레킹 프로그램	운동화 간편한 복장	
6.10. 6.24. 7.8. 7.22.	가족지원팀	재가서비스프로그램	밑반찬 서비스를 통한 인스턴트 음식 지양	자원봉사자 파견	

사례관리 진행일지(1 회)

클라이언트명	이 ○ ○	실습생명	김 복 지
일 시	2022. 6. 11.	장 소	복지관 야외 운동장

1. 목표 및 내용

결과목표	하위목표	서비스목표	서비스내용
건강한 여가생활	여가생활 계획	직장인 트레킹프로그램 참가 (월 2회)	• 주말을 이용한 건전한 여가생활 프로그램 참가를 통한 신체적 기능 향상 • 월 2회 참가를 통해 평일 근무로 인한 스트레스를 완화하고 동료 직장인들과의 교류를 통한 직업유지 강화

2. 과정기록

날짜	담당	서비스 목표	서비스 내용	준비물	비고
6.11.	지역 사회팀	여가지원 프로그램	직장인 트레킹 프로그램	운동화 간편한 복장	• 참가 동료들과 교류 양호 • 편한 신발 착용 준비가 되지 않아 다음 회차 참가시 준비할 것을 당부함

3. 욕구진술

1) 목표달성 및 서비스 평가
 – 프로그램 시작 시간보다 일찍 도착하여 미리 준비하고 있었음
 – 편한 신발 착용이 안되었지만 참가하려는 의지 강함

2) 클라이언트에 대한 평가
 – 신체적 기능 향상의 필요성에 대한 교육도 병행하여 지원

3) 사례개입에 대한 자신의 역할 평가
 – 클라이언트와 1:1로 파트너가 되어 프로그램 진행내내 함께 함
 – 자신의 가정 및 동료들에 대한 고민도 털어놓는 등 라포형성에 주력함

4. 계획

 – 2차 참가시 준비물 재안내 계획

사례관리 종결 기록서

클라이언트명	이 ○ ○
일 시	김 복 지
서비스 제공기간	• 2022. 6. 11. ~ 7. 23.(여가지원) • 2022. 6. 10. ~ 7. 22.(재가지원)

1. 제공된 서비스

- 2022. 6. 11. ~ 7. 23.(여가지원) : 직장인 트레킹 프로그램 지원
- 2022. 6. 10. ~ 7. 22.(재가지원) : 재가지원서비스로 밑반찬 지원

2. 사례관리 목표 달성정도

- 2022. 6. 11 ~ 7. 23.(여가지원) : 총 4회 프로그램 진행
  - 격주로 운영되는 프로그램인 관계로 과제중심모델에 근거하여 가정 내 이행할 과제 부여를 통한 일반화 전개
- 2022. 6. 10. ~ 7. 22.(재가지원) : 총 4회 프로그램 진행
  - 밑반찬 지원 및 지역사회 가정봉사 자원봉사자 연결을 통한 식생활 유지 전개

3. 사후지도 계획

- 여가지원 프로그램은 지속적으로 참가할 계획
- 재가지원 프로그램은 지역사회내 자원봉사자 연결을 통한 가정 내 가사서비스 지원으로 확대할 필요 있음

[서식 목차]

c·h·a·p·t·e·r

06 관련 서식

※ 부록: 사회복지사협회 사회복지현장실습 관련 서식

1. 사회복지현장실습 관련 서식 <교육기관용>

[교육기관 1] 실습의뢰서

○○○대학교(원) ○○대학 사회복지학과장

수신자
(참 조)
제 목 사회복지현장실습 의뢰

1. 항상 사회복지현장실습 교육을 위해 애써 주시는 귀 기관에 감사드립니다.
2. 사회복지현장실습을 수강하는 본교 사회복지학과 학생의 실습교육을 의뢰하오니 아래를 참조하시어 협조하여 주시기 바랍니다.

-아 래-

가. 학 생 명: (학생연락처:)
나. 실 습 기 간:
다. 실습지도교수:
라. 실습담당조교:
(연락처: 사회복지학과 ☎)

별첨: 실습신청서 1부. 끝.

○○○대학교(원) ○○대학 사회복지학과장 (직 인)

시행 처리과 - 일련번호(시행일자) 접수 처리과명 - 일련번호(접수일자)
우 주소 / 홈페이지 주소
전화 ( ) 전송( ) /기안자의 공식 전자우편주소 / 공개 구분

※ 교육기관의 상황에 따라 변경하여 사용할 수 있음

[교육기관 2] 실습신청서

실습신청서

• **실습기관:**

1. 실습생 인적사항

<table>
<tr><td>이름</td><td colspan="2"></td><td>생년월일</td><td colspan="3"></td></tr>
<tr><td>소속</td><td></td><td>학과/
전공</td><td colspan="2"></td><td>학년/
학기</td><td></td></tr>
<tr><td>현주소</td><td colspan="6"></td></tr>
<tr><td>전화번호</td><td colspan="3">집:</td><td colspan="3">휴대폰:</td></tr>
<tr><td>E-Mail</td><td colspan="6"></td></tr>
</table>

2. 실습 의뢰내용

실습 부서	
실습 분야	
실습 내용	
실습 기간	

* 상기 내용으로 귀 기관에 실습신청을 의뢰하며 실습생 프로파일을 동봉합니다.

신청인(학생명) : 인
실습지도교수 : 인
학과장/대학원장 : 인

[교육기관 3] 실습생 프로파일

실습생 프로파일

1. 인적사항

(사진)	실습생명		성별		생년월일	
	소속	대학교(원) 전공 학년 (학기)				
	주소					
	전화번호	집: 핸드폰:				
	E-mail					

2. 이수 전공과목

교과목명	이수 완료	현재 이수	교과목명	이수 완료	현재 이수	교과목명	이수 완료	현재 이수
사회복지학개론			인간행동과 사회환경			사회복지실천론		
사회복지실천기술론			지역사회복지론			사회복지정책론		
사회복지행정론			사회복지법제와 실천			사회복지조사론		
사회복지자료분석론			프로그램 개발과 평가			가족복지론		
아동복지론			청소년복지론			노인복지론		
여성복지론			장애인복지론			정신건강론		
정신보건사회복지론			의료사회복지론			학교사회복지론		
산업복지론			자원봉사론			사회문제론		
사회복지발달사			사회보장론			교정복지론		
사회복지윤리와 철학			사회복지지도감독론			사회복지현장실습		

3. 경력

구분 (취업, 실습, 봉사)	기관	기간	내용

4. 사회복지를 전공하게 된 동기

5. 실습기관 선택 이유

6. 실습을 통해서 성취하고자 하는 목표

7. 실습을 마친 후 목표달성 정도를 파악할 수 있는 기준

8. 사회복지를 실천하는 데 있어 자신의 강점과 약점

1) 사회복지 지식 및 기술의 측면	2) 개인적인 특성 측면

9. 취미 및 특기

10. 실습기관, 실습지도자 및 실습지도교수에게 바라는 점

[교육기관 4] 사회복지현장실습생의 자세

사회복지현장실습생의 자세

우리는 사회복지 실습생으로서 사회복지사 윤리강령과 다음 사항을 준수한다.

1. 실습의 목적과 중요성을 충분히 이해하고 실습 계약사항을 이행하기 위하여 최선의 자세로 실습에 임한다.
2. 실습은 대학에서 학습된 이론을 구체적으로 적용하는 과정임을 인식하여 이에 최선을 다한다.
3. 실습교육기관의 구성원이라는 생각으로 타 구성원과 협력하며 친화적인 태도를 취한다.
4. 기관의 정책을 이해하고 수용하며 실습과정에서 준수하도록 한다.
5. 근무시간은 기관의 규정에 준하며 직원과 동일한 자세로 근무시간에 임하도록 한다.
6. 실습 시작 최소 10분 전에 출근하여 출근을 확인하며, 업무에 관계된 사항을 사전에 준비하도록 한다.
7. 결근, 조퇴, 지각 등 근태와 관련된 사항은 반드시 실습지도자에게 사전에 보고하여 허락을 받도록 한다.
8. 실습지도자의 지시뿐 아니라 타 직원의 지도를 잘 이행하므로 실습 효과를 최대화 하도록 한다.
9. 직무에 강한 책임감과 열의를 갖고 적극적으로 임하며 타인에게 책임을 전가하거나 태만하게 행동하지 않는다.
10. 실습으로 인하여 알게 된 클라이언트의 사적인 정보를 교육적 목적(대학 실습지도 등) 이외에는 절대 발설하지 않으며, 교육적 목적이라 하더라도 가명을 사용하여 개인의 비밀이 침해되지 않도록 한다. 실습종료 후, 실습 관련 내용을 학회지 등에 게재하고자 할 때는 반드시 실습지도자와 상의하여 허락을 받아야 한다.
11. 실습지도자의 지도 혹은 타실습생의 실습을 견학, 관찰할 경우 배우는 자세로 진지한 태도를 취한다.
12. 기관의 직원, 클라이언트 등에 대해 예의를 지킨다.
13. 복장, 소지품은 실습기관의 특성과 상황에 맞게 취하되 가능한 화려한 것을 피하고 검소하며 단정한 것으로 착용하도록 한다.
14. 안전사고에 만반을 기하도록 하며 안전사고와 관련된 기관의 규정을 사전에 숙지하여 그에 준해 처리하도록 한다.
15. 실습일지를 비롯한 각종 실습기록은 사실에 근거하여 정확하고 구체적으로 정리하여 실습 시 실습지도자와 실습지도교수의 강평을 받는다.
16. 과제에 관하여 연구하고 그 결과물에 대해 실습지도자의 강평을 받는다.
17. 실습과정 중 어떤 경우라도 사례금 등의 금품을 절대 주거나 받지 않는다.
18. 과제물은 정해진 기일에 제출하고 출근 전에 작성을 마친다.
19. 기관의 명칭을 사적으로 활용하지 않으며 실습생의 신분을 지킨다.
20. 기관을 대표한다는 자세로 실습교육기관의 직원들과 동일한 업무 태도와 자세를 취한다.

2. 사회복지현장실습 관련 서식 <실습기관용>

[실습기관 1] 실습신청의뢰서

실습기관명

수신자
(참 조)
제 목 사회복지현장실습 신청의뢰서

1. 사회복지교육 및 연구활동을 통해 사회복지발전에 전력을 다하시는 귀하와 귀교의 무궁한 발전을 기원합니다.
2. 아래와 같이 사회복지현장실습 교육이 가능하오니 관심 있는 학생들이 참여할 수 있도록 협조를 부탁드립니다.

- 아 래 -

1. 실습부서/분야:
2. 실습지도자:
3. 대학별 배정가능 실습생수:
4. 실습담당직원: (연락처: ☎)
5. 실 습 비 :

별첨1: 실습지도계획서
별첨2: 실습지도자 프로파일

실 습 기 관 장 (직 인)

시행 처리과 - 일련번호(시행일자) 접수 처리과명 - 일련번호(접수일자)
우 주소 / 홈페이지 주소
전화( ) 전송( ) /기안자의 공식 전자우편주소 / 공개구분

[실습기관 2] 실습지도계획서

실습지도계획서

• 실습지도자:

1. 실습목적 :
2. 실습목표 :
3. 실습분야 :
4. 실습기간 :
5. 실습대상 :
6. 교육계획

단위시간	내용	담당	비고

7. 실습지도방법
   - 개별실습지도 계획 :
   - 집단실습지도 계획 :
   - 기타 계획 :

8. 실습일정

주	월/일	시간	실습내용	담당	과제물

9. 실습생의 책임과 과제

10. 참고도서

[실습기관 3] 실습 지도자 프로파일

실습지도자 프로파일

1. 인적사항

성 명		성 별	
기관명/부서		직 책	
담당 업무		전 화	
이 메 일		팩 스	
최종학력		최종 학력의 전공	
사회복지사 자격번호		사회복지 총 실무경험기간	년 개월

2. 실습지도 및 실습 분야 관련 주요 교육배경

교육명	주관단체	기간	수료/자격여부

3. 사회복지 분야 근무경력

기관명	기간	직책	담당업무

4. 본인의 전공 분야(현재 자신의 관심 분야, 실천모델, 실천기술과 기법)

5. 실습지도자로서의 자신의 특성(강 · 약점)

6. 실습생에게 바라는 점

[실습기관 4] 실습의뢰에 대한 회신

실습의뢰에 대한 회신

귀 대학의 실습생의 실습의뢰를 수락합니다.

<table>
<tr><td>실습생명</td><td></td><td>소속대학</td><td></td></tr>
<tr><td>기관명</td><td colspan="3"></td></tr>
<tr><td>기관주소</td><td></td><td>전화번호</td><td></td></tr>
<tr><td rowspan="2">실습지도자</td><td rowspan="2">직위:
부서:
성명:</td><td>연락처</td><td>전화 :
팩스 :</td></tr>
<tr><td>E-mail</td><td></td></tr>
</table>

<table>
<tr><td>실습기간</td><td>년 월 일 ~ 년 월 일
(오리엔테이션 일정 : 년 월 일 시)</td></tr>
<tr><td>필요서류</td><td>다음 서류를 실습개시일 ( )일 전까지 우송바랍니다.
• 실습생 프로파일 1부
• 실습비 (원) (실습개시일 납부 요망)
• 기타 필요한 서류
• ( )</td></tr>
<tr><td>실습을 위한 기타 준비사항</td><td>• 참고문헌

• 사전 과제물</td></tr>
<tr><td>대학에 대한 의견</td><td></td></tr>
</table>

실습지도자 (인)

기 관 장 (인)

[실습기관 5] 실습생 출근부

실습생 출근부

• 성명:　　　　　긴급연락처:　　　　　전자우편 :

월일	출근시간	퇴근시간	실습생 확인	실습지도자 확인	지각, 조퇴, 결근 여부	사유

* 기입요령: 출근시간, 퇴근시간 표시, 퇴근 시 실습생 및 실습지도자가 확인하며, 지각, 조퇴, 결근 시 그 사유를 함께 기록함

[실습기관 6] 실습지도 기록서

실습지도 기록서

- 실습지도자 :
- 실 습 생 :

일시	실습지도 내용	비고

[실습기관 7] 실습평가서(교육기관 발송용)

실습평가서(교육기관 발송용)

기관명		실습지도자	
실습부서		실습지도교수	
실습기간			
실습생		평가 일시	

* 출석상황

□ 무단결석 없음 □ 무단결석 1회 □ 무단결석 2회 □ 무단결석 3회 이상

* 다음은 실습생에 관한 평가입니다. 실습생이 실습지도 기간 동안 보여 주었던 태도와 행동을 기준으로 아래 항목에 솔직하게 평가해 주기 바랍니다. **실습내용에 포함되어 있는 사항에 관해서만** 평가하여 주시고, 평균에는 평가항목 총점을 평가항목 개수로 나눈 점수를 기입하면 됩니다.
(1점: 매우 그렇지 못하다. ~ 5점: 매우 그렇다.)

항목	내용	1	2	3	4	5
실습 지도에 대한 태도	1. 실습지도 시간을 엄수한다.					
	2. 적극적이고 긍정적인 자세로 실습지도에 참여한다.					
	3. 실습지도에서 지적된 내용을 수용한다.					
	4. 배우는 입장에서 진지하게 노력하고 발전하려는 태도를 갖는다.					
	5. 실습지도자와 실습생으로서 공식적 관계를 형성한다.					
기관 이해 및 관계 유지	6. 동료실습생과 긍정적이고 원만한 협력 관계를 유지한다.					
	7. 기관의 목적 , 정책, 규칙, 사업내용을 이해한다.					
	8. 기관 내에서 실습생으로서의 권한과 한계를 알고 일한다.					
	9. 기관 내 타직원과 협조적인 대인관계를 형성, 유지하여 업무를 처리한다.					

항목	내용	1	2	3	4	5
기본적 태도와 자질	10. 일의 우선순위를 결정하는 능력이 있다.					
	11. 할당된 시간 안에 일을 계획하고 수행한다.					
	12. 자신의 장점과 단점을 잘 인식하고 대응한다.					
	13. 사회복지실천 지식을 실습내용에 적용한다.					
	14. 사회복지실천의 가치와 윤리를 갖고 임한다.					
	15. 전문가로서의 편견, 선입견, 고정관념을 인식하고 객관성을 유지한다.					
	16. 실습지도 내용을 실행에 옮긴다.					
	17. 실습과정을 책임감 있게 수행한다.					
기록	18. 기록, 보고서 등을 정해진 일시에 제출한다.					
	19. 실습내용을 사실에 근거하여 정확하게 기록한다.					
	20. 실습내용을 체계적이고 구체적으로 기록한다.					
	21. 클라이언트와의 상호작용 및 실습생의 사고와 감정을 기록한다.					
	22. 실습지도를 통해 지적된 사항 및 배운 것을 정확히 기록한다.					
전문적 태도와 관계 형성	23. 클라이언트와 전문적 관계를 형성하고 활용한다.					
	24. 전문적 관계형성에서 동정과 감정이입을 구별하여 적용한다.					
	25. 주변의 자원을 파악하고 그것을 활용하려고 노력한다.					
	26. 비심판적이며 경청과 수용의 태도를 갖는다.					
	27. 클라이언트의 능력과 동기의 한계를 수용한다.					
	28. 실습지도자가 지시한 것을 잘 파악하여 실행에 옮긴다.					
개인에 대한 개입	29. 클라이언트가 표현한 의사소통과 암시적인 의사소통을 이해한다.					
	30. 실습생이 의도한 바를 클라이언트에게 명확하게 전달한다.					
	31. 클라이언트의 문제와 상황에 관련된 정확한 자료를 수집한다.					
	32. 수집된 자료를 체계적으로 종합하고 이론에 기초하여 사정한다.					
	33. 클라이언트 가족 등 주변의 지지 자원을 활용한다.					
	34. 클라이언트와 환경의 상호 역동성의 이해 아래 개입목표와 전략을 수립한다.					
	35. 개입목표에 따라 클라이언트의 긍정적인 변화를 유도한다.					

항목	내용	1	2	3	4	5
가족에 대한 개입	36. 가족의 역동성을 파악하고 가족상황에 관련된 정확한 자료를 수집한다.					
	37. 가족의 구조를 명확히 이해하여 필요한 가족개입의 기술을 활용한다.					
	38. 가족의 상호 역동성의 이해 아래 개입목표와 전략을 수립한다.					
	39. 가족 구성원을 개별화하고 성원들이 긍정적으로 변화하도록 유도한다.					
집단에 대한 개입	40. 집단 역동을 파악하여 의미 있는 개입으로 집단을 지도한다.					
	41. 집단에서 주진행자와 보조진행자의 의미와 역할을 알고 실천한다.					
	42. 집단의 구조를 명확히 하고 필요한 집단지도의 기술을 활용한다.					
	43. 집단 성원을 개별화하고 성원 간 의미 있는 관계를 형성하도록 한다.					
	44. 집단의 목적에 대해 정확히 사정한다.					
	45. 정확한 사정에 입각하여 적절한 프로그램을 계획하고 실행한다.					
	46. 집단의 상호작용이 목적 지향적이고 성원들이 긍정적으로 변화하도록 한다.					
지역 사회에 대한 개입	47. 지역주민들이 지역사회의 요구와 문제를 파악하도록 돕는다.					
	48. 파악된 지역사회 요구를 사회행동으로 계획하고 실행한다.					
	49. 지역사회구조와 권력에 대해 이해하고 그 지역사회 상황을 정확히 파악한다.					
	50. 지역사회 자원을 정확히 파악하고 접근한다.					
정책 및 행정 분야	51. 정책 형성 및 개선과 관련된 이해집단들의 문제 상황 및 요구와 정책발의자들 및 집행자들의 이해관계를 정확하고 객관적으로 이해한다.					
	52. 정책 형성 및 개선과 관련된 이해집단과 건설적이고 전문적인 관계를 맺는다.					
	53. 문제 상황에 적합한 정책대안을 개발하는데 적극적으로 참여한다.					
	54. 기본 정보를 정확히 사용하며 실증적인 자료 분석의 지식을 갖고 문제를 분석한다 .					
	55. 사회복지행정체계 및 전달체계에 대해 정확하게 이해한다.					
기관 고유 항목*	56.					
	57.					
	58.					
	59.					
	60.					

* 기관 고유 항목에는 기관의 특성과 실습상황에 맞는 평가항목을 실습지도자가 추가적으로 직접 기입하고 평가할 수 있습니다.

<table>
<tr><td>총평</td><td colspan="5">(※ 실습생의 실천가로서의 장단점 및 대학에 대한 건의)</td></tr>
<tr><td>평가문항
개수</td><td colspan="2"></td><td>총점</td><td colspan="2"></td></tr>
<tr><td>평균
(총점 ÷
평가문항 개수)</td><td colspan="5">(※ 기록 후 테이프 부착 후 실습지도자 서명 요망)</td></tr>
<tr><td rowspan="4">평점 부여</td><td colspan="5">※ 여기에 부여하는 평점은 실습생이 받게 되는 성적표상의 최종 평점은 아닙니다. 교육기관 실습지도 점수와 함께 사회복지현장실습 평점 부여 시 주요 고려사항이 됩니다.</td></tr>
<tr><td>□ A+</td><td>□ B+</td><td>□ C+</td><td>□ D+</td><td rowspan="3">□ F</td></tr>
<tr><td>□ A0</td><td>□ B0</td><td>□ C0</td><td>□ D0</td></tr>
<tr><td>□ A−</td><td>□ B−</td><td>□ C−</td><td>□ D−</td></tr>
</table>

실습지도자: 인
기 관 장: 인

✏ TIP: 점수 기준

- 평가항목 중 해당되는 항목을 평가하여 평가한 문항으로 나누면 5점 만점 중 학생의 점수 평점이 됨
- 5 ~ 4.5점은 A 점수대, 4.4 ~ 4.0점은 B 점수대, 3.9 ~ 3.5점은 C 점수대, 3.4 ~ 3점은 D 점수대, 2.9점 이하는 F 점수를 부여함
- 각 점수대의 +, 0, −는 점수 범위의 분포에 따라 적절히 부여할 수 있음

[실습기관 8] 사회복지현장실습 교육 수료증

사회복지현장실습 교육 수료증

수료번호: ○○○○(연도)-○○(번호)

○○대학(원) 성명: ○ ○ ○ (학번)

상기 학생은 아래의 과정을 수료하였으므로 사회복지현장실습 교육 수료증을 발급합니다.

-아 래-

1. 실 습 지 도 자 :
2. 실습교육기관 :
3. 실 습 기 간 :
4. 실 습 분 야 :

년 월 일

○ ○ 기 관 장 (직 인)

[실습기관 9] 사회복지현장실습기관 선정 확인서

관리번호 제 2022-

사회복지현장실습기관 선정 확인서

1. 명　　칭:

*사업자등록번호:

2. 대 표 자:

3. 소 재 지:

4. 실습지도자:

5. 유효기간 :

위 기관은「사회복지사업법 시행규칙」제 3조제2항에 따라 사회복지현장실습의 기관실습 실시기관으로 선정되었음을 확인합니다.

년　월　일

한 국 사 회 복 지 사 협 회 장(직인)

3. 사회복지현장실습 관련 서식 <실습생용>

[실습생 1] 실습생 서약서

실 습 생 서 약 서

본인은 ○○ 기관의 실습생으로서 다음의 사항을 준수할 것을 서약합니다.

1. 사회복지사 윤리강령
2. 클라이언트와 기관에 대한 비밀 유지
3. 실습교육기관 및 실습지도자의 요구사항

년 월 일

실습생: (인)

○○ 기관 귀중

[실습생 2] 실습계약서

실 습 계 약 서

실습생명		소속 대학	
기관명		주소 / 전화번호	
실습지도자		실습지도교수	

1. 일반적 사항

(1) 실습기간: 년 월 일부터
년 월 일까지 총 일

(2) 업무시간: 주 일 근무, 시부터 시까지

(3) 대학 실습세미나 시간: 요일, 시부터 시까지

(4) 결석에 대한 조치

2. 실습의 목적과 목표

(1) 목적

(2) 목표

3. 실습생의 의무와 책임

4. 실습지도자의 의무와 책임

5. 실습지도교수의 의무와 책임

상기 사항을 성실하게 이행하여 실습을 진행하도록 하겠습니다.

년 월 일

실 습 생 인
실습지도자 인
실습지도교수 인

[실습생 3] 실습일지

실 습 일 지

1. 실습생명 :

2. 실 습 일 :

3. 오늘의 목표 :

4. 진행내용(시간, 내용 등을 중심으로 기록)

5. 실습생 의견(배운 점, 의문사항, 건의 등 포함)

6. 실습지도자 의견

[실습생 4] 실습기관분석 보고서

실습기관분석 보고서

실습생명		기관명	
기관 주소	(전화:)		
기관 소개자	(부서: 직책:)		

1. 기관의 역사

(1) 기관 설립동기 및 설립목적
(2) 기관 사업의 역사적 변천
(3) 기관 역사에 대한 실습생의 평가

2. 기관의 목적

3. 기관의 주요사업 및 프로그램

(1) 클라이언트 및 대상 지역
(2) 주요사업
(3) 서비스 전달체계
(4) 기관의 대상층 및 주요사업에 대한 실습생의 평가

4. 기관의 행정사항

(1) 기관의 조직구조
(2) 예산, 후원 및 지원 사항
(3) 기관의 행정구조와 예산 사용 및 후원에 대한 실습생의 평가

5. 기관이 속한 지역사회, 물리적 환경의 특징

(1) 지역사회
(2) 물리적 환경(시설, 공간 등)

6. 사회복지기관으로서 지역 내 타 기관들과의 연계

(1) 관계유형 및 내용
(2) 기관의 타 기관과의 관계유지에 대한 실습생의 평가

7. 기관의 특별한 면이나 전반적인 사항에 대한 인상이나 느낌

[실습생 5] 사례관리 계획서

사례관리 계획서

실습생명:

클라이언트명		성 별		조사일	
주 소		전화번호		작성일	
직 업		학 력		연 령	
의뢰경위		경제상태	□ 일반 □ 저소득 □ 수급자		

1. 일반적인 사항

가족상황, 경제상황, 건강 상황, 일상생활 및 주거 상황, 사회심리적 상황, 자원활용 상황

2. 클라이언트에 관한 사항

신체, 인지, 정서, 행동기능면 / 클라이언트의 강·약점

3. 욕구진술

4. 개입계획

욕구	결과목표	세부목표	표적체계	개입전략 및 수행방법	비고 (역할분담 등)

5. 서비스 일정표

날짜	담당	서비스 목표	서비스 내용	준비물	비고

[실습생 6] 사례관리 진행일지

사례관리 진행일지(　　　회)

클라이언트명		실습생명	
일시		장소	

1. 목표 및 내용

결과목표	하위목표	서비스 목표	서비스 내용

2. 과정기록

3. 평가

1) 목표달성 및 서비스 평가

2) 클라이언트에 대한 평가

3) 사례개입에 대한 자신의 역할 평가

4. 계획

[실습생 7] 사례관리 종결기록서

사례관리 종결기록서

클라이언트명	
실습생명	
서비스 제공기간	

1. 제공된 서비스

2. 사례관리 목표달성 정도

3. 사후지도 계획

[실습생 8] 집단지도 계획서(소집단용)

집단지도 계획서(소집단용)

집단명		집단지도자(실습생)명	
대상		성원 수	
기간		장소	

1. 실시 배경

2. 목적

3. 목표

결과목표 1		결과목표 2	
하위목표 1-1		하위목표 2-1	
하위목표 1-2		하위목표 2-2	

4. 목표 관련 지도 내용 및 구체적 수행방법

결과목표	하위목표	지도내용	수행방법	비 고

5. 평가계획

평가지표	
평가도구	
평가방법	

6. 회기별 일정표

횟수	일시	목표	내용	준비물

7. 예산

[실습생 9] 집단과정 일지(소집단용)

집단과정 일지(소집단용)

집단지도자(실습생)명		집단명	
집단진행 날짜		집단 활동 장소	
참석자(명) 명단			
결석자(명) 명단			

1. 목표 및 세부목표

1. 목표:

2. 세부목표:
   2-1.
   2-2.

2. 집단진행요약

시간	프로그램 내용	사회복지사의 역할

3. 과정 기록

1) 모임 전 단계(자리 위치 표시)
2) 모임 단계
3) 모임 후 단계

4. 평가

1) 목표달성 및 프로그램 평가
2) 집단의 역동성(성원-성원, 성원-지도자)
3) 성원의 개별 평가(개인의 변화, 참여도, 지도자·타 회원과의 관계)
4) 지도자 자신에 대한 평가(역할 및 의도적 개입)

5. 다음 집단모임 계획

[실습생 10] 집단의 개별회원 분석표(소집단용)[3)]

집단의 개별회원 분석표(소집단용)

회원명		집단명	
회원 수		집단지도자(실습생)	

집단의 목표	
개인의 목표	

회기	날짜	참석 여부 /참석인원	개인의 변화 정도 및 내용	참여도	지도자와의 관계	타 회원과의 관계
1		/				
2		/				
3		/				
4		/				
5		/				
6		/				
7		/				

〈종합 평가〉

3) 모든 집단지도 상황에서 활용되어야 하는 것은 아니며, 집단과정에서 개인의 변화를 민감하게 기록할 필요가 있을 경우에 활용할 수 있다.

[실습생 11] 집단 종결기록서(소집단용)

집단 종결기록서(소집단용)

집단명		집단지도자(실습생)명	
집단진행 날짜		집단 활동 장소	
전체 진행 회기 수		출석률	
주요 진행사항			

1. 회원의 평가

1) 운영면

(1) 프로그램 진행평가

(2) 집단 참여 태도

2) 프로그램 내용

3) 목표달성

4) 다음 프로그램에 대한 의견

5) 지도자에 대한 평가

2. 지도자(실습생)의 평가

1) 집단의 특징

2) 회원의 참여도

3) 집단성원에 대한 개별화의 정도

4) 집단역동의 활용 정도

5) 집단에 대한 발달단계 분석

구분	초기	중기	말기
참여도			
개인의 변화			
지도자와의 관계			
타 회원과의 관계			
기타(　　　　)			
기타(　　　　)			

[실습생 12] 프로그램 계획서(대집단 및 지역사회복지)

프로그램 계획서(대집단 및 지역사회복지)

프로그램명		지도자(실습생)명	
대상		참여자 수	
기간		장소	

1. 프로그램 실시 배경

2. 프로그램 목적

3. 프로그램 목표

결과목표 1		결과목표 2	
하위목표 1-1		하위목표 2-1	
하위목표 1-2		하위목표 2-2	

4. 목표 관련 지도 내용 및 구체적 수행방법

결과목표	하위목표	지도 내용	수행방법	비 고

5. 평가계획

평가지표	
평가도구	
평가방법	

6. 회기별 일정표

횟수	일시	목표	내용	준비물

7. 예산

[실습생 13] 프로그램 평가서(대집단 및 지역사회복지)

프로그램 평가서

프로그램명		지도자(실습생)명	
대상		참여자 수	
기간		장소	

1. 프로그램 목적 및 목표달성 평가

결과목표	하위목표	달성 정도	평가 근거	의의

2. 프로그램 과정 평가

1) 준비과정

2) 진행과정

3) 종결 및 정리과정

3. 프로그램 만족도 평가

4. 예산평가

5. 추후 프로그램을 위한 제언

[실습생 14] 사회복지정책 분석 보고서(정책개발 및 평가)

사회복지정책 분석 보고서

• 분석자(실습생)명:

정책명	
관련 법규/지침	
주무부서	

1. 문제제기 및 분석목적

2. 분석한 정책의 주요내용

3. 자료수집 및 분석방법

4. 분석결과 논의

4.1 정책목표분석
4.2 정책이 추구하는 가치 분석
4.3 급여대상 분석
4.4 급여의 적절성 분석
4.5 급여의 전달체계 분석
4.6 재정 분석

5. 관련 정책과 관련한 주요 이해당사자의 입장 분석

6. 분석한 정책의 개선방향 및 전망

7. 총평

[실습생 15] 사회행동, 옹호활동 보고서(사회행동)

사회행동, 옹호활동 보고서

• 분석자(실습생)명:

구분	요약 제시
사회행동명	
활동목적	
참여자	
대상집단	
옹호 대상	

1. 문제제기 및 활동목적

2. 참여자의 특성

3. 대상집단의 특성

4. 옹호집단의 특성

5. 주요활동 경과

6. 활동전략 분석

6.1 대상집단을 이기기 위한 힘을 얻기 위한 전략
6.2 합법성을 확보하기 위한 전략(법적 행동 포함)
6.3 타 조직과 협력하는 전략
6.4 전술을 연결시키는 전략
6.5 협상을 전개하는 전략
6.6 홍보 및 언론활용 전략

7. 향후 행동전략 제안

[실습생 16] 홍보기획서

사회복지기관(사업) 홍보기획서

- 기획자(실습생)명:

1. 상품(홍보하려는 기관이나 사업)의 특성 분석(상품의 내용, 경쟁기관이나 사업의 존재 여부 등)

2. 유치하려는 소비자 집단의 특성별 구분

3. 대상별 소비자에게 호소하기 위한 전략(담당, 장소, 방법 등을 일목요연하고 자세히 제시)

4. 홍보일정

5. 홍보예산

6. 첨부(보도 자료, 광고전단, 안내지 자료, 홈페이지 자료 등)

[실습생 17] 개별면접 일지

개별면접 일지

실습생명		면접날짜와 시간	
클라이언트		면접 장소	

1. 면접 준비과정

2. 면접목표

1) 2)

3. 과정기록 및 분석

면접내용	실습생 분석	실습지도 내용

* 주요한 면접장면에 대해서는 대화체의 기록을 직접 인용하는 것이 권장됨
* 면접자의 의도적인 개입, 언어적·비언어적 의사소통 모두에 주의하여 기록할 것
* 상기 내용이 포함된다면, 기관 상황과 면접 상황에 맞추어 별도 양식 활용 가능

4. 면접 목표달성에 대한 평가

5. 실습생 의견

6. 다음 면접 계획

[실습생 18] 가족상담 기록서

가족상담 기록서

클라이언트(IP)		성별		연령	
날짜		장소		총 회수/시간	
실습생명				실습지도자	

1. 의뢰과정

2. 문제 상황에 대한 가족의 정의

3. 가계도

4. 가족생태도: 가족의 하위체계 간 관계 등 기록

5. 가족의 사회자원망

6. 가족생활주기

7. 가족사정 및 이론적 근거

8. 개입목표와 개입전략

9. 개입내용 정리

회기	내용	주요 질문과 내담자의 반응

10. 평가 및 사후관리계획

[실습생 19] 사회조사 계획서

사회조사 계획서

조사 주제	
조사/분석일	
조사자(실습생)명	

1. 문제제기 및 조사문제의 제시

1.1. 문제의 기술
2.2. 검토될 조사문제에 대한 진술
2.3. 문제의 중요성과 조사 필요성 제시

2. 조사와 관련한 문헌자료 검토

2.1. 이론적 역사적 관점
2.2. 문헌에서 파악된 차이점들 검토

3. 조사방법 제시

3.1. 조사 설계와 자료수집절차
3.2. 표집설계
3.3. 대상에 대한 기술
3.4. 측정방법 기술
3.5. 자료 분석 절차

4. 예산

5. 기타 필요한 사항

6. 부록(관련 참고문헌, 설문지 등 필요한 자료를 첨부할 수 있음)

[실습생 20] 사회조사 진행일지

사회조사 진행일지

조사 주제	
조사/분석일	
조사자(실습생)명	

1. 조사 진행단계 기록

2. 조사과정에서 보완되어야 할 사항 기록

3. 추후 조사 진행 계획

[실습생 21] 사회조사분석 평가서

사회조사분석 평가서

조사 주제	
조사/분석일	
조사자(실습생)명	

1. 문제제기 및 조사문제의 제시

1.1. 문제의 기술
2.2. 검토될 조사문제에 대한 진술
2.3. 문제의 중요성과 조사 필요성 제시

2. 조사와 관련한 문헌자료 검토

2.1. 이론적 역사적 관점
2.2. 문헌에서 파악된 차이점들 검토

3. 조사방법 제시

3.1. 조사 설계와 자료수집 절차
3.2. 표집설계
3.3. 대상에 대한 기술
3.4. 측정방법 기술
3.5. 자료분석 절차

4. 조사결과 제시

4.1. 기술적 분석
4.2. 인과적 분석

5. 논의점

5.1. 밝혀진 사항에 대한 설명
5.2. 실천에의 함의
5.3. 평가의 한계와 약점

6. 참고문헌

7. 부록(설문지 외 조사와 관련된 주요자료 첨부)

[실습생 22] 기관방문분석 보고서

기관방문분석 보고서

* 특정 분야나 내용에 관심을 가지고 방문을 추진한 경우에는 별도의 양식을 활용하거나, 특정 내용만 선택하여 기록할 수 있습니다.

실습생명		방문기관명	
기관 소재지	(전화:)		
기관 소개자	(부서: 직책:)		

1. 기관방문 목적
2. 기관방문을 위한 질의사항 및 응답 정리
3. 기관방문을 통해 알게 된 지식

검토할 사항 예시
1. 기관의 역사 (1) 기관 설립동기 및 설립목적 (2) 기관 사업의 역사적 변천 (3) 기관 역사에 대한 실습생의 평가 2. 기관의 목적 3. 기관의 주요사업 및 프로그램 (1) 클라이언트 및 대상 지역 (2) 주요사업 (3) 서비스 전달체계 (4) 기관의 대상층 및 주요사업에 대한 실습생의 평가 4. 기관의 행정사항 (1) 기관의 조직구조 (2) 예산, 후원 및 지원 사항 (3) 기관의 행정구조와 예산 사용 및 후원에 대한 실습생의 평가 5. 기관이 속한 지역사회, 물리적 환경의 특징 (1) 지역사회 (2) 물리적 환경 (시설, 공간 등) 6. 사회복지기관으로서 지역 내 타 기관들과의 연계 (1) 관계유형 및 내용 (2) 기관의 타 기관과의 관계유지에 대한 실습생의 평가 7. 기관의 특별한 면이나 전반적인 사항에 대한 인상이나 느낌

[실습생 23] 지역탐방 보고서

지역탐방 보고서

• 조사자(실습생)명:　　　　　　　　　　　　• 지역소개자 :

1. 탐방지역

2. 지역의 주요 사회지표 제시

3. 지역의 인구사회학적 특성

4. 지역의 사회경제학적 특성

5. 지역의 사회복지기관 및 자원 탐색

6. 필요하거나 보완되어야 할 사회복지서비스 제안

7. 결론

8. 첨부(관련 지도를 비롯한 탐방보고서 작성에 참조한 자료를 첨부할 수 있음)

[실습생 24] 실습 중간평가서

실습 중간평가서

* 본 평가서는 사회복지현장실습 지침서를 참고하여 실습생 본인이 작성하며, 서술양식으로 작성한 뒤 실습지도자와 평가회를 갖는 것을 추천함

실습생명		기관명	
실습기간		실습지도자	
실습평가일		실습지도교수	

1. 실습목표와 관련된 실습내용 및 역할에 대한 평가

    1.1. 수행한 실습내용 및 역할의 요약
    1.2. 평가
    1.3. 앞으로의 계획

2. 실습에 임한 자세 및 노력

3. 실습을 통해 배운 점

4. 앞으로 더 필요한 지식과 기술

5. 실습에서 어려웠던 점

6. 기관 및 실습지도자에게 건의할 점

[실습생 25] 실습평가서

* 본 평가서는 사회복지현장실습 지침서를 참고하여 종결평가 내용을 실습생 본인이 작성하며, 서술 양식으로 작성한 뒤 실습지도자와 평가회를 갖는 것을 추천함

실습생명		기관명	
실습기간		실습지도자	
실습평가일		실습지도교수	

1. 실습일정에 대한 평가

2. 실습내용 및 역할에 대한 평가

3. 실습목표에 대한 평가

1) 구체적이고 적절한 목표 설정 여부
2) 목표의 달성 여부

4. 서비스 실천과정에 대한 평가 / 정책 및 행정 실습에 대한 평가

1) 문제 파악 및 자료수집 능력 / 문제 인식 능력
2) 문제 사정 능력 / 문제 분석 능력
3) 개입 기술 / 문제해결을 위한 대안 제시 능력
4) 면접 기술 / 기존 지식과 정보의 사용 능력
5) 기록 기술 / 기록 기술
6) 클라이언트와의 전문적인 관계 형성 / 유관 기관 및 관련된 사람들과 전문적인 관계 형성

5. 실습생의 자원 활용에 대한 평가(인적, 물적 자원)

1) 기관 외의 자원 활용
2) 실습과 관련된 참고 서적의 활용

6. 실습에 임하는 자세에 대한 평가

1) 업무관리
   (1) 시간 준수, 과제 제출
   (2) 주어진 일에 대한 업무조절 능력
2) 직원과의 관계(실습지도자, 타직원, 타 전문직 직원)
3) 다른 실습생과의 관계
4) 실습에 있어서의 적극성 및 자발성

7. 전문적 태도에 대한 평가

1) 사회복지사로서 실습생 자신의 장· 단점에 대한 인식
2) 전문가로서 윤리 및 가치관의 이행

8. 실습지도 활용 정도에 대한 평가

1) 실습생 자신의 실습지도 활용정도에 대한 평가
   (1) 기관 실습지도
   (2) 대학 실습지도
2) 실습지도 자체에 대한 평가
   (1) 기관 실습지도
   (2) 대학 실습지도

9. 기관 이해도에 대한 평가

1) 실습생의 과업과 관련된 기관의 목적, 정책, 행정 절차에 대한 이해
2) 실습생으로서의 기관 내의 권한과 한계에 대한 인식

10. 실습 기간 중 가장 유익했던 내용

11. 실습기간 중 가장 안 좋았던 내용

12. 실습기관, 실습지도자, 대학에 대한 건의사항

13. 기타 하고 싶은 말

[실습생 26] 사회복지현장실습 확인서(2021.04.15.개정)

<2021.04.15.개정>

사회복지 현장실습 확인서

(앞쪽)

구분	항목	내용	항목	내용
실 습 생 인적사항	성 명		생년월일	※「주민등록번호」 앞자리 6자리를 기재 바랍니다
	휴대전화번호		학 교 명	※ 현재 소속중인 학교명을 기재 바랍니다.
실습기관 및 실습지도자	실습기관명		실습기관 관리번호	※ 실습기관 선정 시 부여된 등록번호 기재
	기관 주소	※「도로명 주소」로 기입해 주세요	전화번호	
	실습 지도자명	※ 실습생의 실습을 지도한 지도자명 기재	사회복지사자격번호 (취득일자)	제 - 호 (. . .)
실습기간	실습 기간	20 년 월 일 ~ 20 년 월 일		
	실습 시간	총 시간 (총 회, 1일 평균 시간)		

실습기관은 「사회복지사업법 시행규칙」 제3조 [별표1]의 규정에 따라 자격요건을 갖춘 실습기관과 실습지도자에 의해 기관 실습을 진행하였으며, 상기 실습생이 위와 같이 기관실습을 하였음을 확인합니다.

20 년 월 일

기관실습 지도자 : (서명 또는 인) 기관실습 실시기관 : (직인)

구분	항목	내용	항목	내용
교육기관 및 세미나교수	교육기관 유형	[ ]오프라인 / [ ]온라인	교육기관명	※ 실습세미나 교육기관명을 기재 바랍니다.
	실습세미나 교수명		학 과 명	
	실습세미나 교수 취득학위 (사회복지학 또는 사회사업학)	[ ]학사, [ ]석사, [ ]박사	교육기관 전화번호	
실습세미나	실습세미나 기간	20 년 월 일 ~ 20 년 월 일		
	실습세미나 횟수(시간)	총 회 (시간)	대면방식 세미나 횟수 (시간)	총 회 (시간)

교육기관은 「사회복지사업법 시행규칙」 제3조 [별표1]의 규정에 따라 자격요건을 갖춘 실습세미나 지도교수에 의해 실습세미나를 진행하였으며, 상기 실습생은 위와 같이 실습세미나를 이수하였음을 확인합니다.

20 년 월 일

실습세미나 교수 : (서명 또는 인) 학 과 장 : (직인)

한국사회복지사협회장 귀하

재발급 사유	※ 사회복지 현장실습 확인서 재발급 시 재발급 사유 기재 바랍니다.

[사회복지현장실습에 관한 기준] - 사회복지사업법 시행규칙[별표1] 사회복지관련 교과목 (제3조 관련)

① 기관실습 실시기관 : 보건복지부장관으로부터 선정된 사회복지사업을 수행하는 기관, 법인, 시설 또는 단체

② 기관실습 지도자 : 사회복지사 1급 자격증을 취득한 이후 3년 이상 또는 사회복지사 2급 자격증을 취득한 이후 5년 이상 사회복지사업의 실무경험이 있는 자로 기관실습이 실시되는 연도의 전년도에 8시간 이상의 보수교육을 받은 자

③ 기관실습 시간 : 160시간 이상으로 한다.(단, 시행일 2020.1.1. 기준일 2019.12.31. 사회복지학 전공교과목과 사회복지관련 교과목의 전부 또는 일부 이수하였거나 수강하고 있는 사람은 120시간 이상)

④ 실습세미나 : 1회당 2시간 이상의 실습세미나를 총 15회 이상 실시하며, 정보통신망을 이용한 온라인 교육을 실시하는 교육기관의 실습세미나에는 대면 방식의 세미나가 총 3회 이상 포함되어야 하며, 한 세미나에 참여하는 학생 수는 30명 이내일 것

⑤ 실습세미나 교수 : 학사, 석사 또 박사 학위 중 2개 이상의 학위를 사회복지학 또는 사회사업학 전공으로 취득한 사람으로서 3년 이상의 사회복지학 교육경험 또는 3년 이상의 사회복지사업 실무경험이 있는 교수가 지도할 것

※ 법령이 정한 상기 기준은 모두 충족해야 하며, 미충족시 사회복지사자격 증을 교부할 수 없습니다.

[실습생 27] 실습 종결보고서

실습 종결보고서

* 다음은 실습을 종결하면서 한 학기 동안 실습한 내용을 요약 정리하고 목표달성 정도와 소감을 간략히 정리하는 보고서입니다. 이 종결보고서는 파일에 정리되어 사무실에 비치되며 다음 실습을 준비하는 학생에게 실습지 선정의 지침이 되는 자료로 활용될 것입니다.

실습기관		실습지도자	
실습부서		실습지도교수	
실습기간			
실습생		종결 일시	

1. 실습기관 소개

2. 실습기간 및 시간

3. 실습목표

1) 실습생의 목표
2) 실습기관의 목표

4. 실습내용 소개

1) 실습일정
2) 교육, 참관사항
3) 담당업무

5. 실습목표와 달성 정도

6. 실습지도자와 실습지도 내용 소개

7. 실습 소감

1) 힘들었던 것
2) 제기되었던 질문들
3) 배운 것

8. 향후 실습을 위한 제언

9. 기타 꼭 하고 싶은 이야기

10. 실습지도자와 기관에 대한 감사의 내용

[실습생 28] 실습 지도자 평가척도[4)]

슈퍼바이저 평가척도

점수	평가기준
1점	슈퍼비전을 제대로 제공하지 못하여 슈퍼비전을 위한 학습이 절대적으로 요구됨.
2점	슈퍼비전을 제공하는 영역에 대한 지식도 부족하고 슈퍼비전을 제공할 능력도 부족함.
3점	슈퍼비전을 제공하는 영역에 대한 기본지식을 갖추고 있으며, 슈퍼비전을 제공하는 능력이 있음.
4점	슈퍼비전을 제공하는 영역에 대한 정확한 지식을 갖추고 있으며, 슈퍼비전을 체계적으로 정확하게 제공함.
5점	슈퍼비전을 제공하는 영역에 대한 정확한 지식을 갖추고 있으며, 슈퍼비전을 체계적으로 정확하게 제공하는 우수한 전문가 위상을 갖추고 있음.

영역	내용	점수				
		1	2	3	4	5
1. 지식	1.1 슈퍼비전의 목적을 이해한다.					
	1.2 슈퍼비전의 경계를 명확히 알고 있다.					
	1.3 다음 요소를 이해한다. 행정적 / 교육적 / 지지적					
	1.4 다양한 슈퍼비전 계약의 유형을 알고 있다.					
2. 슈퍼비전 관리기술	2.1 슈퍼비전 목적을 슈퍼바이지에게 설명할 수 있다.					
	2.2 서로가 동의하고 명확한 계약을 협상해 낼 수 있다.					
	2.3 적절한 경계를 유지할 수 있다.					
	2.4 다음과 같은 슈퍼비전 분위기를 형성할 수 있다. 공감적 / 진실한 / 적합한 / 신뢰할 수 있는 / 직접적					
	2.5 행정적·교육적·지지적 기능 간의 균형을 유지할 수 있다.					
	2.6 정각에 적절하게 회기를 끝낼 수 있다.					
3. 슈퍼비전 개입기술	3.1 다음의 개입유형을 사용할 수 있다. 규범적/지식을 주는 / 대립적 /촉매적/카타르시스적/지지적					
	3.2 다음과 같은 방법으로 피드백을 줄 수 있다. 명확한 / 인정한 / 균형이 맞는 / 구체적					

4) Hawkins & Shohet(2006: 127-129). 사회복지현장실습지도자교육(한국사회복지사협회, 2010), 재인용.

영역	내용	점수				
		1	2	3	4	5
3. 슈퍼비전 개입기술	3.3 다음에 유용하게 초점을 맞출 수 있다. 보고된 내용 / 슈퍼바이지의 개입 / 슈퍼바이지 – 클라이언트 관계 / 슈퍼바이지의 역전이 / 슈퍼비전 관계 / 자신의 역전이 / 좀 더 넓은 맥락					
	3.4 자신의 일하는 방법을 묘사할 수 있다.					
	3.5 자신의 경험을 적절하게 제공할 수 있다.					
	3.6 슈퍼바이지에게 자신의 슈퍼비전 기술을 전개할 수 있다.					
4. 특성 또는 특질	4.1 슈퍼바이저 역할에 대한 헌신한다.					
	4.2 슈퍼바이저 역할 고유의 권위에 대해 편안하다.					
	4.3 격려하고 동기를 부여하며 적절한 낙관주의를 줄 수 있다.					
	4.4 슈퍼바이지의 욕구에 대해 민감하다.					
	4.5 다음과 같은 개인의 차이를 인식하고 적응할 수 있다. 성 / 연령 / 문화적 · 인종적 배경 / 계층 / 성적 오리엔테이션/ 성격 / 전문적 훈련					
	4.6 유머감각이 있다.					
5. 지속적 발전에 대한 헌신	5.1 자신의 적절한 슈퍼비전에 대해 책임져 왔다.					
	5.2 자신의 실천가 및 슈퍼바이저로서의 기술과 지식을 업데이트하기 위해 노력했다.					
	5.3 슈퍼바이저로서 자신의 강점과 단점을 파악하고 자신의 한계를 인정한다.					
	5.4 다음과 같은 사람들로부터 정기적 피드백을 받는다. 슈퍼바이지 / 동료 / 자신의 슈퍼바이저 또는 상사					
6. 집단 슈퍼바이저	6.1 집단역동에 대한 지식을 가지고 있다.					
	6.2 슈퍼비전 과정을 돕기 위해 집단과정을 사용할 수 있다.					
	6.3 집단 내의 경쟁력을 조정할 수 있다.					
7. 시니어 조직 슈퍼바이저	7.1 전문가 간의 이슈를 감독할 수 있다.					
	7.2 조직의 이슈를 감독할 수 있다.					
	7.3 팀 내의 활동범위와 조직발달에 대한 지식을 가지고 있다.					
	7.4 기초가 되는 팀 또는 조직문화를 '표면화' 할 수 있다.					
	7.5 조직의 변화를 촉진할 수 있다.					
	7.6 슈퍼비전이 활발하게 이루어지는 학습적 문화를 조성할 수 있다.					

[실습생 29] 실습지도 평가척도[5)]

슈퍼비전 평가척도

1점: 위험이 없는 상태로, 현재의 실천이 적절하여 수정이 필요하지 않은 상태
2점: 약간의 위기상태로, 현재의 실천은 적절하지만 약간의 수정이 필요한 상태
3점: 중간 정도의 위기가 있는 상태로, 현재의 실천은 문제가 있고 그래서 위기를 최소화하기 위한 수정이 필요한 상태
4점: 높은 위기상태로 현재의 실천은 심각하게 문제가 있으며 수정이 매우 필요한 상태

구분	번호	문항	①	②	③	④
슈퍼비전	1	슈퍼바이저는 슈퍼바이지가 고지된 동의를 하도록 정보를 제공하는가?	①	②	③	④
	2	슈퍼바이저는 철저한 치료와 개입계획을 발전시키고 실행하려는 슈퍼바이지의 노력을 관찰하는가?	①	②	③	④
	3	슈퍼바이저는 정보의 부적절한 노출과 같은 클라이언트와의 모든 접촉에서 슈퍼바이지의 실수를 지적하고 반응하는가?	①	②	③	④
	4	슈퍼바이저는 슈퍼바이지의 클라이언트가 언제 다른 곳으로 의뢰되어야 하는지, 치료의 종결은 언제해야 하는지 등에 관해 알고 있는가?	①	②	③	④
	5	슈퍼바이저는 슈퍼바이지가 언제 자문을 구해야 하는지를 알고 있는가?	①	②	③	④
	6	슈퍼바이저는 슈퍼바이지의 역량이 부족하고, 잘못을 저지르고 비윤리적 행위를 했다는 것을 슈퍼바이지가 기꺼이 말할 수 있도록 그 능력과 자발성을 모니터링하는가?	①	②	③	④
	7	슈퍼바이저는 슈퍼바이지가 자신의 클라이언트와 적절한 경계를 유지하는지 모니터링하는가?	①	②	③	④
	8	슈퍼바이저는 신체적인 위험으로부터 제삼자를 보호하는가?	①	②	③	④
	9	슈퍼바이저는 필요 이상으로 길게 진행되는 치료와 태만한 치료계획을 감지하거나 중지하는가?	①	②	③	④
	10	슈퍼바이저는 특정 클라이언트의 치료를 위해서는 외부 전문가를 활용하는가?	①	②	③	④
	11	슈퍼바이저는 슈퍼바이지와 정기적으로 만나는가?	①	②	③	④
	12	슈퍼바이저는 슈퍼바이지의 기록, 결정, 행동을 검토하고 인정하는가?	①	②	③	④
	13	슈퍼바이저는 슈퍼바이지의 결근에 적절한 반응을 보이는가?	①	②	③	④
	14	슈퍼바이저는 슈퍼비전 제공에 대해 문서화하는가?	①	②	③	④
	15	슈퍼바이저는 슈퍼바이지와의 관계에서 적절한 경계를 유지하는가?	①	②	③	④
	16	슈퍼바이저는 슈퍼바이지에게 시기적절하고 도움이 되는 성과평가와 피드백을 제공하는가?	①	②	③	④
	17	슈퍼바이저는 슈퍼비전 동의서를 문서화하는가?	①	②	③	④
	18	슈퍼바이저는 슈퍼바이지의 윤리적 관심과 윤리적 쟁점의 민감성을 높이기 위한 슈퍼바이지의 노력에 반응하는가?	①	②	③	④
	19	슈퍼바이저는 슈퍼바이지가 그들의 전문적 책임성을 충족시킬 수 있도록 하는 충분한 시간과 적절한 업무량을 제시하는가?	①	②	③	④
	20	슈퍼바이저는 적절한 슈퍼비전을 제공하기 위하여 그들의 업무에 있어 충분한 시간을 제공하는가?	①	②	③	④

5) Reamer(2001). 사회복지현장실습지도자교육 (한국사회복지사협회, 2010), 재인용.

참고문헌

강선경 외(2009). **사회복지실천론**. 서울: 동문사.

강철희 · 최소연(2005). 지역사회복지관 사회복지현장실습의 현황과 방향에 관한 연구. **한국사회복지교육, 1**(2), 51~80.

고수현(2010). **사회복지사업현장론**(pp. 346-359). 경기: 양서원.

공계순 · 서인해(2006). 증거기반 사회복지실천에 대한 이해와 한국에서의 적용 가능성에 대한 연구. **사회복지연구, 31**, 77-102.

곽미정 · 홍희석(2016). **사례관리론**. 창지사

권구영 외(2009). **사회복지실천론**. 서울: 창지사.

권중돈(2004). **노인복지론**. 서울: 학지사.

권진숙(2004). **사례관리**. 서울: 학지사.

권진숙 · 전선균(2001). **사례관리**. 서울: 하나의학사.

김성천 외(2009). **사회복지학의 원리와 실제**. 서울: 학지사.

김영숙(2008). **재가노인, 장애인, 노인장기요양보험 사례관리론**. 경기: 교육과학사.

김종옥 · 권중돈(1993). **집단사회사업방법론**. 서울: 홍익재.

김희성 · 나용선(2008). **사회복지현장실습 매뉴얼**. 서울: 양서원.

노인영(2001). 지역사회 어르신보건서비스 제공 전후 정신장애인의 의료비용, 삶의 질, 가족부담감 비교연구. **한국보건간호학회지, 15**(1), 56-72.

박미은 외(1999). 정신질환자를 위한 사례관리에서 자원 활용에 관한 연구. **정신보건과 사회사업, 8**, 정신보건사회사업학회.

박민철 역(1996). **간추린 집단정신치료**. 서울: 하나의학사.

박용권(2009). **사회복지현장실습**. 서울: 신청출판사.

박용순 외(2016). **사례관리론**. 창지사

배성우 · 김이영(2005). 사회복귀시설에서 제공한 서비스가 정신장애인의 삶의 질에 미치는 효과의 종단적 검증. **정신보건과 사회사업, 20**, 69-94.

보건복지부(2011). 사회복지현장실습기관인증제 도입의 필요성과 활용방안 연구.

보건복지부한국사회복지사협회(2010). 사회복지현장실습 실태조사 및 지침서.

상리종합사회복지관(2013). **2013년도 운영계획서**.

서미경 · 김영란 · 박미은(2000). **사회복지실천윤리**. 경기: 양서원.

서울시사회복지관협회(2005). 지역사회복지관 사회복지현장실습이해 – 실습 지도자를 위한 지침.

순덕기(2010). 사회복지현장실습이 사회복지 전문직 정체성에 미치는 영향에 관한 연구 – 임파워먼트의 매개효과를 중심으로. 건국대학교 대학원 사회복지학과 박사학위논문.

서진환(2001). **사회복지실습의 길잡이**. 서울: 학지사.

설진화(2008). **사례관리론**. 경기: 양서원.

양옥경(1996). **지역사회정신건강: 닫힌 시설에서 열린사회로**. 서울: 나남출판사.

양옥경 외(1993). **사회복지실천과 윤리**. 서울: 한울 아카데미.

양옥경 · 이기연 · 최소연(2007). **사회복지현장실습 슈퍼비전**. 서울: 양서원

양옥경 · 이기연 · 최소연 · 현진희(2010). **사회복지 지도감독론**. 서울: 양서원.

양점도 외(2012). **사회복지개론**. 서울: 공동체

엄명용 · 김성천 · 오혜경 · 윤혜미(2000). **사회복지실천의 이해**. 서울: 학지사.

오정수 외(2011). **사회복지학개론**. 서울: 양서원.

오혜경(2004). 사회복지실천의 가치와 윤리에 관한 연구. **사회복지리뷰, 제9집**, 115–143.

윤철수 · 김정진(2010). **예비사회복지사를 위한 현장실습**. 서울: 학지사.

이경남 외(2012). **사회복지개론**. 서울: 공동체.

이경아(2004). **사회복지실천기술 핸드북**. 경기: 수원여자대학출판부.

이경아 · 서홍란(2012). **사회복지현장실습**. 서울: 공동체.

이미선 외(2009). **사회복지실천기술론**. 서울: 창지사.

이시연(2011). **사회복지현장실습**. 서울: 창지사.

이영호(2008). **사회복지실천기술론**. 서울: 공동체.

이영호 · 심경순 · 김태준(2006). **정신보건사회복지의 이해**. 서울: 학지사.

이은영 외(2011). **지역사회복지론**. 창지사

이은영 외(2020). **장애인복지론**. 창지사

이은영 외(2020). **사회복지실천기술론**. 창지사

이은영 외(2021). **사회복지학개론**. 창지사

임상록 · 오미희 · 노길희 · 박일연 · 이승현(2009). **사회복지현장실습 매뉴얼**. 서울: 양서원.

임승규 · 이용기(2004). **사회복지실무론**. 서울: 해란.

정무성 · 정진모(2005). **사회복지프로그램 개발과 평가**. 서울: 양서원.

정민숙 외(2012). **사회복지개론**. 서울: 공동체.

정성배 외(2021). **사례관리론**. 창지사

정순둘(2005). **강점모델: 노인 장기요양보호와 사례관리실천**. 서울: 집문당.

조은영(2000). **정신보건 전문요원 수련교재**. 경기: 양서원.

최일섭 · 최준보(2012). **사회복지개론**. 서울: 공동체.

한국사회복지교육협의회(2002). 사회복지학 교과목 지침서.

________________(2004). 사회복지사의 직무표준화를 위한 연구.

________________(2005). 사회복지현장실습 교과목 지침서 연구보고서.

________________(2005). 사회복지현장실습 교육지침서.

________________(2006). 2006년도 사회복지학 교과목 지침서.

________________(2012). 사회복지학 교과목 지침서.

한국사회복지사협회(2010). 사회복지현장실습 실태조사 및 지침서.

______________(2013). 표준실습교육매뉴얼 - 노인이용시설.

______________(2013). 표준실습교육매뉴얼 - 종합사회복지관.

______________(2016). 2016년 사회복지사 자격관리 지침.

______________(2017). 표준실습교육매뉴얼.

______________(2018). 2018년 사회복지사 자격관리 지침.

______________(2021). 2021년 사회복지사 자격관리 지침.

Biesteck, F. (1957). *The casework relationship*. Chicago: Lyola University Press.

Boyle, S. W., Hull, G. H., Mather, J. H., Smith, L. L., & Farlet, O. W. (2006). *Diret practice in socal work*. Boston: Allyn & Bscon.

Cummins, L., Sevel, J., & Pedrucj, L. (2006). *Social work skills demonstrated: Beginning direct practice (2nd ed.)*. Bosto: Allyn & Bacon.

Hawkins, P., & Shohet, R. (2002). *Supervision in the helping profession: An Individual, group and organizational approach. (2nd ed.)*. Open Univ. Press.

Kadushin, A. (1992). *Supervision in social work*. New York: Columbia University Press.

Rubin, A., & Parrish, D. (2007). View of evidence-based practice among faculty in master of social work programs: *A national survey, Research on Social Work Practice*, *Vol. 17*(1), 110-122.

Sheafor, B. W., & Horejsi, G. A. (2006). *Techniqes and guidelines for social work practice(7th ed)*. Boston: Allyn & Bacon.

Zsatrow, C. (2000). *Introduction to social work and social welfare(7th ed)*. Belmont, CA: Wadsworth.

저자 소개

최 정 아

동아대학교 대학원 사회복지전공 (행정학 석사)
동아대학교 대학원 교육상담전공 (교육학 박사)
전 동아대학교 교육대학원 외래 교수
현재 부산보건대학교 간호학과 겸임교수
동명대학교 평생교육원 사회복지현장실습지도 교수
가가(加家)재가노인복지센터장

이 은 영

숭실대학교 사회사업학과 전공(학사)
이화여자대학교 사회복지대학원 사회복지학 전공(석사)
숭실대학교 일반대학원 사회복지학 전공(박사)
현재 강동대학교 사회복지학과 교수

표준사회복지현장실습

초 판 1쇄 인쇄 2023년 2월 10일
초 판 1쇄 발행 2023년 2월 17일

지 은 이 | 최정아 · 이은영
펴 낸 이 | 김기섭
편 집 인 | 이상희
펴 낸 곳 | 창지사 www.changjisa.com
08589 서울시 금천구 가산디지털 1로 83 파트너스타워 1차 9층
전화 (02)719-2211~3
팩스 (02)701-9386
등 록 | 1977년 4월 28일제1-421호

ISBN 978-89-426-1579-7 (93330)

값 19,000원